매봉육효

매봉역학 아카이브 #01 육효해단
ARCHIVE SERIES

梅鳳 安成勳

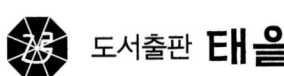

저의 은사이신 '한국 성명학회 회장' 故 관암 김광일 스승님께 이 책을 바칩니다. 스승님께서는 저에게 梅鳳 매봉이라는 雅號 아호를 직접지어 주시고 저를 생전의 마지막 제자로 삼아 주셨으며 기문둔갑, 육효, 주역, 육임, 사주명리, 매화역수, 초씨역림, 하락이수, 풍수지리, 자미두수, 성명학을 가르쳐 주셨습니다. 그 가르침을 절대 잊지 않겠습니다. 스승님께서 영면하시길 매일 기도합니다.

서문 序文

먼저 이 책은 저자가 지난 23년 넘게 실전에서 占斷 점단한 것을 아카이브 형태로 기록을 남기기 위해 첫 번째로 펼치는 "매봉 역학 아카이브 시리즈"입니다.

본 아카이브 1번은 六爻 解斷 육효 해단의 기록입니다.

앞으로 奇門遁甲 原命局 기문둔갑 원명국, 기문둔갑 신수국, 기문둔갑 단시국, 姓名學 성명학, 사주명리, 紫微斗數 자미두수, 풍수지리, 주역 해단, 梅花易數 매화역수 등의 아카이브 책도 펼치기 위해 시간이 날 때마다 열심히 원고를 작성하고 있습니다.

"매봉 역학 아카이브 시리즈"를 통해 易學 역학에 입문하여 공부하면서 해단에 어려움을 겪는 분들께 조금이나마 도움이 되는 아카이브를 만들도록 하겠습니다.

자신의 운명을 알고자 역학 공부를 시작했든 타인의 운명을 알아봐 주기 위해 시작했든, 역학에 입문하신 분들께서는 각자 이유가 다르기는 하지만 대체로 '사주명리'를 먼저 공부하시는 분이 많은데, 공부하다가 어느 수준에 도달하면 사주명리만으로는 풀리지 않는 답답함을 느끼시는 분들이 그 단계를 넘어설 때 사주명리를 벗어나 占學 점학을 공부하게 됩니다.

그리하여 占學은 어떤 것이 있는지? 어떤 것을 공부할까 찾아보다가 奇門遁甲

기문둔갑, 河洛理數 하락이수, 九星學 구성학, 紫微斗數 자미두수, 周易 주역, 六爻 육효, 梅花易數 매화역수 등을 알아보고 이 책 저 책을 조금씩 들여다보는데, 상대적으로 암기할 것이 적고 해석이 쉽다고 생각되는 六爻 육효를 많이 접하시게 되는 것을 목도 하였습니다.

六爻 육효라는 것이 주역처럼 64卦 괘만 외우면 될 것 같지만, 육효는 생각보다 상당히 복잡한 구조로 되어 있어 해단이 어렵고 매우 깊이가 있는 학문입니다.

주역처럼 일정 부분 정해진 卦辭 괘사와 爻辭 효사를 보고 판단하여 풀이하는 것이 아니라 육효는 단지 주역의 卦名 괘명을 빌려 가져왔을 뿐이고, 점괘의 해석은 주역과 완전히 다릅니다.

이미 육효 책을 내신 분의 책이나 인터넷에 검색해 보면 아직도 육효와 주역을 혼용해서 占卦를 해단하거나 주역의 四大難卦 사대난괘를 육효에도 똑같이 대입시켜 해단하는 術士 술사분이 계시는데, 저는 그런 부분에서 답답함을 많이 느껴서 꼭 한 번은 짚어드리고 싶었습니다.

먼저 육효를 주역과 동일시 생각하는 부분을 아예 버리셔야 합니다.

그리고 문점자의 점괘에서 世爻 세효의 기세를 보고, 用神 용신의 왕성, 太歲 태세, 月地 월지, 日地 일지와 世爻 세효의 合 합, 沖 충, 剋 극, 生 생, 回頭生 회두생, 回頭剋 회두극, 暗動 암동, 日破 일파, 月破 월파와 함께 伏神 복신과 空亡 공망된 것의 상태 등 참고해야 할 것이 의외로 많습니다. 그 모든 것을 점괘를 보자마자 한눈에 딱 꿰뚫어 봐야 합니다.

물론 그렇게 한눈에 딱 꿰뚫어 보는 것이 쉽지 않은 게 사실입니다. 상당히 오랜 시간이 걸립니다. 그래서 저는 "매봉 역학 아카이브 육효 해단"을 통해 그 풀이하는 과정을 한눈에 보기 쉽고, 간단하게 익힐 수 있도록 알려 드리고자 합니다.

問占者 문점자의 질문을 듣고 작괘하고 占卦가 나오는 그 순간 머릿속에서 卦를 암산하고 용신의 상태와 함께 해답을 구하는데 단 1초 이내에 결론지어야 합니다.

그 정도로 짧은 시간에 해단이 가능하게 숙달이 되도록 평소에도 卦 괘, 世 세, 應 응을 계속 암산하며 연습을 해두어야만 어려운 질문에도 바로 답을 구할 수 있는 것입니다.

지난 십수 년간 육효를 공부하신 분 중에 제게 〈六爻 解斷 秘法〉육효 해단 비법을 청강하고자 하는 요청이 많았습니다. 저는 매일 面壁 修行 면벽 수행을 하고, 庚申 修行 경신 수행을 하기 때문에 좀처럼 시간이 나질 않아 많은 분의 요청에 응하지 못하였고, 또 코로나 시대를 지나면서 여러분께 청강 기회를 드리지 못하였지만, 이 책을 빌어 청강을 요청했던 분들께 저의 육효 해단 비법을 모두 공개하여 그 요청을 대신하고자 합니다.

하루가 다르게 스마트 폰과 컴퓨터, 딥러닝, 인공지능 AI가 문명을 위태롭게 할 정도로 빠르게 발전하고 있는 21세기에도 불분명한 자신의 미래를 궁금해하여 占 점을 보고자 하는 사람은 남녀노소를 불문하고 여전히 존재합니다.

우주에는 몇억 광년에 걸쳐 떨어져 있었던 이미 사라진 별을 대체하듯 세계 각국의 많은 위성이 존재하고 와이파이로 전 세계를 랜선으로 여행하는 시대인데 왜 占이 필요한가?

사람마다 각기 다른 이유가 있겠지만 하나로 귀결되는 것은 자기 자신과 가족 등의 불확실한 미래에 대한 궁금증을 조금이나마 해소하고 取吉避凶 취길피흉하기 위함입니다.

앞서 언급하였듯 이 책은 저자가 23년 넘게 프로 역술인으로 상담하면서 기록해 놓은 六爻 占卦 육효 점괘 해단 사례를 다루었습니다. 이미 육효로 상담을 하고 계신 江湖[1] 강호 선배님들이나 고수들께는 큰 도움이 될 정도는 아니겠으나 저의 해단 비법을 비교, 참고하시면 견문을 넓히는데 도움이 될 것입니다. 또한 이제 막 육효를 공부하시면서 해단에 어려움을 겪는 분들에게는 큰 도움이 될 것으로 확신하며 이 책을 펼치게 되었습니다.

---

1) 중국의 장시성(江西省)과 후난성(湖南省), 혹은 양쯔강(揚子江)과 둥팅호(洞庭湖)를 생략해 부르는 이름으로, 온 세상·천하의 뜻으로 사용.『學園世界大百科事典』1권. 학원출판공사. 1993. 520쪽.

占卦 점괘마다 제목을 세분화하였고, 질문에 이어 해단(풀이)을 보기 쉽게 정리하였으며, 그동안 공개하지 않은 해당 占卦 의 비하인드 스토리와 함께 점괘를 해단하는 과정과 비법, 問占者 문점자 질문의 핵심 포인트 등 해단의 모든 것을 상세히 풀어 설명해 놓았습니다.

제게 상담이나 청강하신 분들은 모두 아시겠지만, 본 책의 事例는 결과를 모두 적중한 사례이며, 해단 과정과 비법을 거침없이 수록하였으니 占卦를 어떻게 해단해야 하는가에 대한 고민에 빠진, 육효를 공부하시는 분에게 큰 도움이 될 것이라 감히 말씀드립니다.

기초편 외에 占卦 사례는 총 12개의 카테고리로 나누었고 저의 점괘 기록 노트에 있는 것 중에 꼭 소개할 만한 것을 신중히 추려 카테고리별로 각 10개씩 모두 120개의 占卦와 番外編 번외편 10개, 총 130개의 이야기와 점괘로 구성하였습니다. 問占한 손님의 상황을 함께 자세히 풀어 놓아 독자께서 실제로 상담한 손님처럼 느껴져 해단을 공부하는데 도움이 되시리라 생각됩니다.

본 책의 모든 占卦 점괘는 'Naver Blog' 네이버 블로그인 "무불도의 매봉 철학원"에 게재할 당시 모두 문점자의 허가를 구한 점괘만으로 구성하였으며 문점자의 직업과 사생활을 특정할 수 있는 부분에 관해서는 개인 정보 보호 차원에서 약간 수정하였음을 양해 바라며 미리 알립니다.

이 책을 보시고 강호의 선배, 道伴 도반, 후배들이 육효 해단의 어려움을 조금이나마 극복하는데 도움이 되길 바라봅니다. 끝으로 육효를 공부하시는 분들께서는 이 책을 구매해 보시고 궁금하신 것이 있는 경우 본 책의 내용이 아니더라도 六爻에 관해 궁금한 점을 문의해 주시면 시간을 내어 흔쾌히 답변해 드리도록 하겠습니다.

아울러 "매봉 역학 아카이브 시리즈"는 지속적으로 출간할 예정이오니 앞으로 많은 관심 가져주시길 바랍니다.

2023년 9월.　三仙橋에서 梅鳳 安成勳 씀.

추 천 사

'육효학'은 일명 '오행역'인데 그것은 역괘효에 간지와 오행을 붙여 해석하기 때문이다. 주로 음양을 관찰하는 『周易』 보다 점사 부분에서 진일보하였다고 보지만, 어렵게 진일보한 것이 아니고 조금 더 쉽게 볼 수 있게 발전하였다고 보면 된다. 漢代 초기 상수역을 대표하는 인물인 경방(京房)이 『주역』에 오행설을 도입하여 이것에서 파생되는 상생과 상극의 이론으로 괘효를 해석하는 방법을 창안해 내었다. 혹자는 초연수(焦延壽)에 의해 창안되었다고 주장하기도 한다.

그러나 현재의 발전된 형태의 육효학은 청나라 시대의 왕홍서에 의해 편찬된 『복서정종(卜筮正宗)』과 『증산복역(增删卜易)』 일명 『야학노인점복전서(野鶴老人占卜全書)』2)가 있다. 그 밖에 『역모(易冒)』, 『역림보유(易林補遺)』, 『화주림(火珠林)』 등이 있어 그것을 공부하여 복서가(卜筮家) 육효 전문 역술인이 되는 것이다.

매봉 안성훈 선생은 위의 모든 서책에 달통하였을 뿐 아니라 20년 이상의 기도와 참선을 통하여 학리와 도(道)의 리(理)에까지 도달한, 드물게 보는 정통 학자이다.

개인적으로는 역우(易友) 故 김광일 선생의 애제자라 한번 더 마음이 쓰이는 후배 이지만, 사적 감정으로 없는 실력을 있다 하지는 않는다.

이 서적 『매봉육효(梅鳳六爻)』를 읽어보시면 감탄사가 절로 나오리라 본다.

역학을 사랑하는 제도권 학자와 강호의 제현에게 현대판 「복서정종」이고 「증산복역」이라고 감히 추천하는 바이다.

癸卯년 仲秋절

고려기문학회 회장 학선 柳來雄

---

2) 『증산복역』과 『야학노인점복전서』는 같은 책이다.

추 천 사

매봉 선생님의 '매봉 역학 아카이브 시리즈 육효 해단'서적 출간을 진심으로 축하드립니다. 2018년에 법학전문대학원 입학 여부에 대해 문의드리며 시작된 선생님과의 소중한 인연이 어느덧 5년에 이르고 있습니다.

그저 평범한 수험생인 제가 매봉 선생님을 추천하는 이유는 다음과 같습니다.

매봉 선생님의 육효 해단은 몹시 명쾌합니다.

불확실성이 지배하는 이 세상에서 사람을 그리고 누군가의 인생을 판단하는 것은 매우 어려운 일임에도 오랜 기간 수행하신 내공을 바탕으로 깔끔하고 거침없는 결론을 일러주십니다. 그리고 매봉 선생님은 진실 됩니다.

화려한 언변과 겉치장에 능한 사람들이 주목받는 이 사회에서 선생님은 자기 자신을 치우치게 드러내거나 과장하지 않고 묵묵히 한 길을 걸으며 제게 늘 진실만을 일러 주십니다. 어쩌면 위로를 받고 싶어 하는 사람에게는 그 진실이 쓴 약일지 몰라도 제가 바라본 매봉 선생님께서는 하늘의 뜻을 왜곡하지 않고 항상 진실 되게 말씀을 해주십니다. 매봉 선생님은 매우 인간적인 분입니다.

어떤 사람들은 위의 두 가지 모습만 보고 선생님을 차갑고 무뚝뚝하며 냉철한 분으로 오해할 수도 있겠지만 제가 직접 경험한 매봉 선생님은 정말 간절하고 절실한 분들에게 그 누구보다 힘이 되어 주실 뿐만 아니라 넘어진 이들이 다시 일어나 걸을 수 있도록 도와주시는 분입니다.

아무쪼록 매봉 선생님의 지혜와 오랜 경험이 담긴 "매봉 역학 아카이브 시리즈 육효 해단"서적이 험한 길을 찾아 수행하시는 모든 수행자와 더불어 삶의 빛과 희망을 쫓는 많은 이를 서로 이어줄 수 있는 희망의 다리가 되기를 기원합니다. 감사합니다.

2023년 8월 29일
법학전문대학원 졸업 후 변호사 시험 준비 중 - 이 명 익

추 천 사

한국에너지기술연구원의 책임연구원 박사 민경선입니다.

제가 매봉 선생님을 처음 알게 된 것은 직장 때문에 고향을 떠나 처음으로 객지 생활을 시작한 지 1년 정도 지난 무렵이었습니다.

가족과 떨어져 지내다 보니 개인적으로 어려운 시간을 보냈었는데, 그러던 중 우연히 네이버 검색을 통해 "무불도의 매봉 철학원" 블로그를 알게 되어 매봉 선생님께 연락드렸고, 이메일을 통해 궁금한 사항을 문점하게 되었습니다.

당시에 저는 사주팔자를 본다거나 점괘를 보는 등 역학을 접해 본 경험이 전혀 없는 상태였는데, 또한 제 직업적 특성상 궁금한 게 있으면 참지 못하는 성격이어서 매봉 선생님이 해주시는 답변에 여러 차례 재질문을 하기도 했는데, 그때마다 매봉 선생님은 알아듣기 쉽게 풀어서 친절하게 잘 설명해주셨습니다. 늘 명료한 답변이 몹시 인상적이었습니다.

그 후 지금까지 5년 넘게 인연을 이어오면서, 급하고 답답한 상황이 생길 때마다 가끔씩 문점을 하고 있는데, 그때마다 매봉 선생님은 특유의 명쾌한 답변뿐 아니라, 매봉 선생님 본인의 경험을 바탕으로 한 따뜻한 위로를 건네기도 하고, 가끔은 날카로운 칼같이 단호한 충고를 해주기도 하는 등 불확실한 미래를 궁금해하는 문점자를 진심으로 걱정하고 생각해주는 마치 오래된 친구 같은 느낌의 역술인이었습니다.

그런 매봉 선생님이 그동안 해 온 수행과 점단 경험을 바탕으로 "매봉 역학 아카이브 시리즈 육효 해단"서적을 출간한다는 소식을 들으니, 매봉 선생님과 오랜 시간 인연을 이어온 문점자 입장에서 무척 반갑고 기쁩니다.

매봉 선생님의 경험을 집대성 한 "매봉 역학 아카이브 시리즈 육효 해단" 서적이 역학 공부를 하시는 분들께 좋은 참고서 역할을 할 수 있기를 기대하고, 매봉 선생님에게도 처음 계획 하신대로 아카이브 시리즈를 모두 무사히 완결하실 수 있도록 응원의 마음을 담아 추천사를 통해 전합니다.

2023년 9월 3일
한국에너지기술연구원 책임연구원 - 민 경 선

추 천 사

저는 현재 약국을 운영하는 약사 정다정입니다.

오래전 2014년 가을, 불확실한 자신의 미래에 대해 막연한 불안함과 막막함에 늘 고통스러웠고, 저는 정말 어찌할 바를 모르며 매일 힘든 날을 보내고 있었습니다.

개인적인 고민을 잔뜩 안고 우연히 알게 된 매봉 선생님에게 문을 두드린 지 벌써 10년이 다 되어갑니다.

10년이 다 되어 가도록 지금까지 제가 불확실한 선택의 기로에 서 있을 때, 그리고 어려운 순간이 생길 때마다 매봉 선생님은 늘 명확하면서 또 따스하게 저에게 옳은 방향을 안내해 주셨고, 걱정과 불안이 많은 저에게 삶의 좋은 길잡이가 되어주시고 계십니다.

제가 지금 이 자리에 온전히 서 있기까지 매봉 선생님께 정말 많은 조언과 도움을 수 없이 받았습니다. 매봉 선생님의 그 친절함에 마음 깊이 진심을 담아 감사 인사를 전합니다. 매봉 선생님께서 언젠가 제게 해주셨던 말씀이 생각납니다.

점괘를 보기 위해 문점을 하는 것은 "取吉避凶 취길피흉"을 하기 위함이라고 하셨던 말씀이 생각이 납니다. 길한 것은 취하고 흉한 것을 피할 수 있도록 말이지요.

매봉 선생님 덕분에 제가 지금껏 살아오면서 매번 조금이라도 더 좋은 선택을 계속해 올 수 있었습니다.

저처럼 막막하고 막연함에 갈피를 못 잡으시는 분들, 인생을 어떤 방향으로 가야 하는지 기로에 서 있는 분들, 살아가면서 좋은 선택을 쌓고 알아가고 싶은 분들께 매봉 선생님의 육효 해단은 정말 많은 도움이 될 것이라고 생각합니다.

매봉 선생님의 "매봉 역학 아카이브 시리즈 육효 해단" 서적 출간을 진심으로 축하드리며, 매봉 선생님과의 소중한 인연에 마음 깊이 늘 감사드립니다.

2023년 9월 3일
약 사 - 정 다 정

목차

기초편 基礎編	11
신수점 身數占	49
시험점 試驗占	73
재물점 財物占	95
매매점 賣買占	117
풍수점 風水占	139
질병점 疾病占	167
대인점 待人占	193
혼인점 婚姻占	219
잉태점 孕胎占	245
송사점 訟事占	269
해몽점 解夢占	293
귀신점 鬼神占	317
번외편 番外編	343

매봉역학 아카이브 #01 육효해단
ARCHIVE SERIES

기초편 基礎編

六爻占 육효점은 周易 주역에서 파생된 占學 점학입니다. 정확하게 이야기하자면, 주역 64卦 괘에서 卦名 괘명을 빌려왔고, 64卦 괘에 納支 납지인 五行 오행을 더하여 길흉을 占치는 학문입니다.

주역과 육효를 혼동하거나 주역과 똑같은 해석을 하는 분이 많은데, 육효와 주역은 해석이 완전히 다른 학문이므로 이 부분을 반드시 유념해야 합니다.

「주역」은 약 6,000년 전 伏羲氏 복희씨의 河圖 하도와 夏 하나라 禹王 우왕의 洛書 낙서에 근거를 두고 있습니다.

복희씨는 우주의 모든 만물이 숫자 1에서 숫자 10사이에 존재하고, 1에서 5사이의 數는 우주 안의 數라고 해서 生數 생수라 했고, 6에서 10까지의 수는 우주 밖의 수라고 해서 成數 성수로 구분을 하였습니다.

생수는 體 체가 되고, 성수는 用 용이라 하였으며, 안과 밖으로 나간다고 해서 內體外用 내체외용이라고도 하였습니다.

낙서는 禹王 우왕이 洛 낙에서 공사를 하던 중에 거북이 등에 45개의 무늬가 아홉 개로 배열되어 있는 것을 보고 九宮 구궁의 원리를 깨달아 당시 범람하던 홍수의 피해를 막기도 하였다는 전설같은 이야기가 전해집니다.

周 주나라 文王 문왕은 복희씨가 천지 만물을 관찰하여 先天八卦 선천팔괘를 만든 것을 위치를 바꿔 그렸으며, 64卦 괘를 고안하여 각 卦 괘마다 卦辭 괘사를 달아 주역을 완성하였습니다. 이것을 後天八卦 후천팔괘라고 합니다.
이 책을 통해 공부할 육효는 원래 京房易 경방역, 京房 경방의 五行易 오행역이라고도 불렸습니다. 이론을 창시한 사람은 중국 漢 한나라때의 경방인데, 한나라에서는 주역의 64卦 괘를 통해 음양의 변화와 오행이 운행되는 모습이나 그 가운데 드러나는 象 상이나 數 수를 연구하여 天地人 하늘과 땅, 인간에게 일어나는 모든 현상을 설명하고, 國運 국운이나 인간의 길흉화복을 占치는 象數易學 상수역학이 정립된 시기입니다.
기초편에서 공부해야 될 육효의 이론은 경방역을 기반으로 하고 있으며, 필자의 증험에 따른 일부 이론을 포함한 내용을 바탕으로 한 것입니다. 六爻占을 作卦 작괘하고 점단과 해단하기 위해서는 반드시 알아야 할 내용이니 기초를 잘 숙지하시기 바랍니다.

1. 八卦 팔괘의 기본과 의미

八卦	☰	☱	☲	☳	☴	☵	☶	☷
괘명	乾	兌	離	震	巽	坎	艮	坤
순서	1	2	3	4	5	6	7	8
관계	父	小女	中女	長男	長女	中男	小男	母
자연	天	澤	火	雷	風	水	山	地
습성	강함	기쁨	걸림	동력	출입	빠짐	정지	순함
오행	金	金	火	木	木	水	土	土
동물	말	양	꿩	용	닭	돼지	개	소
신체	머리	입	눈	발	다리	귀	손	배
방향	서북	서	남	동	동남	북	북동	남서

2. 64卦 괘 世 세의 위치

世	乾金	兌金	離火	震木	巽木	坎水	艮土	坤土
上爻	중천건	중택태	중화이	중뢰진	중풍손	중수감	중산간	중지곤
初爻	천풍구	택수곤	화산여	뇌지예	풍천소축	수택절	산화비	지뢰복
二爻	천산돈	택지췌	화풍정	뇌수해	풍화가인	수뢰둔	산천대축	지택림
三爻	천지비	택산함	화수미제	뇌풍항	풍뢰익	수화기제	산택손	지천태
四爻	풍지관	수산건	산수몽	지풍승	천뢰무망	택화혁	화택규	뇌천대장
五爻	산지박	지산겸	풍수환	수풍정	화뢰서합	뇌화풍	천택리	택천쾌
四爻	화지진	뇌산소과	천수송	택풍대과	산뢰이	지화명이	풍택중부	수천수
三爻	화천대유	뇌택귀매	천화동인	택뢰수	산풍고	지수사	풍산점	수지비

◇ 육효점에서 八卦와 64卦는 점을 보는데 있어서 반드시 알아야 하는 기본입니다.

卦 괘의 모양과 함께 卦名 괘명도 외워야하기 때문에 육효를 처음 접하시는 분은 다소 어려울 수 있습니다. 그러한 경우 64卦 괘의 표를 보면서 점단을 해도 괜찮지만 육효점을 활용하여 앞으로도 계속 占을 보실 분이라면 시간이 오래 걸리더라도 반드시 암기하는 것이 좋습니다.

64卦 괘를 암기하게 되면, 作卦 작괘를 하고 점괘가 나왔을 때 世爻 세효의 위치를 정확하게 알게 되어 세효에 어떤 用神 용신이 임했는지 바로 알 수가 있기 때문에 반복 숙달해서 64卦 괘를 외워야만 쉽고 빠르게 해단이 가능해지는 것입니다.

이와 같이 세효의 위치를 정확하게 외우고 있다면 반대로 應爻 응효의 위치 또한 자연스럽게 어떤 용신이 임했는지 알게 되기 때문에 점괘를 해단하는 것이 더욱 쉽게 되는 것입니다.

세상의 모든 학문은 기초를 반드시 익히고 외워야하듯이 육효점에서 가장 기본이 되는 八卦 팔괘와 64卦 괘를 암기해야 하는 것입니다

64卦 괘의 모양이나 卦名 괘명이 어느 정도 익숙하게 되었을 때는 완벽하게 외우기 위해서 끝 글자만 기억하면서 암기하는 것이 도움이 됩니다.

건괘: 건 구 돈 비는 관 박 진 대유
태괘: 태 곤 췌 함은 건 겸 소과 귀매
이괘: 이 여 정 미제는 몽 환 송 동인
진괘: 진 예 해 항은 승 정 대과 수
손괘: 손 소축 가인 익은 부방 서합 이 고
감괘: 감 절 둔 기제는 혁 풍 명이 사
간괘: 간 비 대축 손은 규 리 중부 점
곤괘: 곤 복 임 태는 대장 쾌 수 비

〔 乾金宮 건금궁 〕

重天乾 (중천건)	天風姤 (천풍구)
父 戌　Ⅰ 世	父 戌　Ⅰ
兄 申　Ⅰ	兄 申　Ⅰ
官 午　Ⅰ	官 午　Ⅰ 應
父 辰　Ⅰ 應	兄 酉　Ⅰ
財 寅　Ⅰ	孫 亥　Ⅰ (伏 財 寅)
孫 子　Ⅰ	父 丑　Ⅱ 世

天山遯 (천산돈)	天地否 (천지비)
父 戌　Ⅰ	父 戌　Ⅰ 應
兄 申　Ⅰ 應	兄 申　Ⅰ
官 午　Ⅰ	官 午　Ⅰ
兄 申　Ⅰ	財 卯　Ⅱ 世
官 午　Ⅱ 世(伏 財 寅)	官 巳　Ⅱ
父 辰　Ⅱ (伏 孫 子)	父 未　Ⅱ (伏 孫 子)

風地觀 (풍지관)	山地剝 (산지박)
財 卯　Ⅰ	財 寅　Ⅰ
官 巳　Ⅰ　（伏 兄 申）	孫 子　Ⅱ 世（伏 兄 申）
父 未　Ⅱ 世	父 戌　Ⅱ
財 卯　Ⅱ	財 卯　Ⅱ
官 巳　Ⅱ	官 巳　Ⅱ 應
父 未　Ⅱ 應（伏 孫 子）	父 未　Ⅱ

火地晉 (화지진)	火天大有 (화천대유)
官 巳　Ⅰ	官 巳　Ⅰ 應
父 未　Ⅱ	父 未　Ⅱ
兄 酉　Ⅰ 世	兄 酉　Ⅰ
財 卯　Ⅱ	父 辰　Ⅰ 世
官 巳　Ⅱ	財 寅　Ⅰ
父 未　Ⅱ 應（伏 孫 子）	孫 子　Ⅰ

〔 兌金宮 태금궁 〕

重澤兌 (중택태)	澤水困 (택수곤)
父 未　∥　世	父 未　∥
兄 酉　∣	兄 酉　∣
孫 亥　∣	孫 亥　∣　應
父 丑　∥　應	官 午　∥
財 卯　∣	父 辰　∣
官 巳　∣	財 寅　∥　世

澤地萃 (택지췌)	澤山咸 (택산함)
父 未　∥	父 未　∥　應
兄 酉　∣　應	兄 酉　∣
孫 亥　∣	孫 亥　∣
財 卯　∥	兄 申　∣　世
官 巳　∥　世	官 午　∥　（伏 財 卯）
父 未　∥	父 辰　∥

水山蹇 (수산건)	地山謙 (지산겸)
孫子　‖	兄酉　‖
父戌　∣	孫亥　‖ 世
兄申　‖ 世	父丑　‖
兄申　∣	兄申　∣
官午　‖　　（伏財卯）	官午　‖ 應（伏財卯）
父辰　‖ 應	父辰　‖

雷山小過 (뇌산소과)	雷澤歸妹 (뇌택귀매)
父戌　‖	父戌　‖ 應
兄申　‖	兄申　‖
官午　∣ 世（伏孫亥）	官午　∣　　（伏孫亥）
兄申　∣	父丑　‖ 世
官午　‖　　（伏財卯）	財卯　∣
父辰　‖ 應	官巳　∣

〔 離火宮 이화궁 〕

重火離 (중화이)	火山旅 (화산여)
兄 巳　ㅣ　世	兄 巳　ㅣ
孫 未　ㅣㅣ	孫 未　ㅣㅣ
財 酉　ㅣ	財 酉　ㅣ　應
官 亥　ㅣ　應	財 申　ㅣ　（伏 官 亥）
孫 丑　ㅣㅣ	兄 午　ㅣㅣ
父 卯　ㅣ	孫 辰　ㅣㅣ　世（伏 父 卯）

火風鼎 (화풍정)	火水未濟 (화수미제)
兄 巳　ㅣ	兄 巳　ㅣ　應
孫 未　ㅣㅣ　應	孫 未　ㅣㅣ
財 酉　ㅣ	財 酉　ㅣ
財 酉　ㅣ	兄 午　ㅣㅣ　世（伏 官 亥）
官 亥　ㅣ　世	孫 辰　ㅣ
孫 丑　ㅣㅣ　（伏 父 卯）	父 寅　ㅣㅣ

山水蒙 (산수몽)	風水渙 (풍수환)
父寅　∥	父卯　∥
官子　∥∥	兄巳　∥　世
孫戌　∥∥　世 (伏財酉)	孫未　∥∥　(伏財酉)
兄午　∥∥	兄午　∥∥　(伏官亥)
孫辰　∥	孫辰　∥　應
父寅　∥∥　應	父寅　∥∥

天水訟 (천수송)	天火同人 (천화동인)
孫戌　∥	孫戌　∥　應
財申　∥	財申　∥
兄午　∥　世	兄午　∥
兄午　∥∥　(伏官亥)	官亥　∥　世
孫辰　∥	孫丑　∥∥
父寅　∥∥　應	父卯　∥

〔 震木宮 진목궁 〕

重雷震 (중뢰진)	雷地豫 (뇌지예)
財戌 ‖ 世	財戌 ‖
官申 ‖	官申 ‖
孫午 丨	孫午 丨 應
財辰 ‖ 應	兄卯 ‖
兄寅 ‖	孫巳 ‖
父子 丨	財未 ‖ 世 (伏 父 子)

雷水解 (뇌수해)	雷風恒 (뇌풍항)
財戌 ‖	財戌 ‖ 應
官申 ‖ 應	官申 ‖
孫午 丨	孫午 丨
孫午 ‖	官酉 丨 世
財辰 丨 世	父亥 丨 (伏 兄 寅)
兄寅 ‖ (伏 父 子)	財丑 ‖

地風升 (지풍승)	水風井 (수풍정)
官 酉　 ‖	父 子　 ‖
父 亥　 ‖	財 戌　 ∣ 世
財 丑　 ‖ 世 (伏孫午)	官 申　 ‖ 　(伏孫午)
官 酉　 ∣	官 酉　 ∣
父 亥　 ∣ 　(伏兄寅)	父 亥　 ∣ 應 (伏兄寅)
財 丑　 ‖ 應	財 丑　 ‖

澤風大過 (택풍대과)	澤雷隨 (택뢰수)
孫 未　 ‖	孫 未　 ‖ 應
官 酉　 ∣	官 酉　 ∣
父 亥　 ∣ 世 (伏孫午)	父 亥　 ∣ 　(伏孫午)
官 酉　 ∣	財 辰　 ‖ 世
父 亥　 ∣ 　(伏兄寅)	兄 寅　 ‖
財 丑　 ‖ 應	父 子　 ∣

〔 巽木宮 손목궁 〕

重風巽 (중풍손)	風天小畜 (풍천소축)
兄卯　ｌ　世	兄卯　ｌ
孫巳　ｌ	孫巳　ｌ
財未　ｌｌ	財未　ｌｌ　應
官酉　ｌ　應	財辰　ｌ　（伏官酉）
父亥　ｌ	兄寅　ｌ
財丑　ｌｌ	父子　ｌ　世

風火家人 (풍화가인)	風雷益 (풍뢰익)
兄卯　ｌ	兄卯　ｌ　應
孫巳　ｌ　應	孫巳　ｌ
財未　ｌｌ	財未　ｌｌ
父亥　ｌ　（伏官酉）	財辰　ｌｌ　世（伏官酉）
財丑　ｌｌ　世	兄寅　ｌｌ
兄卯　ｌ	父子　ｌ

天雷无妄 (천뢰무망)	火雷噬嗑 (화뢰서합)
財戌　Ⅰ	孫巳　Ⅰ
官申　Ⅰ	財未　Ⅱ　世
孫午　Ⅰ　世	官酉　Ⅰ
財辰　Ⅱ	財辰　Ⅱ
兄寅　Ⅱ	兄寅　Ⅱ　應
父子　Ⅰ　應	父子　Ⅰ

山雷頤 (산뢰이)	山風蠱 (산풍고)
兄寅　Ⅰ	兄寅　Ⅰ　應
父子　Ⅱ　(伏孫巳)	父子　Ⅱ　(伏孫巳)
財戌　Ⅱ　世	財戌　Ⅱ
財辰　Ⅱ　(伏官酉)	官酉　Ⅰ　世
兄寅　Ⅱ	父亥　Ⅰ
父子　Ⅰ　應	財丑　Ⅱ

〔 坎水宮 감수궁 〕

重水坎 (중수감)	水澤節 (수택절)
兄子 ‖ 世	兄子 ‖
官戌 ∣	官戌 ∣
父申 ‖	父申 ‖ 應
財午 ‖ 應	官丑 ‖
官辰 ∣	孫卯 ∣
孫寅 ‖	財巳 ∣ 世

水雷屯 (수뢰둔)	水火旣濟 (수화기제)
兄子 ‖	兄子 ‖ 應
官戌 ∣ 應	官戌 ∣
父申 ‖	父申 ‖
官辰 ‖ （伏 財 午）	兄亥 ∣ 世（伏 財 午）
孫寅 ‖ 世	官丑 ‖
兄子 ∣	孫卯 ∣

澤火革 (택화혁)	雷火豊 (뇌화풍)
官未　‖	官戌　‖
財酉　∣	父申　‖ 世
兄亥　∣ 世	財午　∣
兄亥　∣　（伏 財 午）	兄亥　∣
官丑　‖	官丑　‖ 應
孫卯　∣ 應	孫卯　∣

地火明夷 (지화명이)	地水師 (지수사)
父酉　‖	父酉　‖ 應
兄亥　‖	兄亥　‖
官丑　‖ 世	官丑　‖
兄亥　∣　（伏 財 午）	財午　‖ 世
官丑　‖	官辰　∣
孫卯　∣ 應	孫寅　‖

〔 艮土宮 간토궁 〕

重山艮 (중산간)	山火賁 (산화비)
官寅　Ⅰ 世	官寅　Ⅰ
財子　Ⅱ	財子　Ⅱ
兄戌　Ⅱ	兄戌　Ⅱ 應
孫申　Ⅰ 應	財亥　Ⅰ　（伏 孫 申）
父午　Ⅱ	兄丑　Ⅱ　（伏 父 午）
兄辰　Ⅱ	官卯　Ⅰ 世

山天大畜 (산천대축)	山澤損 (산택손)
官寅　Ⅰ	官寅　Ⅰ 應
財子　Ⅱ 應	財子　Ⅱ
兄戌　Ⅱ	兄戌　Ⅱ
兄辰　Ⅰ　（伏 孫 申）	兄丑　Ⅱ 世（伏 孫 申）
官寅　Ⅰ 世（伏 父 午）	官卯　Ⅰ
財子　Ⅰ	父巳　Ⅰ

火澤睽 (화택규)	天澤履 (천택리)
父 巳　Ｉ	兄 戌　Ｉ
兄 未　ＩＩ　（伏 財 子）	孫 申　Ｉ 世（伏 財 子）
孫 酉　Ｉ 世	父 午　Ｉ
兄 丑　ＩＩ	兄 丑　ＩＩ
官 卯　Ｉ	官 卯　Ｉ 應
父 巳　Ｉ 應	父 巳　Ｉ

風澤中孚 (풍택중부)	風山漸 (풍산점)
官 卯　Ｉ	官 卯　Ｉ 應
父 巳　Ｉ　（伏 財 子）	父 巳　Ｉ　（伏 財 子）
兄 未　ＩＩ 世	兄 未　ＩＩ
兄 丑　ＩＩ　（伏 孫 申）	孫 申　Ｉ 世
官 卯　Ｉ	父 午　ＩＩ
父 巳　Ｉ 應	兄 辰　ＩＩ

〔 坤土宮 곤토궁 〕

重地坤 (중지곤)	地雷復 (지뢰복)
孫 酉 ‖ 世	孫 酉 ‖
財 亥 ‖	財 亥 ‖
兄 丑 ‖	兄 丑 ‖ 應
官 卯 ‖ 應	兄 辰 ‖
父 巳 ‖	官 寅 ‖ (伏 父 巳)
兄 未 ‖	財 子 ∣ 世

地澤臨 (지택림)	地天泰 (지천태)
孫 酉 ‖	孫 酉 ‖ 應
財 亥 ‖ 應	財 亥 ‖
兄 丑 ‖	兄 丑 ‖
兄 丑 ‖	兄 辰 ∣ 世
官 卯 ∣ 世	官 寅 ∣ (伏 父 巳)
父 巳 ∣	財 子 ∣

雷天大壯 (뇌천대장)	澤天夬 (택천쾌)
兄 戌　∥	兄 未　∥
孫 申　∥	孫 酉　∣　世
父 午　∣　世	財 亥　∣
兄 辰　∣	兄 辰　∣
官 寅　∣	官 寅　∣　應 (伏 父 巳)
財 子　∣　應	財 子　∣

水天需 (수천수)	水地比 (수지비)
財 子　∥	財 子　∥　應
兄 戌　∣	兄 戌　∣
孫 申　∥　世	孫 申　∥
兄 辰　∣	官 卯　∥　世
官 寅　∣　(伏 父 巳)	父 巳　∥
財 子　∣　應	兄 未　∥

3. 納甲 납갑과 納支 납지

納甲 납갑과 納支 납지는 앞서 언급하였듯 주역의 64卦 괘에서 그 이름만 빌려 오고 64卦 괘에 天干 천간과 地支 지지를 붙인 것입니다.

64卦 괘를 정확히 외우고 納甲 납갑과 納支 납지를 알아야만 해당 占卦 점괘에 어떤 오행이 임했는지 알 수가 있습니다.

오행의 生剋制化 생극제화를 통해 길흉을 占치는 것이 바로 六爻占 육효점입니다.

납갑은 점괘를 해단하는데는 활용하지 않으며, 납지의 오행만을 가지고 해단합니다.

乾金甲子 子寅辰 午申戌 건금갑자 자인진 오신술

兌金丁巳 巳卯丑 亥酉未 태금정사 사묘축 해유미

離火己卯 卯丑亥 酉未巳 이화기묘 묘축해 유미사

震木庚子 子寅辰 午申戌 진목경자 자인진 오신술

巽木辛丑 丑亥酉 未巳卯 손목신축 축해유 미사묘

坎水戊寅 寅辰午 申戌子 감수무인 인진오 신술자

艮土丙辰 辰午申 戌子寅 간토병진 진오신 술자인

坤土乙未 未巳卯 丑亥酉 곤토을미 미사묘 축해유

4. 납갑과 납지 표

아래의 표를 보면서 외우면 쉽게 암기할 수가 있습니다.

八宮	乾	兌	離	震	巽	坎	艮	坤
上爻	壬戌	丁未	己巳	庚戌	辛卯	戊子	丙寅	癸酉
五爻	壬申	丁酉	己未	庚申	辛巳	戊戌	丙子	癸亥
四爻	壬午	丁亥	己酉	庚午	辛未	戊申	丙戌	癸丑
三爻	甲辰	丁丑	己亥	庚辰	辛酉	戊午	丙申	乙卯
二爻	甲寅	丁卯	己丑	庚寅	辛亥	戊辰	丙午	乙巳
初爻	甲子	丁巳	己卯	庚子	辛丑	戊寅	丙辰	乙未

5. 十二運星 12운성

십이운성은 胞胎法 포태법이라고도 하는데, 受胎 수태에서 入墓 입묘까지 인간의 삶을 12단계로 구분하고 배치하여 占에 대용해서 그 길흉을 판단하는 방법입니다.

오행의 旺相休囚死 왕상휴수사는 계절과 관계가 있기에 오행 중 어느 하나는 반드시 왕상휴수사가 되는 상태가 됩니다. 제가 해단하는 육효에서는 십이운성 중에 旺 왕, 衰 쇠, 墓 묘 세 가지만을 위주로 해단합니다.

1) 장생(長生)
인간이 세상에 태어나서 처음 울음을 터트리는 시기와 같은 의미입니다.

2) 목욕(沐浴)
갓 출생한 아기를 깨끗이 씻긴다는 뜻인데, 목욕은 일명 욕살, 또는 패살(敗殺)이라고도 합니다.

3) 관대(冠帶)
아이의 성장 과정이 끝나고 청년기에 접어들 시기가 되어서 허리에 띠를 두르는 시기를 의미합니다.

4) 건록(建祿)
장성한 자손이 부모의 품을 떠나 객지에서 자립하여 가정을 이루고 독립하는 시기를 의미합니다.

5) 제왕(帝旺)
제왕은 원기가 가장 왕성한 40대 중년기에 해당하는데, 역경을 딛고 삶의 진정한 의미를 느끼는 시기입니다.

6) 쇠(衰)
원기가 서서히 쇠퇴하는 시기로서 왕성한 기운이 점차 약해져 가는 나이 드는 때를 나타냅니다.

7) 병(病)
왕성하고 건강한 시기가 지나고 늙어서 병이 든 것과 같이 모든 것이 시들해지는 시기를 나타냅니다.

8) 사(死)
병들어 쇠하고 아픈 시기를 지나면서 생명이 다하여 끝나는 시기를 나타냅니다.

9) 묘(墓)
육신이 활동을 다하여 死後 사후에는 墓 묘에 들어가는 것을 의미합니다.

10) 절(絶)
육신이 사후에 묘에 들어간 후에, 영혼마저 완전히 無 무가 되는 것을 의미합니다.

11) 태(胎)
부모가 교접하여 모태에 자리 잡는 때입니다.

12) 양(養)
母 어머니의 태내에서 각종의 양분을 섭취하고 새로운 생의 준비기를 의미합니다.

육효에서 포태법을 사용하시는 분은 대부분 死 사, 絶 절, 墓 묘, 旺 왕을 위주로 해단하시는 분이 있고, 12운성 모두를 대입하여 해단하시는 분도 있습니다. 해단하시는 분의 스타일에 따라 각자의 방법이 있습니다만 저의 해단에서는 주로 旺 왕, 衰 쇠, 墓 묘를 위주로만 해단합니다.

필자의 경험에 의하면 질문이 뚜렷하고 용신을 정확하게 판단하였을 때 太歲 태세, 月支 월지, 日支 일지에서 또는 動爻 동효와 變爻 변효에서 이미 확실한 답을 보여주기 때문에 저는 왕, 쇠, 묘, 세 가지만 해단에 활용하므로 이 부분을 참고하시기 바랍니다.

6. 十二運星 12운성 표

日干	甲	乙	丙	丁	戊	己	庚	辛	壬	癸
生	亥	午	寅	酉	寅	酉	巳	子	申	卯
浴	子	巳	卯	申	卯	申	午	亥	酉	寅
冠	丑	辰	辰	未	辰	未	未	戌	戌	丑
祿	寅	卯	巳	午	巳	午	申	酉	亥	子
旺	卯	寅	午	巳	午	巳	酉	申	子	亥
衰	辰	丑	未	辰	未	辰	戌	未	丑	戌
病	巳	子	申	卯	申	卯	亥	午	寅	酉
死	午	亥	酉	寅	酉	寅	子	巳	卯	申
墓	未	戌	戌	丑	戌	丑	丑	辰	辰	未
絶	申	酉	亥	子	亥	子	寅	卯	巳	午
胎	酉	申	子	亥	子	亥	卯	寅	午	巳
養	戌	未	丑	戌	丑	戌	辰	丑	未	辰

7. 六爻 作卦法 육효 작괘법

(1) 육효점 작괘할 때 유의사항

육효점을 치기 전에는 먼저 경건한 마음 자세를 가져야 합니다. 본 책의 후반에 '점을 치기 전의 마음 자세'를 필독하고 육효점을 보는 것을 권장합니다.

육효점을 한 번 작괘할 때 一事一占 일사일점으로 한 가지 일에는 한 번의 占을 보는 것이 옳습니다.

혹 占卦의 결과가 나쁘게 나온다고 해도 바로 다시 점을 보는 우를 범하는 것은 안 됩니다.

일정 기간이 지난 후에 다시 占을 보거나 다른 방도가 있을지 여부를 생각하고서 점을 보는 것이 잘 맞습니다.

(2) 作卦 작괘하는 방법

육효점을 작괘하는 방법은 여러 가지가 있는데, 전통적으로 전해지는 방법으로는 ① 十八變筮法 18변서법, ② 擲錢法 척전법이 있고, 그 외에 ③ 斷時法 단시법, ④ 物象法 물상법, ⑤ 求數法 구수법, ⑥ 米占 쌀점, ⑦ 주사위 占 점 등이 있습니다.

① 十八變筮法 18변서법

揲蓍法 설시법이라고도 하는데, 대나무 가지 50개를 가지고 작괘하는 방법인데, 이는 주로 주역점을 보는데 활용합니다. 육효에서도 揲蓍法 설시법으로 작괘를 할 수는 있지만 육효점을 보는 다양한 도구가 있기에 현대에는 잘 사용하지 않습니다.

② 擲錢法 척전법

擲錢法 척전법은 동전 세 개를 이용하여 占치는 방법입니다. 작괘 할 수 있는 도구가 전혀 없을 때 동전을 가지고 작괘를 하면 되고, 동전 세 개를 한꺼번에 던지고 총 여섯 번을 던져서 初爻 초효부터 上爻 상효까지의 卦 괘를 완성하게 됩니다.

요즘에는 동전을 갖고 다니는 분이 그다지 많지 않고, 육효점 주사위 등이 잘 나와 있으므로 이 역시 현대에는 잘 사용하지 않는 작괘법입니다.

③ 斷時法 단시법

斷時法 단시법은 問占者 문점자가 질문을 한 시간과 분을 통해 작괘하는 방법입니다.

문점자 질문의 사안이 매우 중한 것일 때, 하루 한 번 정도 단시법을 사용하면 잘 맞지만 때때로 작괘를 귀찮아하시는 분들이 수시로 단시법을 사용하게 되는 것을 보았는데, 그렇게 되면 점괘는 잘 맞지 않으니 이 부분을 잘 유념하시기 바랍니다. 占을 치는 사람이 작괘하는 것을 귀찮아하거나 손쉽게 卦를 구하려고 하는 것은 옳지 않습니다.

단시법을 작괘하는 방법은 시간과 분을 八卦 팔괘인 8의 數 수, 시간과 분의 합산한 여섯 개의 爻 효인 6의 數 수로 나누는 방법입니다.

예를 들어 문점자가 어떤 사안에 대해 18시 39분에 질문하였고, 해당 시간으로 작괘를 한다면,

```
18시 나누기 8 (괘) = 2 나머지 수 = 2 하괘
39분 나누기 8 (괘) = 4 나머지 수 = 7 상괘
       18시 더하기 39분 = 57
⇒ 57 나누기 6 (효) = 9 나머지 수 = 3 동효
```

이와 같은 결과를 얻을 수 있습니다.

이런 경우 아래와 같이 山澤損 산택손 三爻 삼효 動 동의 卦 괘가 완성되는 것입니다.

山澤損（산택손）之
山天大畜（산천대축）屬 艮 土

	官寅	Ⅰ	應	
	財子	‖		
	兄戌	‖		
兄辰	兄丑	‖	世	（伏 孫申）
	官卯	Ⅰ		
	父巳	Ⅰ		

육효 공부 초기에 단시법을 사용하는 경우 이와 같은 더하기, 나누기 후 나머지 數를 대입하는 것이 간혹 헷갈릴 수가 있는데 근래에는 휴대폰의 무료, 유료 어플 등이 있으니 어플을 통해 연습해 보시는 것도 좋은 방법입니다.

책의 후반에 상세히 언급 되지만 단시법은 하루 한 번 이상 보지는 않습니다.

④ 物象法 물상법

物象法 물상법은 사물을 보고 卦 괘를 구하여 占치는 방법인데, 예를 들어 상의의 옷에서 단추의 수를 세어 上卦 상괘로 잡고, 바지의 주머니 숫자나 단추의 수 등을 통해 下卦 하괘로 잡으며, 합산한 數를 6으로 나누어 動爻 동효를 구하는 방법이 있고, 상의와 하의의 옷 색깔을 오행에 대입하여 괘를 구하는 방법 등이 있습니다. 그러나 굳이 그렇게 하지 않아도 작괘를 쉽게 하는 방법이 있기에 저는 잘 사용하지 않는 방법입니다.

앞서도 말씀드렸듯이 작괘를 할 수 있는 도구가 있다면 굳이 물상법을 사용할 필요가 없습니다.

⑤ 求數法 구수법

求數法 구수법은 제가 사무실이 아닌 곳에서 占斷 점단을 할 때 주로 사용하는 점단의 방법입니다.

문점자에게 어떤 것을 점단 할지에 대해 질문을 하고 나서 문점자가 궁금한 사안에 대해 질문을 한 뒤, 잠시 고요하게 생각할 시간을 줍니다. 그리고 문점자가 직접 생각한 숫자 세 개를 부르라고 하여 그 數를 가지고 占치는 방법입니다.

첫 번째 부르는 숫자는 하괘, 두 번째 부르는 숫자는 상괘, 세 번째 부르는 숫자는 동효로 삼습니다.

예를 들어 17, 25, 42, 이 세 가지 숫자를 불렀다면,

```
17 나누기 8 (괘) = 2 나머지 수 = 1 하괘
25 나누기 8 (괘) = 3 나머지 수 = 1 상괘
42 나누기 6 (효) = 7 = 나머지 수 없으므로 6 동효
```

이와 같은 결과를 얻게 됩니다.

이런 경우 아래와 같이 重天乾 중천건 上爻 상효 動 동의 卦 괘가 완성되는 것입니다.

	重天乾 (중천건) 之 澤天夬 (택천쾌) 屬 乾 金	
	父未 父戌 ㅣ 世 　　　兄申 ㅣ 　　　官午 ㅣ 　　　父辰 ㅣ 應 　　　財寅 ㅣ 　　　孫子 ㅣ	

⑥ 米占 쌀점

쌀을 활용하여 占치는 방법입니다. 그릇에 쌀을 미리 담아 두고서 문점자가 질문한 뒤, 원하는 만큼 쌀을 상에 내려 놓습니다. 쌀의 수를 세어 그 수에서 8로 나누어 하괘로 삼고, 다시 쌀을 집어서 그 수에서 8로 나누어 상괘로 삼으며, 다시 쌀을 집어서 그 수를 6으로 나누어 동효로 삼습니다.

⑦ 주사위 점

가장 보편적으로 사용하는 작괘법입니다. 색깔이 다른 팔각 주사위 2개와 육각 주사위 1개가 한 세트입니다. 인터넷을 통해 육효점 주사위를 검색해서 찾아 보시면 여러 곳에서 구매 가능합니다.

팔각 주사위는 주로 빨간색을 上卦 상괘, 파란색을 下卦 하괘로 보며 육각 주사위는 動爻 동효로 삼습니다.

보편적으로 사용하지만 주사위 점의 단점으로는 無動 무동의 卦 괘가 없다는 것입니다. 동효를 표시하는 육면 주사위가 있기 때문에 반드시 동효가 생기게 됩니다.

초심자는 주사위 占을 주로 사용하셔도 무방합니다만, 어느 정도 실력이 올라가게 되면 18변서법이나 척전법을 통해 점단을 해 보는 것도 좋습니다. 18변서법이나 척전법을 통해 작괘를 하게 되면 無動 무동의 점괘를 얻기도 하고, 亂發 난발된 괘를 얻기도 합니다.

육효의 백미는 動變爻 동변효를 해단하는 것에 있습니다. 그러므로 실력이 늘면 18변서법이나 척전법으로도 작괘를 해 보시는 것을 추천합니다.

8. 世爻 세효와 應爻 응효

육효점에서는 世爻 세효와 應爻 응효를 가장 먼저 살펴야 합니다. 세효는 문점자 자신이 되고, 응효는 상대가 됩니다.

64卦 괘 世 세의 위치표를 보며 괘를 판단해도 되지만, 암기와 반복 숙달을 통해 세의 위치를 바로 알아내게 되면 해단하는데 도움이 됩니다.

세효는 질문자인 자신, 나의 위치나 내가 있는 자리 등을 나타내며 응효는 라이벌, 상대방, 상대편, 상대의 위치 등을 말해줍니다.

예를 들어 占을 보러 온 손님이 다른 사람과 동업을 한다는 가정하에 점을 본다면, 세효는 점을 묻는 내가 되고 응효는 상대 동업자가 되는 것입니다.

그 외의 해당 용신은 64卦 괘의 납지 표를 보고 참고, 암기하시면 됩니다.

9. 用神 용신의 분류법

육효점을 보려면 질문하기 전에 해당 용신을 정하고 작괘를 해야 합니다.

용신은 孫 손, 父 부, 財 재, 官 관, 兄 형. 이 다섯 가지뿐이지만 각각의 용신은 내포하고 있는 의미가 다양하니 아래 내용을 숙지하고 점단을 해야 합니다.

| 孫 손 | 자손, 아들, 딸, 조카, 부하, 아랫 사람, 화해, 종교, 약, 의사, 약사, 군인, 제자, 기도, 화해, 재주, 태양. |

| 父 부 | 부모님, 조부모, 조상, 윗 어른, 연장자, 선생님, 상사, 문서, 시험 점수, 도서, 도장, 담보, 결재, 집, 자동차, 의류, 비. |

| 財 재 | 아내, 첩, 애인, 형수, 처제, 고용인, 하수인, 보석, 금전, 양곡, 가구, 물건, 상품. |

| 官 관 | 남편, 남편의 친구, 남자 애인, 직업, 관공서, 직장, 벼슬, 관재수, 구설, 귀신, 질병, 도둑, 근심, 걱정, 종교시설. |

| 兄 형 | 형제, 자매, 여동생의 남편, 아내의 남자 형제, 친구, 동료, 라이벌, 금전 지출, 질투, 방해, 분쟁, 동업자. |

10. 중요 용어 해설

육효에서는 점괘를 해단하는데 있어 필히 알아야 할 용어가 생각보다 많습니다. 기존 육효 이론서에 나와 있는 용어들을 보면 현대사회에는 맞지 않거나 저의 해단 방법에서는 사용하지 않는 용어가 많아 반드시 필요한 용어만 추렸으니 반드시 암기하시기 바랍니다.

　　　原神 원신　　원신은 용신을 生해주는 吉神 길신을 의미합니다. 예로 용신이 子水라면, 이를 生해주는 申金, 酉金이 원신이 됩니다.

　　　忌神 기신　　기신은 원신과는 반대로 용신을 헨 극하는 凶神 흉신을 의미합니다. 용신이 子水라면 이를 극하는 辰戌丑未 진술축미 土가 기신이 됩니다.

仇神 구신　　구신은 기신을 돕고 원신을 극하는 것을 의미하는데, 子水가 용신인 경우 辰戌丑未가 기신이 되는데, 기신을 돕는 巳火 午火가 즉 구신이 됩니다. 그러나 제가 증험한 바에 의하면 구신까지 해석하지 않아도 해단하는데는 전혀 지장이 없으니 참고만 하시기 바랍니다.

飛神 비신　　비신은 納支 납지에 해당하는 爻 효에 드러나 있는 五行 오행의 글자를 말합니다. 64卦 괘 납지 표를 참고하여 보시면 됩니다.

伏神 복신　　복신은 初爻 초효부터 上爻 상효까지 여섯 개의 爻효 상에 나타나지 않고 그 아래에 숨겨져 있는 것을 말합니다. 64卦 납지 표를 참고하여 보시면 됩니다.

六獸 육수　　육수는 점치는 日支 일지에 따라 초효부터 상효까지 매번 달라지게 되는데, 靑龍 청룡 朱雀 주작 句陳 구진 螣蛇 등사 白虎 백호 玄武 현무로 이루어져 있습니다.
필자의 증험에 의하면 굳이 육수를 참고하지 않아도 해단하는 것에는 큰 무리가 없습니다. 그러나 待人占 대인점을 볼 때는 육수를 참고하게 되는데, 특히 螣蛇 등사와 靑龍 청룡을 제외하고는 의미 부여를 하지 않아도 점괘에서 해답이 보이게 되니 참고하시기 바랍니다.

月破 월파　　월파는 월지가 용신을 沖 충하는 것을 말합니다. 해당 용신이 월파가 되었을 경우에도 좋을 때가 있는데, 근심 걱정이 있는 경우에 월지 孫爻 손효가 용신 官爻 관효를 월파할 때와 재물을 구하려고 할 때 월지 財爻 재효가 용신을 월파하는 때는 일이 성사되고 좋은 의미를 가집니다. 그 외의 월파는 해당 月 월을 벗어나고 해당 용신이 왕성해야만 일이 성사됩니다.

進神 진신과 退神 퇴신   진신과 퇴신은 같은 오행에서만 일어나는 動變爻 동변효의 변화를 말합니다. 예를 들어 寅木이 동해서 卯木으로 변효가 되었을 때를 진신, 卯木 동효가 寅木으로 변했을 때는 퇴신이라고 합니다.

다만 퇴신의 경우 해당 용신이 월지나 일지의 生助 생조를 받는 경우에는 不退 불퇴라고 하여 퇴신이 되지만 퇴신으로 보지 않습니다. 반대로 힘이 없는 용신이 퇴신하는 경우에는 즉각 퇴신이 되기 때문에 퇴신의 흉함이 배로 작용이 됩니다.

反吟 반음   반음은 爻 효가 동하여 변한 효가 상충되는 것을 말합니다. 예를 들어 寅木이 동하여 申金으로 변한 경우 寅申沖 인신충으로 되는 경우를 반음이라고 합니다. 반음은 일이 반복되고 순조롭지 못하며 원하는 일이 성사되지 못하는 것을 의미합니다.

伏吟 복음   복음은 乾卦 건괘가 변하여 震卦 진괘가 되고, 震卦 진괘가 변하여 乾卦 건괘가 되는 것을 말합니다. 다른 卦 괘에서는 복음이 나타나지 않습니다. 복음은 엎드려 신음한다는 의미를 내포하고 있는데, 우울, 신음, 답답함을 나타내며 內卦 내괘에서 복음이 나타나면 내부의 일이 좋지 않고 外卦 외괘에서 복음이 나타나면 밖의 일이 불리하게 나타납니다. 주사위 점이나 단시점으로 작괘하는 경우에는 동효가 하나만 나타나기 때문에 복음이 일어나지 않습니다. 그러나 18변서법이나 척전법 등으로 작괘를 하는 경우에는 복음이 나타날 수 있으니 참고하시기 바랍니다.

用神多現 용신다현   占에서 물은 해당 용신이 卦 괘, 月 월, 日 일에 많이 나타나 있는 것을 말합니다. 용신이 많이 나타나 있는 경우에는 세효에 용신이 임한 것을 가장 우선시 해석하고, 세효에 임하지 않은 경우에는 동효, 그 다음은 응효, 공망, 복신의 순으로 가장 힘이 없거나 상함

이 많은 것을 용신으로 삼아 해단하면 됩니다.

暗動 암동   암동은 동하지 않은 효가 日支 일지에 육충이 된 것을 말합니다. 암동은 말 그대로 아무도 모르게 움직이게 되는 것이므로 생각지도 못한 일이 벌어지게 되는 것을 말하는데, 해당 글자가 어떤 용신에 해당하는가에 따라 해석이 다릅니다. 암동된 글자가 왕성한지를 보고 孫 손, 父 부, 財 재, 官 관, 兄 형 중에 어떤 것인지를 참고하여 문점자의 질문 의도와 함께 해단하면 됩니다.

回頭剋 회두극   동한 효가 변효로부터 극을 당하는 것을 말합니다. 예를 들어 寅木이 동하였는데, 변효가 申金이나 酉金으로 변해서 동효가 극을 당하는 것을 말하는 것입니다. 용신이 동해서 회두극을 당한 경우라면 일이 흉하게 되고, 기신이나 구신이 동하여 회두극을 당하면 좋습니다. 그러나 저자의 증험에 의하면 회두극은 占을 묻는 사람이 근심, 걱정을 한 상태에서 점을 쳐도 스스로 걱정하고 있다는 뜻을 내포하여 世爻의 회두극이나 용신의 회두극이 나타나는 경우가 많습니다. 그러므로 회두극은 무조건 좋지 않다는 생각은 하지 않아도 되며, 점괘 전체의 기세와 길흉을 보고 판단해야 합니다.

回頭生 회두생   회두생은 동한 효가 변효로부터 생조받는 것을 말합니다. 예를 들어 子水가 동하였는데, 申金이나 酉金으로부터 생조받는 것을 말합니다. 용신이 동하여 회두생을 받으면 더욱 좋게 되고, 기신이나 구신이 동하여 회두생을 받으면 몹시 흉하게 됩니다.

貪生忘剋 탐생망극   동효가 극할 수 있는 글자와 생조할 수 있는 글자가 모두 나타나 있을 때 극하는 것을 우선시 하지 않고 생조하는 것을 먼저 하게 된다는 의미입니다. 예를 들어 싸우러 나가는 길에 애인을 만나서

싸우러 가지 않고 애인과 놀러 가는 것을 생각하시면 이해가 쉽습니다.
寅木이 동하여 辰戌丑未 土를 극하려고 하는데, 사화나 午火가 동하여 木生火 목생화로 생조를 하는 것입니다. 탐생망극은 문점자의 질문에 따라 길흉이 대비되니 잘 참고해야 합니다.

11. 呪文法 주문법

占을 치기 전에는 마음을 경건하게 하고 손을 씻은 뒤 작괘 도구를 손에 쥐고서 呪文 주문을 한 뒤에 작괘를 하면 됩니다.
책의 후반부에 '점을 치기 전의 마음 자세'를 필독하고 占치는 것을 권장합니다.

> "하늘이 어찌 말씀이 있으시며, 땅이 어찌 말씀이 있으시겠습니까? 그러나 그 작용이 신령스러워 간절하게 고하면 반드시 응해 줄 것이라 믿습니다. 이에 저는 어떠어떠한 일에 관하여 하늘에 질문하고자 하오니 부디 잘 응하여 주시옵소서."

이와 같이 주문을 하고 작괘를 하면 됩니다.

매봉역학 아카이브 #01 육효해단
ARCHIVE SERIES

신수점 身數占

신수점은 점괘를 물은 시점으로부터 해당 연도 이내 혹은 다음 연도의 전체적인 길과 흉을 알아보는 것을 말합니다.

또는 친구를 따라온 손님이나 함께 온 일행이 특별히 질문할 것이 없는데도 갑자기 물을 때가 있는데, 그때 알아보는 것도 신수점입니다.

질문이 명확하지 않고 두루뭉술할 때 나의 신수가 어떠하겠는가? 하고 묻고 점괘를 내어 전체적인 길흉을 알아보는 것이 바로 신수점입니다.

신수점을 풀이할 때는 문점자의 世爻를 기준으로 보며, 세효와 월, 일의 생극제화를 보고, 동효와 변효, 공망, 복신을 위주로 해단하면 됩니다.

신수점 01

자녀의 내년 신수가 어떠할 것인가?

某 모 프로 농구 구단에 속한 프로 농구 선수의 어머니인데, 자녀가 프로 선수로서 활동이 많지 않아 의기소침하고 경기 출전 횟수가 적어 걱정이 많다고 합니다.
구단과 곧 재계약을 앞두고 있는데, 내년에는 자녀의 신수가 어떠할지 문점 하였습니다.

	澤雷隨 (택뢰수) 之 澤地萃 (택지췌) 屬 震 木	
句陳	財未 ‖ 應	己丑 年
朱雀	官酉 ㅣ	
靑龍	父亥 ㅣ　(伏 孫午)	丁丑 月
玄武	財辰 ‖ 世	己卯 日
白虎	兄寅 ‖	
螣蛇	財未 父子 ㄨ	(辛酉 空亡)

解斷 해단

자녀의 신수를 물으니 孫爻가 용신이 됩니다. 孫爻 午火가 四爻인 父爻 밑에 복신 되어 있으니 자손은 현재 몹시 우울하고 답답한 모양새입니다. 孫爻를 극하는 글자가 父爻이기 때문입니다.

그나마 다행인 것은 孫爻를 극하는 父爻가 丑月에 극을 당하고 일진에 洩氣 설기되면서 쇠하게 되어 父爻의 힘이 지속적으로 떨어지니 천만다행입니다.

初爻 초효 동효가 孫爻를 극하는 父爻인 것이 위태로운데, 孫爻가 복신 되어 있으니 동한 父爻의 극을 당하지 않아서 이 또한 천만다행입니다. 그리고 동한 父爻가 財爻로 부터 회두극을 맞으니 孫爻가 동한 父爻로 부터 화를 입는 것은 아닙니다.

孫爻가 복신 되어 있는 상태에서 日의 생조를 받아 상함이 있는 중에 구원함이 있으니 寅月부터는 반드시 살아날 수 있는 것입니다.

며칠 후 양력 2월 4일 입춘이 절입 되어 庚寅年 寅月이 시작되면 반드시 자손의 운이 풀리니 자신감을 갖고 힘을 낼 것을 당부하였습니다.

世爻에 財가 임하고 初爻가 변하여 財로 임하니 구단과의 재계약은 순탄할 것입니다.

언뜻 보기에 굉장히 어려운 점괘처럼 보이지만, 자손이 자신감을 회복하면 반드시 좋은 일이 많게 될 것입니다.

이와 같이 해단 하였습니다.

이 문점자가 점단하고 한 달 뒤인 2월 15일에 재방문하여 말하기를 자손이 점괘를 본 이후에 자신감을 갖기 시작했고, 치료 중이던 부상도 적극적인 치료를 통해 많이 완화가 되었으며, 얼마 뒤 뜻밖에 출전했던 실전 경기에서 강한 인상을 남기고 활약이 좋아 그 뒤의 경기에서도 지속적으로 상승세를 타고 있다며 매우 기뻐하였습니다. 저도 해당 농구 경기를 TV로 시청하였는데, 평소보다 매우 잘한 경기였습니다.

자녀의 신수를 물은 어머니뿐 아니라 농구 선수인 그 자녀도 어머니와 함께 여러 번 본 적이 있어 개인적으로 잘 알고 있는데, 자손이 제 말을 신뢰하여 힘을 낼 수 있었다고 말하였습니다. 庚寅年 寅月이 절입된 이후에 진행된 구단과의 재계약 또한 기존의 연봉에 비해 훨씬 더 많은 연봉으로 연장 재계약을 했다고 전해왔습니다.

현재까지도 이 모녀와 가까운 사이로 지내고 있는데, 이 분의 자손은 저를 삼촌이라고 부를 정도로 상호 신뢰를 갖고 있는 사이입니다.

이 점괘에서 가장 중요하게 봐야 할 부분은 문점자가 질문한 부분이 자손의 건강, 자신감, 재물이니 이 세 가지로 요약합니다.

孫爻가 이미 복신 되어 상했는데, 日에서 지속적인 생조를 받고 있기에 결국 길하게 된다는 것이며, 변효에서 財를 화출하니 재물운 또한 좋게 된다는 것입니다.

그리고 며칠 뒤에 孫爻를 생조 해주는 庚寅年 寅月이 와서 곧바로 孫爻를 생조 해주기 때문에 지금은 복신 되어 힘든 것이지만, 곧 좋아진다는 것입니다.

어려워 보이지만 질문의 포인트를 잘 생각하면 쉽게 보이는 점괘입니다. 육효 해단을 어려워하시는 분들을 보면 질문의 핵심을 잘 짚어내지 못하는 분이 대부분입니다. 문점자의 질문이 복잡해도 결국 원하는 것이 무엇인지 그 핵심을 잘 짚어내면 어렵지 않으니 걱정하지 마시고 천천히 공부해 나아가시길 바랍니다.

신수점 02

남편의 신수는 어떠할 것인가?

남편이 개인 사업을 하고 있는데, 현재 금전적으로 문제가 많다며 앞으로 남편의 신수가 어떤지 문점 하였습니다.

	山地剝 (산지박) 之 火風鼎 (화풍정) 屬 乾 金	
靑龍	財寅 ―	乙未 年
玄武	孫子 ∥ 世 (伏 兄 申)	
白虎	兄酉 父戌 ∦	乙酉 月
螣蛇	兄酉 財卯 ∦	丁酉 日
句陳	孫亥 官巳 ∦ 應	(辰巳 空亡)
朱雀	父未 ∥	

解斷 해단

해단에 앞서, 점괘를 보기 전에 남편분의 기문둔갑 원명국과 기문둔갑 신수국을 먼저 보고자 했는데, 남편분께서 고아원에서 자란 분이라 생년월일시를 정확히 알지 못하였기에 육효 점괘만 보았습니다. 이와 같이 육효는 생년월일시를 알지 못해도 점단이 가능한 매력적인 학문입니다.

남편의 신수를 물으니 동한 二爻 空亡의 官爻가 용신이 됩니다. 괘가 二爻,

三爻, 四爻 동하여 亂發 난발 되었습니다.

　남편인 官爻는 空亡이고 月과 日의 생조를 전혀 받지 못해 정신적, 육체적, 경제적으로도 매우 힘든 상황입니다.

　난발된 爻 중에 二爻, 三爻 동하여 변효와 상충 되어 反吟卦 반음괘가 되기에 여러모로 상당히 심각합니다.

　재물 三爻 동하여 月破 월파, 日破 일파를 맞으며 反吟卦 반음괘가 되니 금전적으로 매우 심각한 상태입니다. 官爻 또한 반음이 되니 송사 문제도 있어서 많은 어려움에 봉착되어 있습니다.

　內卦에서 반음이 되는 것은 타인의 문제가 아닌 당사자의 문제를 말합니다. 이러한 괘는 뾰족한 해결 방법이 없습니다. 빨리 정신을 차리고 자산을 정리하여 빚을 갚고, 새 출발 하는 수밖에 없습니다.

　눈물만 흘리는 문점자를 위해 당장 필요한 몇 가지 開運法 개운법을 알려 주었습니다. 개운법을 쓰게 되면 조금 더 좋은 기운을 앞당길 수 있습니다.

　운이 좋을 때 개운법을 남발하는 것은 좋지 않은 것이지만, 이 점괘와 같이 뾰족한 수가 보이지 않아서 어려움에 봉착했을 때는 개운법을 쓰는 것이 큰 도움이 됩니다.

　이 점괘에서 가장 중요하게 봐야 할 부분은 너무 힘이 없는 官爻를 생조해야 하는 것입니다. 회두극 되어 힘이 없고, 官爻를 구할 三爻 財爻 또한 회두극 되어 官爻를 생조할 것이 단 하나도 없습니다. 이러한 경우 개운법을 쓸 때 官爻를 생조해 주는 상함이 없는 上爻의 寅木 財爻를 사용하여 개운법을 실행해 주면 큰 도움이 됩니다.

| 신수점 | 03

아나운서의 신수점

프리랜서 여성 아나운서 某 씨.

당시에 5년 가량 상담했던 단골인데, 일전에 제게 상담한 것이 잘 해결되어 감사의 표시로 저녁 식사를 대접하겠다는 약속을 했는데, 당일 저녁 식사를 하기 위해 방문하였고, 저녁 식사하러 나가기 전에 癸巳年(2013)의 신수점을 보았습니다.

水天需 (수천수) 之 地天泰 (지천태) 屬 坤 土				
螣蛇	財子	‖		壬辰 年
句陳	財亥 兄戌	㇏		
朱雀	孫申	‖ 世		壬子 月
靑龍	兄辰	ㅣ		辛酉 日
玄武	官寅	ㅣ	(伏 父 巳)	
白虎	財子	ㅣ 應		(子丑 空亡)

解斷 해단

본인의 신수를 물으니 世爻가 용신이 됩니다. 世爻에 孫爻가 임하고 日의 생조를 받아 괘가 아름답습니다. 결혼을 물었다면 官爻를 극하는 가장 좋지 못한 孫爻가 임했기에 결혼운에서의 점괘는 좋지 않지만, 문점자는 당장 결혼할 생각이 없었기에 신수점에서의 世爻상의 孫爻는 매우 좋은 것입니다. 世爻의 경우 孫爻가 임하고 五爻 兄爻가 동하여 世爻를 생조하니 새로운 사업을 벌이겠습니다.

五爻 兄爻 동하여 兄이 世爻의 孫爻를 생하고 兄變財 형변재가 되니 동업을 하겠습니다. 동업이나 새로운 사업 계획이 있는가 물으니 스피치 speech 학원 사업을 추진 중이며 마무리 단계이고 도움을 주는 동업자가 있다고 합니다.

世爻가 日에 생조를 받고 世爻에 孫爻가 임하여 孫生財 손생재가 되니 그 학원 사업 일로 인하여 돈을 버는 것이 어렵지 않습니다. 또, 世爻에 朱雀 주작이 임하니 이는 말로써 재주를 부리는 것이라 그 사업은 크게 성공할 것입니다.

世爻의 孫爻와 함께 日에도 孫爻가 임하니 한 가지가 아니고 두 가지 좋은 일이 있겠다고 말하였는데, 즉 스피치 speech 학원 사업 외에 또 다른 좋은 일이 있을 것이라고 말하였는데, 문점자는 깜짝 놀라며 현재 맡은 방송 프로그램 외에 양력 1월부터 새로운 프로그램 진행을 하나 더 맡게 되었다고 합니다. 괘상이 變 六合 변 육합이 되니 이는 오래도록 길합니다.

이 점괘에서 가장 중요하게 봐야 하는 것은 世爻와 동효, 변효입니다. 世爻에 孫爻가 임하고 힘이 넘치기 때문에 재물운이 좋게 되는 것이고, 五爻의 兄爻는 재물을 극하는 글자지만, 동하여 오히려 世爻를 생조해 주기 때문에 동업자가 도움을 주는 모습을 알려주는 것입니다.

현재까지 동업자와 함께 스피치 speech 학원을 잘 운영하고 있으며, 여러 방송에서도 활발하게 활동하고 있습니다.

신수점 04

아이돌 그룹의 신수점

데뷔 예정인 여자 아이돌 그룹의 멤버 중에 리더인 여자분과 매니저, 회사 실장이라는 분이 함께 방문하였습니다.
회사 실장이라는 분이 점괘를 보고자 했으나, 저는 직접 데뷔를 하게 되는 아이돌 그룹의 리더 분께 점괘를 보라고 권하였습니다. 본인의 占은 본인이 보는 것이 가장 정확하기 때문입니다.

	雷地豫 (뢰지예) 之 地水師 (지수사) 屬 震 木			
句陳		財 戌 ‖		癸巳 年
朱雀		官 申 ‖		
靑龍	財 丑	孫 午	丿 應	甲寅 月
玄武		兄 卯 ‖		己酉 日
白虎	財 辰	孫 巳	丿	
螣蛇		財 未 ‖ 世 (伏 父 子)		(寅卯 空亡)

解斷 해단

연예인의 점괘를 볼 때 인기와 성공 여부는 반드시 孫爻를 보게 됩니다. 대중의 인기로 먹고 사는 직업이기에 재주를 뜻하는 孫爻를 용신으로 삼는 것입니다. 孫爻의 왕성함을 보는 것은 물론이요, 世爻에 孫爻가 임하거나 孫爻가 世爻를 생조해 주는 것이 가장 길합니다.

世爻에 財爻가 임했습니다. 月에서 생을 받아 힘이 넘치는 二爻 孫爻와 四爻 孫爻가 동하여 世爻를 생해주고 있습니다. 木體 목체가 되어 太歲 태세가 巳年이 되니 태세가 孫이라 데뷔하면 반드시 크게 인기를 얻게 되는 것입니다.

三爻 공망인 卯木이 암동하여 孫爻를 생하고 孫爻는 다시 世爻를 생하니 생각지 못한 곳에서도 도움을 많이 받게 됩니다. 흠잡을 것 하나 없이 매우 길합니다. 데뷔 첫 해 뿐 아니라 내년 甲午年도 태세가 孫이 되니 인기를 많이 받으며 활동을 이어갈 것입니다. 내괘 외괘의 孫爻가 모두 동하니 국내뿐 아니라 해외에서도 인기를 얻게 될 것입니다.

이와 같이 해단 하였는데, 회사 실장이라는 분이 말하기를 몇 개월 뒤에 데뷔 예정이라 합니다. 또한 일본에서도 데뷔하기 위해 일본어 공부를 하는 중이라고 합니다. 리더인 어린 여자분이 관상도 매우 훌륭하고, 지성과 미모를 겸비하였으며 奇門遁甲 기문둔갑 원명국과 기문둔갑 신수국을 보니 通氣 통기가 완성되었고, 門卦 문괘가 매우 길하여 성공을 의심할 여지가 없습니다. 매일 데뷔하는 아이돌 그룹의 홍수 속에 살아남는 그룹은 몇 되지 않는다고 하던데, 이 그룹은 반드시 살아남게 될 것입니다.

데뷔 이후에 인기를 많이 얻었고, 해외 활동도 하였는데 특히 일본에서 인기가 많았으며, 현재까지도 많은 인기를 받으며 다양한 활동 중에 있습니다. 해당 멤버 모두에게 받은 싸인 CD가 여러 장인데 지면을 통해 자랑하지 못하는 것이 아쉽지만, 음반은 소중하게 잘 간직하고 있습니다.

신수점 05

신수점이 사고로 응함

십수 년째 왕래하는 단골입니다. 개인 사업을 하는 분이라서 자주 상담을 의뢰하곤 하는데, 새로 매입하는 건물에 대해 향후 월세 수입 재물운에 대해 占斷 점단했고, 이것저것 여러 점괘를 보았습니다.
그리고 마지막으로 올해 남은 기간 동안의 신수점을 보았습니다.

	雷風恒 (뢰풍항) 之 澤風大過 (택풍대과) 屬 震 木	
白虎	財戌 ‖ 應	乙未 年
螣蛇	官酉 官申 ⤩	
句陳	孫午 l	壬午 月
朱雀	官酉 l 世	癸亥 日
靑龍	父亥 l　　（伏 兄 寅）	
玄武	財丑 ‖	（子丑 空亡）

解斷 해단

五爻에서 官이 동하여 진신 되었습니다. 官에 螣蛇 등사가 임하였으니 필시 교통사고가 발생합니다. 양력 8월 申月과 9월 酉月에 매우 주의해야 합니다. 육효에서 五爻는 도로를 의미합니다. 도로를 나타내는 五爻에 官爻가 임해서 동하면 반드시 교통사고를 당하게 됩니다. 특히 등사가 함께 임하게 되면 교통사고를 더욱 조심해야 합니다.

이 문점자가 새로 매입한 건물 잔금을 치르고, 지난 8월 20일에 등기를 마쳤는데, 제게 직접 와서 건물 리모델링 할 곳 등을 風水 풍수 감정 해달라고 요청하여 어제 오후에 출장을 다녀 왔는데, 문점자가 교통사고에 관해 이야기해 주었습니다. 지난 8월 13일에 교통사고가 두 번이나 났다고 합니다. 8월 13일은 申月 辛酉日이었습니다. 官爻인 金의 기운이 겹친 날입니다.

그나마 다행인 것은 다친 사람 하나 없이 차량 사고만 나서 대인 접수는 하지 않았고, 인명 피해는 일절 없었다고 합니다. 전날 술을 마신 것도 아니었는데, 늘 다니던 곳을 운전하면서 하루에 두 차례나 사고를 낸 것을 보면 이 점괘처럼 騰蛇 등사의 작용이 틀림없는 것입니다. 사람이 다치지 않아 천만다행입니다. 자신의 富 부를 축적할 수 있는 건물을 매입하고서 바로 교통사고가 나니 찝찝하고, 걱정이 이만저만이 아니지만 사람이 다치지 않고 큰 피해가 없으니 액땜이라 생각하면 됩니다.

교통사고가 이미 두 번 났는데 또 교통사고가 나겠는지 점괘를 보니 해당 연도가 끝날 때까지 교통사고가 없음을 점괘에서 얻었습니다.

이처럼 사고수가 생긴다는 占卦 점괘를 얻었을 때는 미리 예방책을 쓰는 것이 좋습니다. 괜찮겠지? 하다가 이렇게 사고를 당하게 됩니다. 그나마 사고가 크지 않아 액땜으로 생각하면 그만이지만, 그래도 미리 예방책을 썼다면 사고를 미리 막을 수 있었다는 것입니다.

신수점 06
시집간 딸의 신수점

당시 18년째 단골입니다. 광화문에서 부부가 큰 식당을 운영하고 계시고 하나뿐인 따님이 몇 년 전에 결혼하여 남편과 함께 경기도에서 미용실을 두 개 운영하고 있습니다. 가족 구성원 모두 화목하여 별 탈 없이 잘 지내는 가정인데, 매년 연말에 다음 해의 신수를 보러 옵니다. 작년 연말에도 어김없이 다녀갔는데, 당시에 따님이 사위와 함께 운영하는 미용실을 하나 더 하려고 생각중이었고 그 점괘는 매우 좋았습니다. 따님의 2015년 신수를 보았는데 점괘는 아래와 같습니다.

			地水師 (지수사) 之 地水師 (지수사) 屬 坎 水	
白虎	父 酉	‖ 應	甲午 年	
螣蛇	兄 亥	‖		
句陳	官 丑	‖	丙子 月	
朱雀	財 午	‖ 世	壬申 日	
靑龍	官 辰	ㅣ		
玄武	孫 寅	‖	(戌亥 空亡)	

解斷 해단

筮竹 서죽으로 점괘를 내었는데 無動 무동입니다. 점괘를 본 당시에 현재의 상황이 좋다면 무동의 점괘가 오히려 길한 것입니다. 내년에도 지금과 같이 무

탈하다는 의미입니다.

제가 유심히 본 것은 초효의 孫爻가 암동하는 것이었습니다. 문점자의 딸은 결혼 후 아들과 딸, 두 자녀를 낳아 키우고 있었는데, 이 점괘에서 초효 孫爻가 日에 암동하니 곧 셋째를 임신하겠다고 말하였습니다. 딸 부부가 금슬이 좋아 다들 화목하게 잘 지내고는 있으나 미용실 사업 확장을 할 계획이라 셋째 임신은 무리일 것 같다는 말을 하고 갔습니다.

어제 이 손님이 내년 신수를 보고자 남편과 함께 다녀갔습니다. 딸이 제가 점단하여 본대로 셋째를 임신하였다고 합니다. 이 부부와 함께 한참 웃었습니다. 아기를 키우기가 힘들지만 그래도 부부 금슬이 좋아 셋째를 갖게 되어 다들 너무 좋아했습니다. 현재도 잘 자라고 있는 두 손주의 이름도 作名 작명을 해주었는데, 셋째 손주도 태어나면 작명을 해달라고 부탁 하였습니다.

암동은 동효 못지 않게 중요하니 점괘를 살피는데 있어 소홀하지 말아야 합니다. 암동은 생각지 못한 일이 벌어지는 것을 나타내기에 어떤 것이 암동하는지 기세를 잘 살펴야 합니다.

현재 세 명의 손주 모두 건강하게 잘 자라고 있으며, 광화문에 위치한 문점자 부부의 식당과 딸 부부의 미용실 세 곳도 코로나 시기를 건강하게 버티고 현재까지 잘 운영하고 있습니다.

신수점 07
교통사고를 경고하는 신수점

奇門遁甲 身數局 기문둔갑 신수국에서 교통사고의 운이 있어서 육효점을 통해 2016년의 신수가 어떠한지 보았습니다.

	雷風恒(뢰풍항) 之 澤風大過(택풍대과) 屬 震 木	
螣蛇	財戌　‖　應	丙申 年
句陳	官酉　官申　╳	
朱雀	孫午　∣	庚寅 月
靑龍	官酉　∣　世	辛未 日
玄武	父亥　∣　（伏兄寅）	
白虎	財丑　‖	（戌亥 空亡）

解斷 해단

　世爻에 官爻가 임하니 문점자는 걱정을 하면서 점괘를 뽑은 것입니다. 世爻에 官爻가 임했기에 좋지 않습니다.
　도로를 의미하는 五爻에 官이 동하여 진신이 되니 반드시 교통사고가 생기게 됩니다.
　그나마 다행인 것은 동한 官爻가 극하는 것이 없기에 인명 피해는 없습니다.

또한 官爻가 유일하게 극하는 兄爻는 二爻의 父爻 아래에 복신되어 兄爻 또한 무탈한 것입니다.

奇門遁甲 기문둔갑 신수국에서는 巳午未月이 가장 위험한 때인데, 육효의 점괘에서는 巳月의 사고를 암시하고 있습니다. 동한 五爻 官이 合 되는 때가 巳月이 되기 때문입니다.

동한 용신은 合이 될 때 그 결과가 나타나게 됩니다.

인명 피해가 없는 것이 천만다행이라 하겠습니다.

巳月의 마지막 날에 교통사고가 났다고 합니다. 午月과 이어지기 직전에 사고가 난 것입니다. 가벼운 접촉사고였으며 인명 피해는 없었다고 합니다.

기문둔갑 신수국과 육효 점괘가 일치하여 나타난 것을 알 수 있습니다. 모든 易學 역학은 결국 하나로 다 통하게 된다는 것을 다시 깨닫게 됩니다.

신수점 08

공모전 입상 여부 신수점

곧 발표 예정인 공모전에 작품을 출품하였는데, 공모전에 당선이 될지 문점 하였습니다. 문점자께서는 큰 상은 바라지 않고 입선이라도 하면 좋겠는데, 공모전에서 당선이 가능하겠는지 물었습니다.

	澤火革 (택화혁) 之 澤山咸 (택산함) 屬 坎 水			
靑龍	官未	‖		辛丑 年
玄武	父酉	ㅣ		
白虎	兄亥	ㅣ 世		癸巳 月
螣蛇	兄亥	ㅣ	(伏 財 午)	丙辰 日
句陳	官丑	‖		
朱雀	官辰 孫卯	╳ 應		(子丑 空亡)

解斷 해단

공모전 당선 여부를 판단할 때는 孫爻가 용신이 됩니다.
　이 점괘에서 주의해야 할 것은 시험 당락의 점괘처럼 官爻를 용신으로 보는 우를 범하면 안 됩니다. 자신의 재주를 뽐내는 것이기에 孫爻를 용신으로 보아야 합니다.

다행히 初爻의 孫爻가 동하였으나 그 세력이 너무 약합니다. 약한 세력이라도 동한 것은 길한 것으로 보는 것이 맞으나 애석하게도 라이벌을 뜻하는 應爻에 孫爻가 임하였습니다.

世爻에 兄爻가 임하여 應爻의 孫爻를 생조하니 입선이라도 되고 싶은 마음이 간절한 것은 알겠으나, 世爻는 월파되었고 일지에 입묘가 되면서도 應爻를 생조하니 공모전에서 다른 출품자의 들러리가 되는 격입니다. 이러한 경우 입선도 불가합니다. 다음을 기약하는 것이 좋겠습니다.

이와 같이 해단 하였습니다.

문점자를 소개했던 친구분인 제 단골 손님이 오늘 오전에 상의할 것이 있다며 연락을 해와서 통화를 하였고, 일전에 상담했던 친구의 공모전 결과를 알려 주었습니다.
결과는 점괘와 같이 입선도 하지 못했다고 하였습니다.

이 점괘에서 가장 중요하게 봐야 할 것은 世爻의 기세와 孫爻입니다. 世爻를 생조해 주는 것이 아무것도 없으며, 기세가 매우 약하기 때문에 아직 실력 부족인 것입니다. 또한 용신인 孫爻는 世爻가 아닌 應爻에 임한 것이 안타까운 점괘입니다.
동한 孫爻마저 기세가 너무 약하여 아무런 도움이 되지 못하는 점괘입니다.

신수점 09
무엇 때문에 왔는지 알아서 맞춰 보세요?

상담하다 보면 간혹 상담가를 테스트하러 오는 손님이 있습니다.
전국의 易學 역학 高手 고수를 찾으러 다니는 손님이 많아 본인도 이해를 하긴 하지만 말이 '아' 다르고 '어' 다른 법이라서 유독 기분 나쁘게 자신이 무엇 때문에 왔는지, 자신에게 현재 처한 가장 큰 사안이 무엇인지 팔짱을 끼고는 대놓고 맞춰 보라고 하는 분이 간혹 있습니다. 며칠 전 그런 손님 두 명이 함께 찾아 왔습니다.
두 분 중에 한 분이 하는 말이 선생께서 얼마나 잘 보는 분인지 모르니 자신이 지금 가장 급한 문제가 뭔지 맞춰 보라고 대놓고 말했습니다.

火澤睽 (화택규) 之 火澤睽 (화택규) 屬 艮 土			
朱雀	父 巳	ㅣ	壬辰 年
靑龍	兄 未	‖ (伏 財 子)	
玄武	孫 酉	ㅣ 世	癸卯 月
白虎	兄 丑	‖	戊辰 日
螣蛇	官 卯	ㅣ	
句陳	父 巳	ㅣ 應	(戊亥 空亡)

점이란 무릇 筮必誠心 서필성심 해야 합니다. 점을 치는 자는 반드시 정성스런 마음으로 점을 쳐야 한다는 말입니다.
물론 손님 입장에서는 저에 대해 잘 알지 못하니 실력 검증이 안 되었기에 그

럴 수 있겠지만, 그래서 실력있는 역학의 고수를 찾기 위해 전국을 찾아 다니는 마음은 이해하지만 그런 식으로 상담가를 테스트하는 것은 잘못된 것이라 생각합니다. 상호간에 존중이 있어야 합니다.

점이란 위에서 언급했듯이 筮必誠心 서필성심 해야 하며, 또한 상호간에 교감이 있어야만 정확한 답을 얻을 수가 있는 것입니다.

저는 속이 조금 상했지만 筮竹 서죽으로 괘를 내어 답을 주었습니다.

解斷 해단

점괘를 보고 제가 말했습니다.

손님께서는 현재 두 개의 訟事 송사가 걸려서 이번 달에 특히 매우 골치가 아픈 상황이며, 그 송사는 금전 문제로 인한 송사입니다.

두 개의 법문제 중에 하나는 친구나 혹은 선배와 벌이는 가까운 이와의 송사이고 또 하나의 송사는 회사와 벌이고 있는 다툼입니다. 또, 현재 재물운이 좋지 않아 여윳돈이 없을 것입니다.

최근에 알게 된 남자분 중에 당신에게 적극적으로 프로포즈하는 분이 있으며 그 남자와 당신은 결혼까지 생각하며 만나고 있습니다.

당신의 부모는 당신과 같은 집에서 살지 않고 각기 다른 지방에 떨어져 살고 있으며 부모님의 사적인 문제로 인해 당신은 스트레스를 많이 받고 있을 것입니다. 마지막으로 당신 주변에 최근 목매어 자살한 이가 있을 것입니다.

이와 같이 해단 하였습니다.

손님들은 연신 놀란 토끼 눈을 하고 말을 잇지 못했습니다. 잠시 침묵이 흐른 후, 한 여자분이 말하기를 자신의 사주도 말하지 않았는데 어찌 전부 다 아느냐고 말했습니다. 단 한 번의 점괘로 어찌 그 모든 것을 다 아느냐고 연신 물었습니다.

그러자 그 옆에 있던 여성이 두 개의 송사에 대해 정확히 일치함을 말해 주었고, 만나는 남자에 대해서도 이야기했으며, 가족 문제까지도 다 맞는다고 말했습니다. 목매어 자살한 이에 관해서도 말해 주었습니다. 두 분은 자매였습니다. 또 잠시 침묵이 흐른 후에 자신들의 운세를 봐달라며 생년월일시를 불러주었습니다.

그래서 제가 하는 말이 '그냥 돌아가세요'라고 했습니다. 상담료 몇 푼 벌자고 기분 언짢게 상담하고 싶지 않다고 했습니다.

저를 테스트 한 것에 대해서 사과는 하지 않고 계속 사주를 봐달라며 돈을 더 주겠다고 하였습니다. 저는 그런 것에 더 마음이 상했습니다.

결국 돌려 보냈는데, 그 뒤로 몇 번의 문자가 더 왔지만 저는 답을 하지 않았고 전화번호를 차단하였습니다. 이 글을 보게 되어 저에게 상담받고자 하는 분들이 있다면 꼭 이야기 해 주고 싶습니다.

서필성심 하면 점괘는 틀리는 법이 없습니다. 그러니 상담가를 테스트하려 하지 마시고 진정성을 갖고 대해 주시기를 바랍니다.

물론 많은 엉터리 상담가들 때문에 占을 보러 다니는 분들이 겪는 고초는 이해를 하고도 남습니다. 그러나 그런 엉터리 상담가들로 인해 공부 열심히 하고 修行 수행 열심히 하는 학인들까지 절대 무시당해서는 안 될 것입니다.

이 점괘의 해단은 매우 쉽습니다. 어렵다고 생각지 마시고 천천히 읽어 보시기 바랍니다.

世爻가 월파를 당해 현재 매우 힘든 시기이고, 그것은 官爻에 의한 것이기 때문에 송사를 의미하며, 世爻와 日의 眞合 진합은 이성 문제, 그리고 財爻의 복신은 재물운이 어려운 상황, 宅爻 택효의 등사 卯木 官爻는 목매어 자살한 귀신을 말하는 것입니다.

육효 해단의 비밀은 공망, 복신, 월파 등에서 답을 찾으면 매우 쉽습니다. 즉, 괘에서 뭔가 부족하고 깨지고 힘이 없는 것을 찾아 그에 맞게 풀이하면 되는 것입니다. 택효의 官爻는 귀신을 말한다고 했는데, 木 官爻의 경우만이 목을 매어 자살한 귀신입니다. 다른 오행은 목매어 자살한 경우가 없습니다.

육효를 공부하시는 분은 귀신의 존재에 관하여 열린 마음으로 대해야 합니다. 귀신에 관해서는 鬼神占 귀신점 카테고리에서 자세히 다루도록 하겠습니다.

신수점 10

손님의 신수점을 보다

제게 한 번도 상담하지 않은 여자분인데, 오후에 방문하겠다고 하여 손님의 신수점을 미리 보았습니다.

	風火家人 (풍화가인) 之 風山漸 (풍산점) 屬 巽 木	
白虎	兄 卯　｜	戊子 年
螣蛇	孫 巳　｜　應	
句陳	財 未　‖	乙丑 月
朱雀	父 亥　｜　（伏 官 酉）	壬戌 日
靑龍	財 丑　‖　世	
玄武	財 辰 兄 卯　⚊	（子丑 空亡）

解斷 해단

　제가 상대에 대해서 알고자 함이니 應爻가 용신이 됩니다. 應의 상태를 보니 月과 日의 생을 받지 못하고 있으니 현재 무기력한 상태에 있는 것입니다.
　財爻가 중중하니 금전적으로 여유는 있는 분입니다. 官이 복신되어 있으니 현재 남편이 없는 상태입니다.
　應爻가 五爻에 임하니 사회적 지위가 있는 분입니다.

初爻가 형이 변하여 재가 되니 최근에 금전의 지출과 수입이 반복되는 일이 있을 것입니다.

이 손님이 어제 申時 (오후 3시 32분~5시 32분)에 방문했습니다.

몇 달 전에 이혼하였고 그 전후 과정에서 우울증이 생겨 정신과 치료를 받고 있다고 합니다.

직업은 교수이며, 이혼 후 위자료로 받은 아파트를 급매로 팔았는데, 새로운 집으로 이사 가는 것과 자신의 건강에 관해 문점 하였습니다.

상대에 대해 전혀 모를 때, 그 상대에 관해 점괘를 볼 때는 상대를 나타내는 應爻의 상태를 중심으로 봐야 합니다. 이 점괘는 아름답지 않은 점입니다.

應爻가 힘을 잃었고, 동한 初爻의 卯木은 應爻를 생조하지 못하고 日에 合 합이 되었습니다.

應爻에 孫爻가 임하여 官爻를 극하고, 그 官爻가 복신되어 있으니 남편이 없는 것입니다.

매봉역학 아카이브 #01 육효해단
ARCHIVE SERIES

시험점 試驗占

시험점은 시험의 當落 당락을 알아보는 것입니다. 모든 점괘가 그렇지만 시험점은 반드시 世爻가 왕성해야 자신감이 있어 좋은 것입니다.
국가고시, 대기업 입사 등에서 필기시험이 있는 경우 최종합격은 官爻를 용신으로 삼고, 父爻를 시험 점수로 봅니다. 필기시험 없이 이력서와 면접만 봐서 당락의 여부를 결정 짓는 일종의 TEST, 검증을 받는 경우는 官爻를 용신으로 삼습니다.

시험점에서 가장 꺼리는 것은 財爻와 孫爻가 되는데, 財爻는 父爻를 극하기 때문이고, 孫爻는 官爻를 극하기 때문입니다. 世爻에 官爻가 임한 경우에는 財爻가 동하여 世爻를 생하면 길한데, 世爻에 孫爻가 임한 경우 兄爻가 世爻를 생하는 것은 가장 좋지 못한 상황입니다.

世爻에 兄爻가 임하고 왕성한 경우 官爻가 동하여 世爻를 剋世 극세하는 것도 매우 좋은 징조이나, 世爻가 왕성하지 못하면 합격은 어렵습니다.

시험점 試驗占   73

시험점 01

동생의 사법시험 당락

단골 손님 소개로 온 지인의 상담 문제인데, 남동생이 10월 21일에 발표되는 사법시험 2차에 합격하겠는지 문점 하였습니다.

	山雷頤 (산뢰이) 之 火雷噬嗑 (화뢰서합) 屬 巽 木	
白虎	兄 寅 Ⅰ	戊子 年
螣蛇	父 子 Ⅱ (伏 孫 巳)	
句陳	官 酉 財 戌 Ж 世	壬戌 月
朱雀	財 辰 Ⅱ (伏 官 酉)	癸巳 日
靑龍	兄 寅 Ⅱ	
玄武	父 子 Ⅰ 應	(午未 空亡)

解斷 해단

형제의 사법시험 당락을 물으니 兄爻와 官爻가 용신이 됩니다.
 內卦의 二爻 兄爻를 생조하는 것이 전혀 없으니 형제는 시험에 자신감이 없는 상태입니다. 즉, 문점자의 동생은 이번 시험에 자신감이 영 없다는 것입니다.
 世爻를 보니 財가 임했습니다. 시험점에서 가장 중요한 것은 용신의 기세지만, 財가 동하여 점수를 나타내는 父爻를 극하기에 이번 시험에서 합격은 어렵습니다.

　설상가상 月에도 財가 임했으며, 당락을 결정짓는 官爻가 복신되어 있으니 동한 財爻의 생조를 아예 받지 못해서 무엇 하나 조금이라도 좋은 것이 없습니다.

　시험 점수를 나타내는 父爻를 보니 생조하는 것이 없고 동한 財爻에게 극을 당해 좋지 못합니다.

　이 점괘에서 가장 중요하게 봐야 할 것은 힘이 없는 父爻인데, 그마저도 應爻에 임했다는 것입니다. 힘이 없어도 世爻에 임했다면 조금이나마 기대를 했을 텐데, 그마저도 상대방을 상징하는 應爻에 임하니 라이벌, 즉 다른 사람이 합격한다는 것을 말해 주고 있습니다. 이번 시험은 가망이 없습니다.

　世爻가 동하여 財變官 재변관이 되었습니다. 이 부분은 문점하신 이 분의 몸이 아플 것입니다. 당분간 술을 좀 자제하시라 일렀습니다. 동생의 시험을 물었지만 당사자의 상황도 알려 주는 것입니다.

　10월 21일 합격자 발표가 났습니다. 占卦대로 불합격입니다. 안타깝지만 앞으로도 합격의 기회는 없어 보입니다. 또한 문점하신 분이 점괘를 본 며칠 뒤에 장염에 걸려 한동안 고생하셨다고 합니다.

　당시에 불합격되고 이후 사법시험 제도가 폐지되어 삶의 목표에 대해 오랜 시간 갈피를 잡지 못했는데, 결국은 시험과 전혀 다른 일을 하고 있다고 전해 들었습니다.

시험점 02

소방 준공 검사

남자 손님께서 자신이 근무하는 인테리어 회사에서 실행하고 있는 某 모 건설회사의 대형 오피스텔 사업에서 곧 소방 준공 검사가 있는데, 문제없이 잘 마무리가 될 것인가에 대해 물었습니다.
이 占을 물은 손님이 해당 건물 5층부터 10층까지의 인테리어 공사를 책임자로 맡아서 하고 있다고 합니다.

澤天夬 (택천쾌) 之 重天乾 (중천건) 屬 坤 土			
螣蛇	兄 戌 兄 未 ‖		戊子 年
句陳	孫 酉 丨 世		
朱雀	財 亥 丨		癸亥 月
靑龍	兄 辰 丨		辛未 日
玄武	官 寅 丨 應 (伏 父 巳)		
白虎	財 子 丨		(戌亥 空亡)

解斷 해단

당사자가 필기시험은 보지 않으나 테스트를 통해 당락이 정해지는 점괘입니다. 이런 점괘의 경우 世爻와 官爻를 용신으로 봅니다.
世爻에 孫이 임하였습니다. 용신 官爻를 극하는 孫爻가 임해서 좋아 보이지는 않습니다. 그런데 月의 생을 받지는 못하나 일진의 생을 받으니 世爻가 걱정을 하고 있다고는 하지만 합격 기준에 통과할 자신감은 있습니다. 世爻에 孫이 임하니 걱정하고 있기는 한데 큰 걱정은 안 해도 되겠습니다.

官爻를 극하는 孫爻가 世爻에 임해서 좋지 않은 것이지만, 자신감이 넘치기 때문에 다른 것을 살펴봅니다. 上爻 未土가 동하여 戌土로 변하였고, 兄爻가 동하여 世를 생하여 주니 世는 오히려 더욱 힘이 납니다. 그러나 化 화한 戌土가 공망이 되니 동료에게 문제가 있을 것으로 보입니다.

인테리어 공사 중인 동한 上爻 6층에 문제가 발생할 것이라 하였습니다. 이유는 화한 戌土가 兄爻로서 공망이 되니 함께 일하는 동료의 부재나 실수로 인해 6층에 문제가 발생하여 약간의 곤란한 일이 생길 것이라 하였습니다. 그러나 이 占의 주인공에게는 문제가 될 것은 없는바 오히려 동료의 실수로 인해 웃게 될 것이고, 점괘가 결국 변하여 육충이 되니 결론적으로 아무 탈 없이 소방 준공 검사는 잘 끝날 것입니다.

소방 준공 검사는 잘 끝났다고 합니다. 그런데 소방 검사 당일 아침 6층 인테리어 공사를 하던 직원 중에 중요 업무를 맡은 직원이 연락 없이 출근을 하지 않아 이 점을 본 손님이 다른 층과 함께 6층을 도맡아서 마무리 하였고, 그리하여 결과적으로 소방 준공 검사는 잘 끝났으며 회사 대표이사의 칭찬과 함께 큰 선물을 받았다고 전했습니다. 그 6층을 맡았던 직원은 이틀째 연락 두절이라고 합니다.

연락 두절된 직원은 戌土의 공망이 풀리는 乙亥日 월요일에 출근해서 사적인 일에 관해 해명하지 않고 퇴사했다고 합니다.

시험점 03

고려대학교 대학원에 진학이 가능한가?

대학을 졸업한 뒤로 오래 직장 생활을 하던 중에 더 큰 꿈을 이루기 위해 대학원에 진학하여 학업에 매진하고자 하는데, 자신이 원하는 고려대학교 대학원에 진학이 가능할 것인가에 대해 문점 하였습니다.

重澤兌 (중택태) 之		
澤水困 (택수곤) 屬 兌 金		
朱雀	父 未 ‖ 世	戊子 年
靑龍	兄 酉 ∣	
玄武	孫 亥 ∣	辛酉 月
白虎	父 丑 ‖ 應	戊寅 日
螣蛇	財 卯 ∣	
句陳	財 寅 官 巳 ✕	(辛酉 空亡)

解斷 해단

六沖이 변하여 육합이 된 괘입니다. 六沖 괘가 나오니 이전에 같은 대학원에 진학하고자 했으나 실패하였음을 보여줍니다. 그런 적이 있는지 물으니 작년에 도전하였다가 실패하였다고 합니다.

世爻가 月과 日의 생을 전혀 받지 못하니 아직은 자신감이 많이 부족한 것입니다. 그러나 世에 父가 임하니 조금만 노력하면 좋은 결과를 얻을 수 있는 것입니다.

 또한 초효 官이 동하여 財로서 回頭生 회두생을 받으며 世를 생하여 주니 괘가 아름답습니다.

 그리고 六沖이 변하여 육합이 된 괘로 화하니 반드시 소망하는 바대로 고려대학교 대학원에 합격할 것입니다.

 이와 같이 해단 하였습니다.

 오늘 酉時 (오후 5시 32분~7시 32분)에 이 여성분으로 부터 전화가 왔습니다.

 해당 점괘대로 자신이 원하던 고려대학교 대학원에 합격 통보를 받았다고 합니다.

 이 점괘에서 가장 중요하게 봐야 할 것은 世爻의 父爻를 동한 官爻가 생조하는 것입니다. 만약에 官爻가 동하지 않았다면, 해당 대학원에 합격하지 못했을 것입니다.

시험점 04

운전면허 시험 합격 길일

어린 아이를 둔 엄마인데 그간 겁이 많아 운전면허를 취득하지 못하였는데, 남편의 직업 때문에 다음 달에 산간 지역으로 이동을 하게 되어 자동차 없이는 아이들의 유치원이나 학교를 갈 수 없는 처지가 되어 운전면허 시험을 보려 한다고 합니다.
일전에 실기 시험을 보았는데 어이없는 실격이 되어, 안 그래도 겁이 많은데, 그나마 없던 용기마저 다 사라졌다고 합니다. 시험에 꼭 합격할 수 있는 吉日 길일을 잡아달라는 이메일을 보내 왔습니다.
그래서 이 여성분의 운전면허 합격 여부를 점단해 보니 아래와 같이 점괘가 나왔습니다.

澤地萃 (택지췌) 之 重澤兌 (중택태) 屬 兌 金				
句陳		父 未 ‖		壬辰 年
朱雀		兄 酉 ㅣ 應		
靑龍		孫 亥 ㅣ		癸丑 月
玄武		財 卯 ‖		己卯 日
白虎	財 卯	官 巳 ╳ 世		
螣蛇	官 巳	父 未 ╳		(申酉 空亡)

解斷 해단

官爻를 용신으로 봅니다.

초효 父爻와 二爻 官爻가 동하였고, 官爻가 日의 생조를 받아 힘이 넘칩니다. 길일을 잡지 않아도 합격이 가능합니다.

그러나 걱정을 하고 계시기에 운전면허 시험에 합격할 수 있는 길일을 몇 개 擇日 택일해서 보내 주었습니다. 초조해하지 말고 차분하게 임하라는 말과 함께 이메일을 보냈습니다.

택일해 준 몇 개의 길일 중에 가장 좋은 첫 번째 날은 1월 15일 辛巳日이었는데, 점괘를 본 뒤로 첫 번째로 찾아오는 용신인 官爻의 날짜였습니다.

이 문점자가 어제 1월 18일 오후에 이메일로 답장을 주었습니다. 제가 택일해 준 길일 중에 첫 번째 날에 운전면허 시험을 보고 단번에 합격하였다고 전했습니다.

이 점괘에서 가장 중요하게 봐야 하는 것은 世爻의 官爻입니다. 世爻가 日의 생조를 받아서 힘이 있고, 回頭生 회두생을 받으니 합격이 가능한 것입니다. 또한 父爻가 동하니 좋은 점수로 합격이 가능한 것입니다.

시험점 05

대학교 합격운

아들이 꼭 가고 싶은 대학교가 몇 군데 있다고 합니다. 그토록 원하는 某 모 대학에 합격할 수 있는지 어머니가 문점 하였습니다.

	山天大畜 (산천대축) 之 山火賁 (산화비) 屬 艮 土	
句陳	官 寅　Ⅰ	甲午 年
朱雀	財 子　Ⅱ 應	
靑龍	兄 戌　Ⅱ	丙子 月
玄武	兄 辰　Ⅰ　　(伏 孫 申)	己巳 日
白虎	兄 丑 官 寅 ∤ 世 (伏 父 午)	(戌亥 空亡)
螣蛇	財 子　Ⅰ	

解斷 해단

몇 개의 학교를 물어서 分占 분점을 하였는데, 다른 학교는 대기 합격이 될 것이고, 이 점괘를 본 대학은 반드시 합격하게 됩니다.

世爻에 官이 임하고 점을 친 일진에 父가 임하니 반드시 합격합니다.
시험점에서는 官爻가 가장 중요하다고 앞서 말씀드렸습니다.

일진에 父爻가 임하니 점수도 만족스럽습니다. 月에 財爻가 임해서 世爻를 생조하니 이 또한 좋습니다.

이러한 점괘는 孫爻가 동하지만 않으면 이와 같이 반드시 합격을 하는 점괘인 것입니다.

라이벌인 應爻에 財爻가 임하니 비슷한 등급에 있는 다른 학생들에 비해 점수가 조금 더 높다는 것을 알려주고 있습니다.

이 점괘에 해당하는 대학교에 반드시 합격할 것이라 말하였습니다.

며칠 전, 합격하였다고 감사의 전화를 받았습니다.

다른 점괘의 대기 합격 가능성 있는 것 또한 전부 대기로 합격 되었다고 알려주셨는데, 대기 합격 된 학교보다 해당 점괘의 대학교를 가길 원했기 때문에 대기 합격 된 대학교는 최종 합격 통보를 기다리지 않을 것이라고 합니다.

이 점괘에서 가장 중요하게 봐야 할 것은 世爻에 임한 官爻입니다. 만일 月의 생조를 받지 못하였다면 합격하지 못했을 것입니다.

시험점 06

37세 여성의 대학교 합격운

조금 늦은 나이지만 유아 교육과를 가고 싶어서 다시 공부하여 시험을 보았다고 합니다. 자신이 원하는 某 모 대학에 합격할 수 있는지 문점 하였습니다.

	火天大有(화천대유) 之 火澤睽(화택규) 屬 乾 金	
白虎	官 巳 ㅣ 應	甲午 年
螣蛇	父 未 ‖	
句陳	兄 酉 ㅣ	丁丑 月
朱雀	父 丑 父 辰 ㅓ 世	癸未 日
靑龍	財 寅 ㅣ	(申酉 空亡)
玄武	孫 子 ㅣ	

解斷 해단

용신인 官爻가 應爻에 임했습니다. 그래도 世爻에 父爻가 임하여 다행입니다. 父기 왕성하고 世爻에 임하니 반드시 합격합니다. 이건 100% 합격의 점괘입니다.

世爻의 父가 퇴신하지만 왕성하면 不退 불퇴입니다.

그러므로 반드시 합격하는 것입니다.

엊그제 손님으로부터 감사의 전화를 받았습니다.
수시 1, 2차 다 떨어지고 자포자기한 심정으로 저에게 상담을 했는데,
합격한다는 저의 말을 듣고 정말 간절한 마음으로 기다렸다고 합니다.
정시 1차 6개 대학 중 3개 대학 합격, 3개 대학 예비 합격이 되었다고 합니다.
나이가 있어도 자신의 꿈을 위해 도전하는 모습이 정말 멋지고 스스로에게도 참으로 대견한 분입니다.

이 점괘에서 중요하게 봐야 할 것은 官爻와 父爻인데, 官爻는 비록 힘이 없지만 父爻가 月과 日에 임하여 힘이 왕성하기 때문에 합격이 가능한 것입니다.

시험점 07
대학교 특례 입학 당락

외국에서 유학하다 온 아들이 某 모 대학의 특례 입학 시험에서 합격할 수 있는지 문점 하였습니다.

	雷山小過 (뢰산소과) 之 雷地豫 (뢰지예) 屬 兌 金		
螣蛇	父 戌 ‖		乙未 年
句陳	兄 申 ‖		
朱雀	官 午 ∣ 世 (伏 孫 亥)		壬午 月
靑龍	財 卯 兄 申 ✕		庚午 日
玄武	官 午 ‖ (伏 財 卯)		(戌亥 空亡)
白虎	父 辰 ‖ 應		

解斷 해단

世爻에 官이 임하여 더할나위 없이 좋습니다. 또한 父가 왕성하여 힘이 넘치니 반드시 합격의 점괘입니다.

이와 같이 해단 하였습니다.

학생의 어머니가 어제 전화하였는데, 점괘대로 해당 학교에 합격하였다고 전했습니다.

이 점괘에서 가장 중요하게 봐야 할 것은 官爻와 父爻입니다. 官爻가 世爻에 임하면서 月과 日에도 임하여 중중하며 父爻를 생조하니 반드시 합격하는 것입니다.

라이벌을 의미하는 兄爻가 동하였으나 世爻에 아무런 영향을 주지 않습니다.

시험점 08
회사 입사 최종 합격 여부

오래 다니던 회사를 퇴사하고 원하던 회사에 경력직으로 지원을 하였는데 3차 면접만을 남겨 두었다고 합니다. 경력직 채용이라 그런지 쟁쟁한 사람들이 많이 몰렸다고 합니다. 3차 면접을 통과하면 바로 채용이 되는데, 본인이 합격하여 입사할 수 있는지 문점 하였습니다.

山天大畜 (산천대축) 之 風天小畜 (풍천소축) 屬 艮 土			
白虎	官 寅	ㅣ	乙未 年
螣蛇	父 巳 財 子	ㅒ 應	
句陳	兄 戌	ㅣㅣ	戊子 月
朱雀	兄 辰	ㅣ (伏 孫 申)	壬申 日
靑龍	官 寅	ㅣ 世 (伏 父 午)	
玄武	財 子	ㅣ	(戌亥 空亡)

解斷 해단

  회사 입사의 경우는 보통 세 가지의 경우로 나눠서 用神 용신을 보게 되는데, 일반적으로 면접만을 보고 채용이 가능한 경우는 주로 官爻만 보게 되지만, 이 손님과 같이 서류 전형을 통과하고 2차, 3차 면접을 보는 경우는 官爻도 봐야 하지만 먼저 官을 보고 原神 원신인 財를 함께 봐야 합니다.

시험을 치르고 입사 여부를 결정짓는 경우는 財는 보지 아니하고 官과 父를 보고 판단하여야 합니다.

이 占卦 점괘를 물은 손님 같은 경우는 시험을 치르는 형식이 아닌 1차 서류전형과 2차, 3차에 걸친 면접을 통해 입사가 확정되는 경우에 해당되기에 官 관을 보고 原神 원신인 財 재를 봐야 하는 경우가 됩니다.

世 세에 用神 용신인 官 관이 임하였고 月 월의 生助 생조를 받아 매우 아름답습니다. 또한 五爻 오효인 應爻 응효가 動 동하여 世 세를 生助 생조하여 주니 이 또한 매우 아름다운 것입니다. 합격입니다. 걱정하지 않아도 되겠습니다.

혹 다른 회사에도 이력서를 넣은 곳이 한 곳 더 있지 않은가 물으니, 한 곳이 더 있다고 합니다. 上爻 상효 官 관이 暗動 암동 하였기에 물은 것입니다. 하지만 지금 占斷 점단한 회사가 더 좋으니 합격을 하면 이 회사를 다닐 것이라고 합니다.

이 問占者 문점자가 어제 늦은 저녁에 다녀갔습니다. 占卦 점괘대로 최종 합격 통보를 받았고, 다음 주부터 출근한다고 합니다.

이러한 占卦 점괘를 볼 때 어렵게 생각하지 마시고 問占者 문점자에게 시험을 보는 것인지 면접만 보는 것인지 정확히 물어보고서 占斷 점단해야 합니다. 손님은 占斷 점단하는 것에 있어 어떤 用神 용신을 봐야 하는지 모르기 때문에 손님 질문의 핵심을 잘 파악해야 합니다. 질문에서 用神 용신을 파악해야 하기 때문에 상호간 교감이 잘 되어야 합니다.

시험점 09

로스쿨 합격 여부

로스쿨 진학에 계속 낙방하고 있을 때 자신감이 너무 많이 떨어져서 제게 처음 상담했을 당시에는 지속적으로 공부를 할 것인지, 로스쿨 진학이 가능할 것인지 매우 심각하게 고민을 하여 奇門遁甲 原命局 기문둔갑 원명국을 보고 판단하여 로스쿨 진학을 권했습니다.
그래서 손님은 결정을 했고, 자신이 원하는 某 모 대학 로스쿨에 합격 하겠는지 문점 하였습니다.

重澤兌（중택태）之 雷澤歸妹（뢰택귀매）屬 兌 金		
句陳	父未　∥ 世	乙未 年
朱雀	兄申 兄酉　⊀	
靑龍	孫亥　l	甲申 月
玄武	父丑　∥ 應	己卯 日
白虎	財卯　l	（申酉 空亡）
螣蛇	官巳　l	

解斷 해단

　　六沖 괘가 나왔습니다. 六沖 괘가 나온 것은 이전에 도전했다가 실패를 경험했다는 것을 알려주는 것입니다.
　　다행인 것은 괘에서 世에 父가 임하니 그나마 다행스러운 것입니다. 그러나 世

가 月과 日의 생조를 받지 못하니 여전히 자신감은 부족한 상태임을 보여줍니다.

동효를 살펴보면 五爻 兄爻가 공망인 상태에서 日破 일파를 맞고 退神 퇴신 됩니다. 兄爻는 라이벌을 말해 주는 것이니 해당 학교에 합격한 라이벌이 뒤로 물러난다는 것을 말해 줍니다.

최초 합격은 어려우나 라이벌이 퇴신하기 때문에 대기 합격 순번에 올라가 있다가 추가로 합격이 가능한 것입니다. 그러니 최선을 다해서 준비하라 하였으며, 입학 원서를 접수해야 하는 길한 날짜도 택일 해 주었습니다.

어제 일요일 새벽에 이 문점자에게 감사 인사의 이메일을 받았습니다. 로스쿨 시험을 망쳤고 입학 설명회에서도 부정적인 이야기를 들어서 문점했을 당시에 매우 절망적이었는데, 저와 상담 후에 최선을 다해서 자기소개서와 면접을 준비했고, 정말 낮은 성적으로 지원했음에도 며칠 전에 추가 합격 연락을 받았다고 합니다. 대기 순번도 합격이 불가능할 정도로 뒷번호에 해당하여 불합격이라 생각했다고 합니다.

그래서 제게 감사 인사의 이메일을 보내 주었습니다. 저는 점괘를 보고 그 결과를 알려 준 것일 뿐, 시험을 망쳤어도 결과적으로 추가 합격할 수 있었던 것은 문점자가 자기소개서와 면접 준비를 최선을 다했기 때문에 가능했던 것입니다.

무엇이든지 이 문점자처럼 자신의 노력이 성실하게 뒷받침 되어야 이룰 수 있는 것입니다. 원하던 로스쿨에 최종 합격하여 가족이 행복한 날을 보내고 계시다니 진심으로 축하드리는 바입니다.

겸손의 미덕까지 갖추신 분이니 앞날이 더 촉망됩니다.

시험점 10

자격증 시험 합격 여부

국가 1급 자격증 시험을 준비 중이라고 하였습니다. 1차 필기 시험, 2차 실기 시험인데 이렇게 1, 2차로 나눠진 시험의 경우는 1차 합격 여부를 먼저 점단하고 1차 합격 후에 2차 시험 합격 여부를 따로 점을 쳐야 합니다.
1차 시험 합격 여부에 관해 점단 하였는데 아래와 같이 나왔습니다.

	火天大有 (화천대유) 之 澤天夬 (택천쾌) 屬 乾 金	
靑龍	父 未　官 巳 ⺀ 應	乙未 年
玄武	兄 酉　父 未 ⺀	
白虎	兄 酉 ǀ	壬午 月
螣蛇	父 辰 ǀ 世	丁巳 日
句陳	財 寅 ǀ	
朱雀	孫 子 ǀ	(子丑 空亡)

解斷 해단

月과 日에 官이 임하고 世爻를 생하여 주니 이것은 필시 합격입니다.
　이렇게 완벽한 점괘에는 합격이라는 말 외엔 딱히 해 줄 말이 없습니다. 무조건 합격하는 점괘입니다.

손님에게 며칠 전 이메일을 받았습니다. 점단한 대로 1차 필기 시험에 합격하였다고 합니다.

시험점에서 가장 옳은 것을 보여주는 점괘입니다. 世爻에 父가 임하고 月과 日의 官爻가 世爻를 生助하며, 동한 官爻가 父爻를 생조하기 때문에 흉한 것이 전혀 없는 좋은 점괘입니다.

모든 점괘가 이처럼 한눈에 딱 보이도록 쉽게 나오는 것은 아닙니다. 앞서도 말씀드렸지만, 손님과 충분히 교감을 하시고 급하게 점괘를 보지 않는 것이 좋습니다.

매봉역학 아카이브 #01 육효해단
ARCHIVE SERIES

재물점 財物占

재물점은 財物 재물, 즉 금전을 얻을 수 있는가에 대해 알아보는 것입니다. 재물점에서는 孫爻와 財爻를 용신으로 보는데, 재물을 극하는 兄爻를 가장 꺼리며, 孫爻를 극하는 父爻도 꺼립니다.

재물점을 볼 때는 世爻에 財가 임하고, 孫爻가 재물을 생조하는 것을 가장 길한 것으로 봅니다. 또한 世爻에 父爻가 임한 경우는 좋아 보이지 않지만, 父爻를 극하는 재효가 동하여 剋世하는 경우는 매우 좋게 봅니다

결론적으로 孫爻나 財爻의 기세를 잘 살펴보면 어렵지 않습니다.

재물점 01

밀린 공사 대금

건축업을 하는 남자 손님입니다. 공사를 해주고 밀린 대금을 받지 못하였는데, 직원들 급여도 줘야 하고, 업체 측에서 설 전까지 주겠노라고 구두로 약속했다는데, 밀린 공사 대금을 주겠는지 문점 하였습니다.

```
            地山謙 (지산겸) 之
            重山艮 (중산간) 屬 兌 金

青龍    財 寅  兄 酉   ∦
玄武         孫 亥   ‖ 世      甲午 年
白虎         父 丑   ‖        丁丑 月
螣蛇         兄 申   l        丙午 日
句陳         官 午   ‖ 應 (伏 財 卯)
朱雀         父 辰   ‖        (寅卯 空亡)
```

解斷 해단

世爻에 孫爻가 임했습니다. 月과 日의 생조를 받지 못해 힘이 없으니 현재는 財物運 재물운이 좋지 않습니다. 다행인 것은 재물을 꺼리는 兄爻가 동하여 世爻를 생조해 주니 오히려 兄爻를 기쁘게 생각하는 것입니다.

財는 二爻 아래에 숨은 복신이 되었으나 곧 2월 4일 寅月 입춘이 들면 왕성해집니다. 설 전까지 받을 수 있습니다.

   받아야 할 금액이 8,000만 원인가 물으니 그렇다고 합니다. 하지만 설 전에 8,000만 원을 다 받지는 못하고 일부 4,000만 원~5,000만 원 가량을 먼저 받게 될 것입니다.

   이와 같이 해단 하였습니다.

   이 문점자가 오늘 명절 인사를 다녀갔습니다. 설 연휴 3일 전에 5,000만 원을 받았다고 합니다.
   아직 공사가 전부 끝난 것이 아니기에 마무리가 되면 추후 받아야 할 돈을 받을 수 있습니다. 걱정하지 않아도 됩니다.

   재물점을 볼 때, 용신이 복신되거나 공망인 경우는 다 받지 못하고 대략 절반 정도가 됩니다. 그래서 이 점괘처럼 복신되고 공망인 것을 총 금액에서 절반 정도의 금액으로 보는 것입니다.
   최초에 8,000만 원으로 예측한 것은 財爻가 三八 木 목이 되기 때문에 그리 예측한 것이며, 3,000만 원이 아닌 8,000만 원으로 예측한 것은 바로 寅月이 절입되어 왕성해지기 때문에 둘 중에 큰 금액인 8,000만 원으로 예측한 것입니다.

   재물점에서 금액을 예측하는 것이 쉬운 것은 아닙니다. 그러나 점괘를 자주 보고 공부를 하면 눈에 확 들어올 때가 있습니다. 그렇게 될 정도로 계속 괘를 암기하며 숙달해야 합니다.

재물점 02

약속된 돈이 입금 되겠는가?

아침 일찍 단골에게 전화가 왔습니다. 작년 이맘때에 지인에게 빌려준 돈을 오늘 받기로 하였는데 채무자가 전화를 안 받는다고 합니다.
그래서 오늘 돈을 받을 수 있겠는지 질문 하였습니다.

雷澤歸妹 (뢰택귀매) 之 重雷震 (중뢰진) 屬 兌 金			
玄武	父戌 ‖ 應		辛卯 年
白虎	兄申 ‖		
螣蛇	官午 ∣	(伏 孫亥)	庚寅 月
句陳	父丑 ‖ 世		甲午 日
朱雀	財寅 財卯 ⼃		(辰巳 空亡)
靑龍	官巳 ∣		

解斷 해단

재물점의 용신인 財爻가 동했습니다. 용신이 퇴신 되었지만 月에 財가 임하였기에 왕성한 용신은 不退 불퇴입니다.
반드시 돈을 받을 수 있으니 걱정하지 않아도 됩니다. 오늘 戌時 (저녁 7시 32분~9시 32분) 사이를 기다려 보라고 하였습니다.

이 문점자가 조금 전인 오후 8시 20분에 전화가 와서 하는 말이 과연 그렇게 되었다고 합니다.

채무자가 온종일 전화를 안 받아서 점괘가 좋게 나왔어도 포기하고 있었는데, 조금 전에 돈이 입금되었다는 문자가 오더니 바로 채무자에게 전화가 와서는 고맙다는 말과 함께 조금 모자란 돈을 채우느라 늦었다고 말했다고 합니다.

모든 사람이 그러하지만 좋은 점괘가 나오면 일단 의심하지 말고 차분하게 기다릴 줄 알아야 합니다. 간혹 같은 점을 반복해서 묻는 문점자들이 있습니다.

占은 一事一占 일사일점으로 한가지 사안에 대하여 단 한 번만 점괘를 내어 그 길흉을 알 수 있는 것입니다.

점괘가 길하게 나왔으면 결과가 나올 때까지 차분히 기다려 보고 흉한 점괘가 나왔으면 일정 기간이 지난 후에 다시 점을 치면 되는 것입니다.

같은 사안에 대하여 여러 곳에서 문점하는 분이 많습니다. 하늘에서는 그러한 것을 좋아하지 않습니다. 같은 사안에 대해 문점을 하는 경우라면 최소 12일, 혹은 다음 달에 보는 것을 추천합니다.

재물점 03

아파트 청약 당첨 여부

고양시에 살고 계신 20년 단골 손님입니다.
결혼한 뒤에도 남편의 벌이가 넉넉치 않아 반전세를 전전하며 살다가 경기도 양주시 옥정 아파트 청약을 신청했는데, 아파트 청약에 당첨될지 문점 하였습니다. 4월 28일 1순위 청약일, 전용면적 74㎡이며 분양가는 3억 3천만 원이라고 합니다.

火天大有 (화천대유) 之 火地晉 (화지진) 屬 乾 金	
靑龍　　　　官巳　Ⅰ　應	辛丑 年
玄武　　　　父未　Ⅱ	
白虎　　　　兄酉　Ⅰ	壬辰 月
螣蛇　　財卯　父辰　㇁　世	丙申 日
句陳　　官巳　財寅　㇁	
朱雀　　父未　孫子　㇁	(辰巳 空亡)

解斷 해단

내괘의 初爻, 二爻, 三爻가 모두 동하여 亂發 난발 괘가 되었습니다.

난발 괘의 해단을 어려워하시는 분이 많은데, 내괘와 외괘가 함께 난발 되어 해단이 어렵다면 다시 점을 쳐도 괜찮지만, 이와 같이 내괘에서만 혹은 외괘에서만 난발 된 경우는 三合을 이루기 때문에 쉽게 생각하시고 다시 재점하지 않아도 됩니다.

  初爻, 三爻, 日의 申金과 申子辰 三合을 만들어 水局 孫으로 이루어지니 좋습니다.

  또한 世爻가 財爻로 回頭剋 회두극을 맞으니 이는 필시 당첨이 됩니다.

이 손님이 5월 5일 오후에 연락을 해왔습니다. 점단 한대로 1순위 청약에 당첨되었다고 합니다.

이 점괘에서 가장 중요하게 봐야 할 것은 孫爻와 財爻입니다. 財爻는 힘이 없지만, 水局을 이루어 財爻를 생조하니 결과가 좋게 되는 것입니다.

재물점 04

밀린 급여를 받을 수 있는가?

여자 분께서 일하고 있던 주점이 장사가 잘 안되서 미안한 마음에 두달 가량 밀린 급여를 받지 못한채 일하다가 도저히 안 되겠다는 생각에 다른 가게로 옮겨 갔는데, 전 사장이 밀린 급여 600만 원을 계속 주지 않고 배째라는 식으로 자신을 대하고 있다고 합니다. 9월 10일, 월요일에 노동청에 가서 고발하려고 하는데, 그리하면 전 사장이 밀린 급여 600만 원을 주겠는지 전화로 문점 하였습니다.

山澤損 (산택손) 之 風澤中孚 (풍택중부) 屬 艮 土				
白虎		官 寅	Ⅰ 應	壬辰 年
螣蛇	父 巳	財 子	╫	
句陳		兄 戌	Ⅱ	己酉 月
朱雀		兄 丑	Ⅱ 世 (伏 孫 申)	壬申 日
靑龍		官 卯	Ⅰ	(戌亥 空亡)
玄武		父 巳	Ⅰ	

재물점 財物占

解斷 해단

世爻인 문점자는 생조를 받는 것이 없어 현재 형편이 매우 어려운 상태입니다.

應爻인 전 사장 또한 생조를 받는 것이 없어 그 쪽도 어려운 상태인 것은 맞습니다. 이 점괘에서의 핵심은 財爻입니다.

동한 財爻가 月과 日에 생조를 받고 있으니 정말 다행입니다.

결론적으로 이달 9월 중에 돈을 받을 수가 있습니다. 그러니 괜히 노동청에 고발을 해서 송사를 벌이지 말고 대화로 잘 풀어나가는 것이 좋겠습니다.

돈은 추석 전에 꼭 받을 수 있으니 걱정하지 말라고 하였습니다.

이 문점자가 오늘 오후에 연락이 왔습니다. 전 주점 사장이 오늘 가게에 들르라고 문자가 와서 오후에 찾아갔는데, 600만 원의 급여를 모두 주었다고 합니다.

오늘 돈을 받게 된 것은 이 점괘에서 동한 財爻 子水가 合 되는 날이 바로 오늘 丑日이 되기 때문입니다.

점괘에서 용신이 동하고 힘이 넘치는 이와 같은 경우에는 송사를 벌이지 않고 가만히 있는 것이 좋습니다. 괜한 송사를 벌이게 되면 오히려 일을 그르치는 경우가 있습니다. 즉 점괘가 좋으면 믿고 기다려 보는 것이 좋습니다.

재물점 05

대출이 가능할까?

결혼을 하고 월세집에서 2년을 살고는 곧 전세로 옮기게 되는데, 전세 자금이 부족해서 대출을 신청하려는데 가능한지 문점 하였습니다.

	地火明夷 (지화명이) 之 山火賁 (산화비) 屬 坎 水			
靑龍	孫寅 父酉	∦		己丑 年
玄武	兄亥	‖		
白虎	官丑	‖ 世		辛未 月
螣蛇	兄亥	ㅣ	(伏 財午)	丙子 日
句陳	官丑	‖		
朱雀	孫卯	ㅣ 應		(申酉 空亡)

解斷 해단

괘를 보니 財爻가 복신이며 힘이 없습니다. 上爻 酉金 父가 동하였는데 父爻가 공망이라 서류상에 문제가 있어 대출이 불가능합니다.

그러나 양력 8월 7일 申月이 節入 절입되면 대출이 가능하니 애초에 문서를 제대로 갖추어야 합니다.

이와 같이 말하였는데, 그러면 애초에 대출이 불가능 할 경우 다른 경로를 통해 잔금 마련이 되는지 물어서 分占 분점하였습니다.

	火風鼎（화풍정）之 天風姤（천풍구）屬 離 火	
靑龍	兄巳　　I	己丑 年
玄武	財申 孫未 ⚋ 應	
白虎	財酉　　I	辛未 月
螣蛇	財酉　　I	丙子 日
句陳	官亥　　I 世	
朱雀	孫丑　　II （伏 父 卯）	（申酉 空亡）

解斷 해단

世에 官이 임하니 무척 걱정을 하고 있습니다. 五爻가 동하여 孫變財 손변재가 되니 財가 공망이지만 申月이 절입되면 解空 해공이 되니 申月에 반드시 잔금 마련이 될 것입니다.

이 신혼부부의 남편 되시는 분이 오늘 전화가 와서는 하는 말이 은행에서는 대출이 불가능했다고 합니다. 신용불량의 상태는 아니나 아파트가 아닌 일반 주택으로 입주를 하게 되어 은행에서는 조건이 적합하지 않아 대출이 불가능 하다고 합니다.

그리하여 제2 금융권에 신청하였는데, 담당자가 2~3일 내로 가능하다고 합니다. 2~3일 뒤면 두번째 점괘에서 보여주듯 양력 8월 7일 申月이 절입 되면 대출이 되는 것입니다.

4,000만 원을 신청하였는가 물었더니 그러하다고 합니다.

용신 財爻가 四九 金이기 때문에 4,000만 원 혹은 9,000만 원이 되는 것인데, 공망이기에 4,000만 원으로 예측한 것입니다. 곧 申月이 와서 왕성해지기에 9,000만 원으로 예측할 법도 하였지만, 첫 번째 점괘에서 서류상으로 문제가 있어 대출이 안 되는 것으로 나왔기 때문에 9,000만 원이 아닌 4,000만 원으로 예측을 한 것입니다.

이와 같이 금액을 예측하는 것은 쉽지 않습니다. 첫 번째 점괘에서 애초에 서류상의 문제가 있다는 것을 감안하여 상대적으로 적은 수로 금액을 예측한 것입니다. 모든 점괘의 비밀은 공망이나 복신 월파 등을 참고하여 부족한 부분이 무엇인지 살펴 보고 판단하시면 쉽습니다.

재물점 06
금전 융통이 되겠는가?

금전이 필요하여 은행에 대출을 알아보았으나 신용이 좋지 않아 대출이 되질 않았고, 잘 아는 지인에게 금전 융통을 부탁 하였는데, 금전 융통이 잘 되겠는지 문점 하였습니다.

雷火豊 (뢰화풍) 之 雷天大壯 (뢰천대장) 屬 坎 水				
玄武		官 戌	‖	己丑 年
白虎		父 申	‖ 世	
騰蛇		財 午	l	乙亥 月
句陳		兄 亥	l	乙亥 日
朱雀	孫 寅	官 丑	ⅹ 應	
靑龍		孫 卯	l	(申酉 空亡)

解斷 해단

　世爻가 月과 日로 부터 생조 받지 못하여 힘이 없습니다. 문점자는 공망에 임하니 돈을 구하지 못할 것이라고 걱정하고 있습니다. 돈을 부탁한 당사자도 문제지만 부탁을 받은 지인 상대방 應爻도 생조받는 것이 없어 생활이 힘든 사람입니다. 應이 동하여 빌려 주고 싶은 마음은 있겠으나 회두극을 맞으니 미안한 마음만 앞설 뿐 변하여 육충이 되니 결국 이루지 못할 것입니다.
　결국 지인에게서 돈을 빌리지 못했다고 합니다.
　이 점괘에서 가장 중요하게 봐야할 것은 財爻입니다. 財爻가 생조받는 것이 전혀 없고 月과 일진이 財爻를 극하기 때문에 돈을 구할 수가 없는 것입니다.

재물점 07

친구가 투자를 하겠는가?

일전에 친구에게 사업 투자금을 융통하여 쓴 일이 있다고 합니다. 근래에 사업이 어려워져 그 친구에게 4월 초순까지 조금 더 투자를 해달라고 부탁하려는데 친구가 투자금을 융통해 주겠는지 문점 하였습니다.

	山水蒙(산수몽) 之 山風蠱(산풍고) 屬 離 火	
白虎	父 寅　ㅣ	癸巳 年
螣蛇	官 子　ㅣㅣ	
句陳	孫 戌　ㅣㅣ 世 (伏 財 酉)	乙卯 月
朱雀	財 酉 兄 午　╫	癸巳 日
靑龍	孫 辰　ㅣ	
玄武	父 寅　ㅣㅣ 應	(午未 空亡)

解斷 해단

용신은 兄爻와 財爻로 판단을 합니다. 친구 분은 현재 공망이 되어 당신을 반신반의 생각하고 있습니다.

兄爻가 동하여 財로 변하였으나 酉金 財가 卯月로 부터 월파를 맞으니 돈을 빌려 주려고 마음을 먹었다가 마음이 변하여 결국 이루어지지 않습니다.

양력 4월 5일이 지나고 난 뒤에 다시 부탁하면 가능할 것입니다.

친구가 얼마 필요하냐고 물었다가 지금은 자신도 어려우니 나중에 다시 이야기하자 했다고 합니다.
4월 5일이 지나고 나면 財爻가 월파에서 벗어나고, 孫生財가 되니 금전 융통이 가능하게 될 것입니다.

결국 4월 5일이 지난 후에 다시 부탁하였고, 투자를 받았다고 합니다.

이 점괘에서 가장 중요하게 봐야할 것은 월파를 맞은 복신된 財爻입니다. 世爻는 日의 생조를 받아 힘이 있기 때문에 財爻가 월파를 벗어나면 가능하게 되는 것입니다.
월파를 벗어나면 孫爻가 왕성하게 되고 孫生財가 되기 때문에 금전 융통이 가능하게 되는 것입니다.

재물점 08

재물점이 질병점으로 응함

점을 보기 일주일 전인 6월 14일 일요일이 곗날이었는데, 이번이 자신의 순번이라 곗돈을 받아야 하는데 열흘 가까이 지나도록 계주가 자신에게 곗돈을 줄 생각을 하지 않아 문점 하였습니다.

	水火旣濟 (수화기제) 之 水雷屯 (수뢰둔) 屬 坎 水	
朱雀	兄 子 ‖ 應	己丑 年
靑龍	官 戌 ∣	
玄武	父 申 ‖	庚午 月
白虎	官 辰 兄 亥 ⼂ 世 (伏 財 午)	戊戌 日
螣蛇	官 丑 ‖	(辰巳 空亡)
句陳	孫 卯 ∣	

解斷 해단

계주에게 돈 받을 것을 물으니 財, 世, 應의 삼자를 모두 봐야 합니다.

世와 應 모두 兄爻가 임하고 힘이 없으니 당장은 돈을 받기가 힘듭니다. 단, 月의 午火가 財가 되니 양력 7월 7일 未月이 되기 전에는 반드시 받을 수 있습니다. 곧 받게 될 것이니 돈 받는 것은 걱정 하지 않아도 됩니다.

그러한데, 世가 동하여 회두극을 맞으니 이는 占을 본 당사자에게 건강 문제가 있음을 또 보여 주고 있습니다.

변효 辰土가 공망이지만 月의 생을 받아 힘이 있고, 日이 戌土 官이니 금일 戌時 (저녁 7시 32분~9시 32분) 사이에 건강상의 문제가 있을 것이니 주의해야 합니다.

허리의 통증이 아니면 복부 쪽의 질병이 있을 것입니다.

문점자가 금일 午時 (오전 11시 32분~낮 1시 32분)에 전화가 왔습니다. 허리의 통증은 없었으나 늦은 저녁 식사로 짜장면을 먹은 것이 급체하여 밤새 고생하였다고 합니다.

아침 일찍 병원에 가서 약을 지어 먹고서야 이제 속이 편안하다고 전화 하였습니다.

점괘를 볼 때, 이것을 물었는데 저것으로 나타나는 것을 볼 때가 생각보다 많습니다. 잘 모를 때는 손님의 물음에 대해서만 답을 하고 이러한 부분에 대해서는 굳이 답을 하지 않아도 됩니다. 그러나 지속적으로 점괘를 보며 암기, 숙달하다 보면 자연스럽게 보이게 되니 급하게 생각하지 않으셔도 됩니다.

허리나 복부 쪽의 질병을 예측한 것은 世爻가 三爻에 임하여 회두극 맞았기 때문입니다. 육효에서 三爻는 인체의 중간 부분인 허리나 복부를 뜻합니다.

재물점 09

거래처 대금 입금 여부

중소기업을 운영하는 대표입니다. 사업 초기부터 방문하여 10년 가까이 상담하는 손님인데, 사업장의 위치나 직원 채용까지 저에게 의뢰하여 사업을 시작하신 분입니다. 최근 거래처에서 받아야 할 대금이 차일피일 미뤄지고 있다고 합니다. 대금을 받아야 할 시기가 대략 2개월 정도 미뤄졌는데, 언제 입금이 될지 문점 하였습니다.

	天風姤 (천풍구) 之 重風巽 (중풍손) 屬 乾 金	
白虎	父 戌　ㅣ	壬辰 年
螣蛇	兄 申　ㅣ	
句陳	父未 官午　ㅼ　應	壬子 月
朱雀	兄 酉　ㅣ	癸丑 日
靑龍	孫 亥　ㅣ　(伏 財 寅)	
玄武	父 丑　ㅐㅐ　世	(寅卯 空亡)

解斷 해단

용신인 財爻는 공망에 복신 되었습니다.
다행스러운 것은 二爻 亥水에 생조 받고 子月에 생조를 받고 있습니다.
거래처에 해당하는 應爻가 동하여 六沖 괘가 되었습니다. 내일 甲寅日에 거래처에서 입금이 될 것입니다. 입금받아야 할 대금이 얼마인가? 물으니 5억 원이라고 합니다.

   財爻를 보니 5억 원이 다 입금이 되지는 않고 3억 원 가량이 입금될 것입니다. 내일 반드시 3억 원 가량 입금되니 안심해도 됩니다.

   이 문점자가 어제 크리스마스 이브 저녁에 방문하였습니다. 함박 웃음을 지으며 들어오는 모습을 보고서 받지 못한 대금이 입금 되었습니까? 물으니 문점한 다음 날 정확히 오후 2시에 3억 원이 입금 되었다고 합니다. 그리고 잔금 2억 원은 다음달 중순에 반드시 입금해 주겠다고 했습니다.

   감사 인사와 함께 예쁜 체크무늬 남방을 크리스마스 선물로 주셨습니다. 제가 이 점괘에서 문점한 바로 다음 날 입금이 된다고 본 것은 다름이 아닌 복신된 財爻가 다음 날이면 바로 解空 해공 되기에 다음 날 바로 입금이 된다고 본 것이며, 5억 원 중에 3억 원을 이야기 한 것은 복신된 용신은 쓸 수 있게 되어도 반드시 흠이 있게 마련인데, 그래서 받아야 할 5억 원 중에 三八 木, 3억 원을 이야기 한 것입니다.

   또한 이 점괘처럼 바로 다음 날 해공이 되면서 六沖이 되는 점괘의 경우는 六沖은 안 된다는 것을 의미하는 것이 아니라 빨리 된다는 것을 의미하는 것입니다.

재물점 10

빌려준 돈을 받을 수 있겠는가?

3,000만 원의 금전을 빌려 간 친구가 6개월 뒤에 갚기로 하였고, 그 만기가 2월 28일이라고 합니다. 문점자의 아들 내외가 4월 초에 이사를 하는데, 새집을 사서 이사 가는 것이라 약 5,000만 원의 금전을 잔금 치르는데 보태줘야 한다고 합니다. 친구에게 빌려 준 3,000만 원의 돈이 반드시 필요하다고 합니다. 금전을 빌려간 친구가 2월 28일에 문제없이 돈을 갚겠는지 문점 하였습니다.

澤地萃(택지췌) 之 澤雷隨(택뢰수) 屬 兌 金	
句陳　　　父未　∥ 朱雀　　　兄酉　∣　應 靑龍　　　孫亥　∣ 玄武　　　財卯　∥ 白虎　　　官巳　∥　世 螣蛇　孫子 父未　⚋	丁酉 年 壬寅 月 己卯 日 (申酉 空亡)

解斷 해단

용신인 財가 月과 日에 임했습니다. 世爻에 官이 임했지만, 月과 日에서 생조해 주니 아름다운 괘입니다.

돈을 빌려간 상대방 應爻는 비록 공망이지만, 초효 父가 동하여 應爻를 생조해 주니 이 또한 아름답습니다.

초효 父가 동하여 父變孫 되니 이 또한 좋은 징조입니다. 집 문제가 해결되어 편안해진다는 뜻입니다.

이 점괘에서 가장 중요하게 봐야 하는 것은 상대방인 應爻와 財爻, 父爻입니다. 즉 상대방의 상태와 財爻의 상태, 이사갈 집이 되는 父爻의 상태를 함께 봐야 하는 것입니다.

언뜻 보면 다른 점괘에 비해 어렵고 이해가 안 될 수도 있겠지만, 손님 질문의 포인트는 결국 돈입니다. 그래서 財爻를 가장 중점적으로 보면 되는 것인데, 이미 月과 日에 財가 임했기 때문에 매우 간단한 점괘입니다.

계속해서 말씀드리지만 해단을 어렵게 생각지 마시고, 손님이 질문하는 포인트가 무엇인지 잘 찾아내시면 됩니다.

앞에도 말씀드렸듯이 평소에 반복해서 괘를 암기하고 지속적인 연습을 통해 숙달하시면 답이 쉽게 보입니다.

결국엔 孫, 父, 財, 官, 兄. 이 다섯 개 안에 모든 답이 있기 때문에 질문의 포인트만 잘 잡으시면 됩니다.

매봉역학 아카이브 #01 육효해단
ARCHIVE SERIES

매매점 賣買占

매매점은 집이나 땅, 건물 등의 부동산이나 유동 자산 등 매매의 길흉을 알아보는 것입니다.

어떤 집은 급매로 내놓아도 안 나가는 집이 있고, 어떤 집은 값을 많이 내려 손해 보면서까지 내놓았는데 몇 년이 지나도 안 나가는 집이 있기도 합니다.

월세나 전세를 내놓은 곳도 마찬가지입니다. 이럴 때 보는 것이 매매점입니다.

매매점에서는 財爻와 父爻를 가장 중요하게 봅니다.
집을 팔아서 돈을 마련하려는 경우는 財爻를 용신으로 삼고, 입주자가 들어오길 바라는 점패에서는 父爻와 應爻의 상태를 봐야 하는 것입니다.

매매점 01

치킨집의 매매가 언제 되겠는가?

프랜차이즈 치킨집을 운영하는 사장님이 요새 장사가 너무 안 되어 다른 장사를 해보고자 현재 운영중인 치킨집을 내놓았는데, 내놓은지 6개월이 넘도록 가게가 나가질 않아서 언제쯤이 되어야 매매가 되겠는지 문점 하였습니다.

	火地晉 (화지진) 之 山地剝 (산지박) 屬 乾 金	
句陳	官 巳　　Ⅰ	戊子 年
朱雀	父 未　　Ⅱ	
靑龍	父 戌 兄 酉 ⸝ 世	戊午 月
玄武	財 卯　　Ⅱ	己亥 日
白虎	官 巳　　Ⅱ	
螣蛇	父 未　　Ⅱ 應 (伏 孫 子)	(辰巳 空亡)

解斷 해단

이 점괘의 경우 장사가 안 되어 매매 하고자 함이니 父爻를 용신으로 삼습니다. 이미 돈을 많이 까먹은 상태이기 때문에 財爻를 보는 것이 아니라 父爻를 용신으로 보는 것입니다.

문점자를 나타내는 世가 동하였습니다. 이미 이 가게에서 마음이 떠났다는 것을 알 수 있습니다. 世에 兄爻가 임하여 버는 돈 보다 나가는 돈이 더 많을 것입니다. 과연 그렇다고 합니다.

매매 하고자 함이니 父爻를 봐야 하는데, 父爻는 初爻와 五爻에 임해있습니다. 月과 初爻 父爻가 合을 이루니 初爻 父爻를 沖할 때 매매가 이루어질 것입니다. 즉 늦으면 丑月이 되어야 매매가 가능할 것입니다. 그러나 世가 동하여 父爻 戌土로 생조을 받으니 빠르면 戌月에도 가능한 것입니다.

이와 같이 해단 하였습니다.

보증금을 다 까먹더라도 집주인은 현재 계약 기간이 만료되질 않아서 가게를 빼주지 않으니 어서 계약이 되어 나가길 바랄 뿐이라고 합니다.

손님이 오늘 양력 10월 23일에 다녀 갔습니다. 지난 주에 (戌月 술월) 가게가 나가서 계약을 마무리 했다고 합니다. 보증금은 역시나 거의 까먹고 30% 정도만 남았다고 합니다.

그래도 그동안 벌어서 모아두었던 돈을 가지고 새로운 사업을 모색하고자 하고, 또 이렇게 제가 예견한 때에 가게가 빠지니 마음이 너무 편안하다고 감사인사를 하였습니다.

매매점 02

지방에 계신 부모님 집 매매

의류업에 종사하시는 40대 초반 여자분입니다.
수도권에 거주하고 계시고 부모님은 지방에 살고 계신데, 부모님께서 아직 결혼하지 않은 따님과 함께 살기를 원하시어 지방에 있는 집과 땅을 내놓았다고 합니다. 언제쯤 매매 될지 문점 하였습니다.

	水天需 (수천수) 之 地天泰 (지천태) 屬 坤 土	
白虎	財子　∥	庚子 年
螣蛇	財亥 兄戌　⁄	己卯 月
句陳	孫申　∥　世	壬戌 日
朱雀	兄辰　∣	
靑龍	官寅　∣　　(伏 父 巳)	(子丑 空亡)
玄武	財子　∣　應	

解斷 해단

용신은 孫爻와 財爻로 봅니다. 집을 팔고 자금을 마련하여 딸과 함께 살 돈을 마련하는 것이 목적이기 때문에 孫爻와 財爻가 용신이 됩니다.

어머니 명의의 집 매매는 정확히 4월 22일에 매매될 것이라고 예측하였습니다.

5월 11일에 이 손님께서 본인의 새로운 의류 매장 오픈을 위해 여러 장소를 물색하여 사업 관련 점괘를 보기 위해 이메일로 문점 하였다가 어머니 명의의 집 매매가 정확히 4월 22일에 되었다고 감사 인사와 함께 계약서 원본 사진까지 첨부하여 알려주셨습니다.

사주나 기문둔갑 등 여러 命學 명학으로 보자면 이러한 문제는 매우 복잡해 보이지만, 이렇게 육효와 같은 占學 점학은 복잡다단한 것을 단 하나의 괘로 딱 짚어내는 매력이 있습니다.

그렇다고 육효를 공부한 사람이 모두 다 이렇게 쉽게 보는 것은 아닙니다. 공부하는 자는 面壁 修行 면벽 수행이 함께 어우러져야 가능한 것인데, 면벽 수행이나 庚申 修行 경신 수행을 통해 일종의 감을 키우게 되면 전에는 보이지 않았던 것이 보이게 됩니다.

이 점괘처럼 매매가 이루어지는 月과 日까지 맞추는 것은 실로 대단히 어려운 것입니다. 그러므로 반복적인 암기 연습을 꾸준히 하며 노력해야 합니다.

매매점 **03**

식당 매매 점단

경기도에서 식당을 운영하시는 분인데, 손님이 제게 6월 중순경에 전화하여 점을 보았습니다. 당시에 점괘가 좋지 않게 나와서 제가 고민을 하다가 그 다음달인 양력 7월 7일 小署 소서 이후에 다시 점괘를 봐주겠다고 하여 7월 8일 전화로 문점 하였습니다. 가게를 보고 간 사람이 있는데, 그 사람이 인수를 하겠는지 물었습니다.

	雷地豫 (뢰지예) 之 火地晉 (화지진) 屬 震 木		
玄武	孫巳 財戌	╫	乙未 年
白虎	官申	‖	
螣蛇	孫午	∣ 應	癸未 月
句陳	兄卯	‖	乙酉 日
朱雀	孫巳	‖	
靑龍	財未	‖ 世 (伏 父 子)	(午未 空亡)

解斷 해단

　世와 應 모두 공망이라 우리 쪽 손님은 그간 가게 계약을 틀어버린 사람이 많아 이번에도 그렇지 않을까 걱정하기에 공망인 것이고, 상대측은 장사가 잘될지 걱정스러운 마음이라 계약을 할까 말까 고민중이라 공망인 것입니다. 제가 묻기를 혹, 가게를 본 사람이 하나가 아니고 둘입니까? 물었는데, 오신 분 중에 언니가 돈을 대주고 동생이 가게를 운영하려고 한다는 것입니다. 상대 應爻가 月에 合되어 있기 때문에 그리 말한 것입니다.

결론적으로 매매는 성사가 됩니다. 걱정하지 않아도 됩니다. 오늘, 내일 중으로 당장 매매가 되지 않아도 이달 未月 (양력 7월)중에는 반드시 매매 성사가 되니 안심하고 계시라고 말했습니다.

이 문점자가 어제 문자를 보내주었습니다. 7월 17일 금요일 甲午日에 매매되었다고 합니다. 그 때 매매가 된 이유는 世와 應의 공망이 모두 解空 해공 되었기 때문에 그 날 매매가 이루어진 것입니다.
이 점괘처럼 첫 번째 점괘에서 점괘의 방향이 좋지 않게 흘러가는 경우, 그 달이 지나 다음 절기로 넘어가서 다시 점괘를 재점하는 것이 좋습니다.
무분별하게 어제 본 것을 오늘 또 보고, 내일은 다른 곳 가서 보고, 또 그 다음 날 보는 경우에는 이것을 물었는데 다른 것의 답을 보여주는 식으로 엉뚱한 점괘가 자주 나오기 때문에 일정 기간이 지난 후에 보는 것을 추천하는 바입니다. 계속해서 같은 점괘를 보는 것은 아무런 의미가 없으며, 그럴수록 점괘가 잘 맞지 않을 뿐입니다.

당장 마음이 급하더라도 차분하게 다음을 기다리는 것이 좋고, 여기서 물은 것을 다른 곳에서 묻고, 또 다른 곳에서 물은 것을 이곳에서도 묻고 하는 것은 해당 점괘뿐 아니라 다른 점괘들도 향후에 잘 맞지 않게 되는 것이 육효점의 이치입니다.

매매점 04
전셋집을 구할 수 있는지?

80세가 넘어 몸이 많이 아프신 노부모를 모시고 사는 40대의 노총각이 문점 하였습니다. 현재 노부모와 함께 전셋집에 살고 있는데, 12월 중순에 만기가 되는데, 집 주인이 전세금을 올려 달라고 합니다. 그게 안 되면 월세로 돌린다고 하는데, 돈이 없어 전세를 구하기가 힘들어 고민이라고 하였습니다.
12월 만기 이전에 전셋집을 구할 수 있는지 문점 하였습니다.

天澤履 (천택리) 之 天雷无妄 (천뢰무망) 屬 艮 土			
白虎	兄 戌	ㅣ	甲午 年
螣蛇	孫 申	ㅣ 世 (伏 財 子)	
句陳	父 午	ㅣ	癸酉 月
朱雀	兄 丑	ㅣㅣ	壬子 日
靑龍	官寅 官卯 ⅹ 應		(寅卯 空亡)
玄武	父 巳	ㅣ	

解斷 해단

二爻 택효에 應爻가 임했습니다. 이렇게 應爻가 택효에 임한 경우는 동거인이 있다는 것을 보여 주는 것입니다.

공망인 택효가 동하여 월파를 맞아 휘청거리고 있습니다. 그러나 다행스럽게도 日의 생조를 받으니 戌月 (양력 10월)이 되면 월파에서 벗어날 수 있습니다.

필시 11월 7일 이전, 입동이 절입 되기 전인 戌月 (양력 10월) 중에 전셋집을 구할 수가 있습니다.

이 문점자가 10월 28일에 전셋집을 구했다고 연락이 왔습니다.

택효가 동하거나 暗動 암동을 하면 반드시 집을 이동하게 되는데, 여기서 주의해서 봐야 할 점은 택효가 힘이 있는지 여부가 매우 중요합니다.

이와 같이 택효가 월파를 당하든, 퇴신을 하든, 공망이든 이런 것들도 중요하지만, 결국은 택효가 日의 생조를 받아 힘이 있었기에 결과가 좋은 것입니다. 또한 世爻를 극하는 것이 없고 戌月 (양력 10월)이 되면 생조를 받아 힘이 넘치기 때문에 가능했던 것입니다.

이 점괘에서 택효가 日의 생조를 받지 못했다면, 전셋집을 구할 수 없었을 것입니다.

매매점 05

전세가 언제 나가는가?

세종시에 갖고 있는 아파트의 전세가 나가지 않아 전전긍긍 하고 있는 상태라고 합니다. 부동산에 내놓은지 수개월이 지났음에도 전세가 나가지 않는다고 합니다. 전세 세입자가 들어와야 그 전세금으로 이 여성분이 들어가서 살게 될 다른 지역의 아파트 전세금을 일부 맞출 수가 있다고 합니다. 전세 세입자가 언제 들어올지 문점 하였습니다.

	山天大畜(산천대축) 之 山天大畜(산천대축) 屬 艮 土		
玄武	官 寅	ㅣ	壬辰 年
白虎	財 子 ‖ 應		
螣蛇	兄 戌 ‖		辛亥 月
句陳	兄 辰 ㅣ (伏 孫 申)		甲午 日
朱雀	官 寅 ㅣ 世 (伏 父 午)		
靑龍	財 子 ㅣ		(辰巳 空亡)

解斷 해단

이 점괘의 경우 여성분이 이사갈 집의 잔금 때문에 금전을 필요로 하니 용신을 財爻로 봅니다.

無動 무동의 점괘가 나왔습니다.

무동의 괘지만 日의 午火 父가 초효 財와 應爻 財를 暗動 암동하고 있습니다.

이러한 경우 무동이지만 무동으로 보지 않습니다.

두 개의 財爻가 일진의 沖으로 암동하니 곧 두 명의 세입자가 보러 올 것입니다. 그래서 그 중에 한 사람과 계약을 하게 될 것입니다.

月에 亥水 財가 임해 있으니 이달 亥月 (양력 11월~12월 6일) 사이에 반드시 계약할 수 있습니다.

이 문점자가 지난 금요일인 12월 7일 전화가 왔습니다. 전세 계약이 되었다고 합니다.

문점하고 닷새 후인 12월 4일 한 명의 세입자가 부재중일 때 집을 보고 다녀갔다는 부동산의 연락을 받았고, 그 다음날 12월 5일에 또 다른 세입자가 집을 보고 다녀갔다는 부동산의 연락을 받았다고 합니다.

그리고 12월 6일 저녁 늦게 12월 5일 날 집을 본 세입자와 전세 계약을 했다고 합니다. 결국 점괘대로 12월 7일 이전인 12월 6일에 계약이 성사 되었습니다.

12월 7일 이전이라고 말한 것은 12월 7일날 절기가 바뀌기 때문에 12월 7일 전에 계약이 성사된다고 한 것입니다. 물론 절기가 바뀌어도 子月 또한 月이 財가 되어 나쁘지 않지만, 이 점괘에서 世爻 寅木이 月의 財 亥水와 合을 이루고 있기에 이 달 중인 12월 7일 이전에 된다고 본 것입니다.

매매점 06

아파트 매매운

1년 넘게 매매가 되지 않는 아파트 때문에 많이 답답하다고 합니다. 아파트가 언제 나가겠는지 문점 하였습니다.

	風天小畜(풍천소축) 之 風澤中孚(풍택중부) 屬 巽 木	
白虎	兄卯　　I	庚寅 年
螣蛇	孫巳　　I	
句陳	財未　　II　應	戊子 月
朱雀	財丑　財辰 ㇒　(伏 官 酉)	癸巳 日
靑龍	兄寅　　I	
玄武	父子　　I　世	(午未 空亡)

解斷 해단

應爻가 공망이니 찾는 이가 없어 매매가 수월치는 않습니다. 그러나 三爻의 財가 농하니 매매는 곧 되겠습니다.

財爻가 퇴신되는 것이 조금 걸리기는 하나 용신이 왕성하면 불퇴로 보고, 日의 생조를 받으니 이는 명확한 불퇴인 것입니다.

그러므로 다음 달인 丑月이면 반드시 매매가 이루어질 것입니다. 또한 應爻

未土가 공망이나 丑月이 되면 沖하여 움직이게 되니 丑月이 되면 반드시 매매할 사람이 반드시 나타나게 되는 것입니다.

이 문점자가 어제 1월 21일 丑月 丙子日에 방문하여 말하기를 1월 18일인 즉 丑月 癸酉日에 매매가 성사되었다고 합니다.

이 점괘에서 가장 중요하게 봐야할 것은 財爻입니다. 동한 財爻가 日의 생조를 받아 힘이 넘치기 때문에 짧은 시간 내에 매매가 가능했던 것입니다.

매매점 07

오빠의 가게 매매운

친정 오빠가 운영하는 가게가 장사가 너무 안 되어 오빠가 힘들어 하고 있는데, 가게 매매가 언제 될지 여동생 분이 문점 하였습니다.

	地火明夷(지화명이) 之 地山謙(지산겸) 屬 坎水	
句陳	父 酉 ‖	壬辰 年
朱雀	兄 亥 ‖	
靑龍	官 丑 ‖ 世	庚戌 月
玄武	兄 亥 ㅣ (伏 財 午)	己巳 日
白虎	官 丑 ‖	(戌亥 空亡)
螣蛇	官辰 孫卯 ㇇ 應	

解斷 해단

오빠의 금전적 어려움을 해결하고자 함에 있기에 용신을 財爻로 봅니다.

世爻에 官이 임하여 걱정이 이만저만이 아님을 보여 주고 있습니다. 점괘를 보면 財爻인 午火가 三爻에 복신되어 있어 흉해 보이지만, 日에 巳火 財가 임해 있으니 언뜻 보면 괜찮은 듯 보이지만 官爻가 중중하여 매매가 어려운 점괘입니다.

또한 日의 巳火가 三爻와 五爻 兄爻를 암동하니 상황이 더욱 어렵게 되는 것입니다.

二爻 택효에도 官爻가 임하였고, 月에도 官이 임하였습니다.

이러한 경우 매매를 빨리 하고자 한다면 官爻를 우선적으로 해결해야 합니다. 그렇지 않고서는 매매가 어렵습니다.

점괘를 볼 때 괘의 글자가 유기적으로 움직이는 것처럼 보여야 합니다. 孫爻가 동하여 좋게 보이지만, 三爻와 五爻의 兄爻가 계속해서 움직이고 있기 때문에 財爻의 숨을 꽉 틀어막고 있는 모습입니다.

이 점괘에서는 寅木 孫爻를 통해 〈開運法 개운법〉을 써주면 효과가 있습니다. 寅木으로 암동하는 亥水 兄爻를 잡아주고, 月의 戌土와 복신 된 午火 財爻와 三合 火局을 만들어 주는 개운법을 써주는 것이 가장 쉬운 방법입니다.

이 손님이 해당 개운법을 해달라고 요청하였는데, 제가 개운법을 실시하고서 8일 만에 가게의 매매가 되었습니다.

매매점 08

식당 매매 시기는?

동네에 자주 가는 식당의 사장님입니다. 2년 가까이 내놓은 가게가 나가지를 않아 언제쯤 매매가 되겠는지 문점 하였습니다.
제가 그 식당에서 밥을 먹는 와중에 물었기에 백원 짜리 동전 세 개를 갖고 오라고 하여 擲錢法 척전법으로 점괘를 보았습니다.

雷澤歸妹 (뢰택귀매) 之 雷澤歸妹 (뢰택귀매) 屬 兌 金				
白虎	父 戌	‖ 應		癸巳 年
螣蛇	兄 申	‖		
句陳	官 午	ǀ	(伏 孫 亥)	甲子 月
朱雀	父 丑	‖ 世		癸酉 日
靑龍	財 卯	ǀ		
玄武	官 巳	ǀ		(戌亥 空亡)

解斷 해단

無動 무동의 괘가 나왔습니다. 움직임이 없는 괘이니 앞으로 한참동안 가게가 나가지 않을 것입니다. 그러나 二爻의 財爻가 月의 생을 받은 좋은 상황에서 日이 암동을 해주니 卯月 즉, 양력 3월 6일~4월 4일 사이에 매매가 될 것

입니다.

  이 가게는 지난 3월 16일, 卯月 丙戌日에 계약과 동시에 잔금까지 한꺼번에 모두 받고 매매가 이루어졌습니다.

  丙戌日에 계약이 성사가 된 것은 이 점괘에서 應爻가 戌土 공망이었기에 그 應爻가 해공되는 卯月의 戌日에 계약이 성사가 된 것입니다.

  丙戌日은 卯月에 있던 첫 번째 戌日이었습니다.

매매점 09

집 매매 시기는?

이혼한 뒤 부동산에 집을 내 놓은게 6개월이 넘었는데, 집을 보러 오는 사람이 아예 없다고 합니다. 집이 언제 매매계약이 되겠는지 문점 하였습니다.

	山風蠱 (산풍고) 之 重山艮 (중산간) 屬 巽 木	
玄武	兄 寅 Ⅰ 應	壬辰 年
白虎	父 子 Ⅱ (伏 孫 巳)	
螣蛇	財 戌 Ⅱ	癸卯 月
句陳	官 酉 Ⅰ 世	甲午 日
朱雀	孫 午 父 亥 ⺉	(辰巳 空亡)
青龍	財 丑 Ⅱ	

解斷 해단

世爻가 卯月의 월파를 맞아 현재 매우 힘든 상황입니다. 二爻 택효가 동하여 六沖 괘가 되었습니다. 이농수가 곧 있을 것입니다.

五爻 子水가 암동하니 매수자가 곧 집을 보러 오게 될 것입니다. 또한 내일이면 辰月이 되어 財가 되니 수일내로 집이 매매가 될 것입니다. 亥水 父爻와 五爻 子水가 생조받는 것이 없으니 힘을 받게 되는 양력 4월 5일(丙申日)~4월 8

일(己亥日) 중에 매매가 성사 될 것입니다.

　이 문점자는 집을 보러 온 사람이 6개월 넘게 단 한번도 없었는데, 점을 보러 온 뒤 몇일 내로 매매가 성사된다는 것이 의아하다면서 저의 말에 반신반의 하고, 믿지를 못하겠다며 돌아갔습니다.

　이 문점자가 어제 4월 8일 己亥日 저녁에 재방문 하였습니다.
　4월 5일 날 아이 둘을 둔 부부가 집을 보러 왔었고, 4월 6일 날은 신혼 부부가 집을 보러 왔었는데, 먼저 집을 보러 온 아이 둘을 둔 부부가 어제 4월 8일 己亥日에 계약을 했다고 합니다. 고맙다며 인사를 하고 돌아갔습니다.
　사실, 제게 점을 보고 나서 또 한군데 무속인에게 가서 점을 봤는데 그 곳에서는 자신도 모르는 조상님 얘기를 하면서 굿을 권유하고, 또 부적을 하면 집이 빨리 나간다고 했다며 씁쓸하게 웃었습니다.

　어차피 운이 있으면 부적이 되었든 굿이 되었든 뭘 안해도 될 것이고, 운이 없으면 부적이든 굿이든 해 봐야 소용이 없는 것입니다.

매매점 10

집 매매 시기는?

추석 연휴를 며칠 앞두고 집의 매매가 언제될런지 문점 하였습니다. 이사 갈 집은 이미 계약을 해 놓은 상태인데, 지금 살고 있는 집은 내 놓은지 4개월이 넘도록 매매가 되질 않아 추석을 앞두고 시골에 내려가기 전에 답답한 마음으로 방문하였습니다.

	澤火革 (택화혁) 之 水火旣濟 (수화기제) 屬 坎 水		
靑龍	官 未 ‖		己丑 年
玄武	父 酉 ㅣ		
白虎	父申 兄亥 ⼂ 世		癸酉 月
螣蛇	兄 亥 ㅣ	(伏 財 午)	丙子 日
句陳	官 丑 ‖		
朱雀	孫 卯 ㅣ 應		(申酉 空亡)

解斷 해단

집 계약을 통해 돈이 필요한 경우가 아닌 분입니다. 금전적으로는 여유가 있는 분이기에 계약을 우선시 생각하고 점괘를 보았습니다. 그래서 이 점괘에서는 문서의 상징인 父爻가 용신이 됩니다.

月에 父가 임하였기에 酉月인 10月 8日 이전에 계약이 가능합니다.

그러나 五爻 父爻가 공망이니 해공되는 10月 6日 甲申日이나 10月 7일 乙酉日에 가능합니다.

世爻가 동하여 父爻가 되어 回頭生 회두생 되니 10月 6日 甲申日에 계약이 가능할 것입니다.

이 문점자로 부터 10月 6日 甲申日 오후에 전화가 왔습니다. 10월 5일 월요일에 부동산에서 연락이 와서 화요일 오전에 집을 볼 수 있는지 묻더니, 10월 6일 화요일 오전에 집을 보러 온 사람이 깨끗한 집을 매우 흡족하게 생각하더니 바로 돈을 찾아와 계약을 했다고 합니다.

같은 매매점인데도 財爻가 용신인 때가 있고, 父爻가 용신인 때가 있는 것입니다. 손님이 원하는 바가 무엇인지 충분한 대화를 통해 교감을 하고서 어떤 것을 용신으로 볼 것인지 확실하게 생각한 뒤에 점괘를 봐야 해단의 적중률이 높습니다.

매봉역학 아카이브 #01 육효해단
ARCHIVE SERIES

풍수점 風水占

풍수점은 사람이 살고 있는 집터나 가게, 사무실, 그리고 墓地 묘지의 길흉을 알아보는 것입니다.

사람이 사는 집터의 경우는 世爻와 二爻 택효에 흠결이 없어야 하고, 世爻가 月과 日의 생조를 받아야 좋습니다.

가게나 사무실의 경우는 돈을 버는 공간이기 때문에 孫爻와 財爻에 흠결이 없고, 世爻가 月과 日의 생조를 받으며 힘이 있어야 좋습니다.

돌아가신 분을 모시는 묘지의 경우는 官爻를 우선시 보는데, 官爻가 月破 월파와 日破 일파를 당하지 않아야 하고, 二爻 택효에 官爻가 임하면 살아있는 가족에게 좋지 않습니다. 묘지의 경우는 官爻가 內卦 내괘가 아닌 外卦 외괘에 임하는 것이 좋습니다.

납골당에 대해서도 묻는 분이 계신데, 납골당은 풍수점을 보지 않아도 됩니다.

풍수점 01

장사 중인 가게의 터가 어떠한가?

장사를 하는 분인데 가게에서 계속 좋지 않은 문제가 발생을 하여 왜 그러한 것인지, 현재 당면한 문제가 해결이 될런지 문점 하였습니다.
그러나 몇 번의 점괘에서 명쾌한 답이 나오질 않아 혹, 가게 터에 문제가 있는지 보자고 조언하여 점괘를 보았습니다.

天火同人 (천화동인) 之 重天乾 (중천건) 屬 離 火		
句陳	孫戌　∣　應	己丑 年
朱雀	財申　∣	
靑龍	兄午　∣	丁丑 月
玄武	官亥　∣　世	己卯 日
白虎	父寅 孫丑　∥	
螣蛇	父卯　∣	(申酉 空亡)

解斷 해단

가게의 터를 물으니 世와 五爻의 財가 용신이 됩니다. 가게 터인 二爻 택효 또한 흠이 있는지 여부를 보아야 합니다.

五爻 財가 공망이라 이미 좋지 않습니다. 孫爻가 동하였는데 회두극을 맞으며 六沖 괘가 되었습니다.

財爻를 생조하는 것이 없으며, 財爻는 月에 入墓 입묘 되었습니다. 그래서 이 가게터는 돈을 벌 수 있는 자리가 아닙니다.

五爻 財가 공망이라 가게 주인의 氣運 기운으로 터를 누르고 영업을 할 수 있는 자리가 못되며, 또한 孫爻가 회두극 되니 자손에게 건강이나 사고 등의 문제가 발생하는 자리입니다.

모든 점괘에서 늘 말씀 드리지만 世爻가 왕성해야 된다고 하였습니다. 이 점괘의 世爻는 官이 임하였고, 日에 洩氣 설기되기 때문에 문점자에게도 좋지 않습니다.

혹, 이 가게에서 장사를 시작한 이후에 자녀에게 문제가 생기지는 않았는지를 물으니 이 가게에서 영업을 시작하고 2년 뒤에 소아 당뇨를 앓던 딸이 스스로 자살을 하였다고 합니다. 또 한 명의 딸이 있는데 그 딸은 사고로 한쪽 다리에 영구 장애가 생겼다고 합니다.

이 점괘를 해단 해드리니 따님들 생각에 한참동안 눈물만 하염없이 흘리셨습니다.

결론적으로 지금 운영하고 있는 가게를 나와 다른 곳으로 옮겨 가야지만 더는 문제가 생기지 않습니다. 이 가게에서 계속 영업을 하게 되면, 돈도 벌지 못하지만 지속적으로 큰 문제가 생기게 됩니다.

풍수점 02

신혼집 터가 어떠한가?

12월 28일에 결혼을 앞둔 예비 신부가 어머니와 방문하였습니다. 어머니가 저의 단골분입니다. 신혼집을 보러 다니다가 매우 마음에 드는 집을 발견하였고, 가격 대비 집이 워낙 좋아서 100만 원을 가계약 하고 바로 제게 오셨습니다.
이렇게 가계약이나 계약을 하고 와서 점괘를 봐 달라고 할 때는 참으로 난감합니다. 점괘가 좋으면 상관이 없는데 자칫 점괘가 안좋게 나오면 이사를 안 할텐가? 그렇다면 계약금은 어찌하나? 그런 난감함 때문에 잘 봐드리지 않는데, 결국은 손님이 있는 그대로 봐 달라고 사정을 하여 점괘를 보았습니다.

	澤火革 (택화혁) 之 天火同人 (천화동인) 屬 坎 水	
白虎	官戌 官未 ╫	甲午 年
螣蛇	父酉 │	
句陳	兄亥 │ 世	乙亥 月
朱雀	兄亥 │ (伏 財 午)	壬辰 日
靑龍	官丑 ║	
玄武	孫卯 │ 應	(午未 空亡)

解斷 해단

二爻 택효에 官이 임하였습니다.

일진에도 官이 임하고 상효 官이 동하여 진신 되었습니다. 그 집이 싼 이유는 필시 그 집에 말 못할 사정이 있을 것입니다. 저렇게 官炎가 많은 집도 드뭅니다.

이 집으로 이사를 가는 경우 반드시 안좋은 흉사가 생깁니다.
다른 집을 알아볼 것을 권하였습니다.

그랬더니 단골 손님의 따님이 저에게 하는 말이 '재수없다'고 하였습니다. 남의 결혼을 코 앞에 두고 초를 친다면서 엄마를 잡아 끌고 나가면서 저를 다시 째려봅니다.
이 여성의 어머니가 제 단골인데, 한 시간 뒤쯤 다시 전화가 와서 죄송하다고 결혼 준비 때문에 스트레스가 많은 모양이라며 제게 정중하게 사과를 하여 저 역시 사과를 받아주고는 끊었습니다.

어젯밤에 이 문점자인 따님의 어머니가 다녀갔습니다. 따님의 성화로 계약한 다음주에 바로 이사를 강행했고, 결혼 전인데 이미 예비 신랑과 함께 신혼집에서 살기 시작했다고 합니다. 그런데 며칠 전 남자측에서 일방적인 破婚 파혼 통보를 해왔다고 합니다.

정확한 파혼 사유를 알지 못하나 여자 측에서 위자료를 달라고 했고, 남자측에서는 주지 못하겠다고 해서 소송으로 갈 것 같습니다.
남자 측에서 파혼을 요청한 정확한 이유는 모르겠으나 상효 官炎가 동하여 진신되어 떠나는 모양새가 되어버렸습니다.
이렇게 집터에 문제가 있는 점괘를 받는 경우, 반드시 그 집에는 큰 문제가 생기게 마련입니다. 이 경우 신혼집인데다가 결혼 전인데 이러한 일이 생겨 더욱 안타까울 뿐입니다.

한참 지나고 나서 따님과 어머니가 다시 찾아왔습니다. 파혼을 요청하고 연락이 안 되던 신랑측에서 다시 연락이 왔는데, 파혼을 번복해서 그냥 참고 결혼을 하려고 했는데, 또 며칠만에 남자가 따님의 신용카드를 들고 사라졌다고 합니다.

결국은 진짜 파혼이 되었고 소송 관련하여 점괘를 보고 갔습니다. 일전에 재수없다는 말을 들었지만, 그러려니 하고 봐주었습니다.

《사주실록》

류래웅 저 | 태을

명리학, 육효학, 기문둔갑, 성명학, 풍수학에 두루 소예가 깊은 서사의 평생의 학식과 경험에서 녹아 나오는 명리 실전 해설서. 진부한 이론의 답습에서 벗어나 인간의 다양한 삶의 유형을 명리학적 관점에서 분석하여 초보자가 쉽게 읽을 수 있고, 전문가들도 상담 실무에 활용할 수 있다.

풍수점 03
새집으로 이사 후에

지인을 통해서 소개를 받고 방문하였는데, 새집으로 이사를 온 뒤에 좋은 일도 없고 뭔지 모르게 집안이 우중충하다고 합니다. 부모님, 여동생, 본인까지 네 가족이 산다고 합니다. 이사한지 1년이 안 된 전셋집인데 그냥 살아도 괜찮은지 알아보려 문점 하였습니다.

	澤火革（택화혁）之 澤雷隨（택뢰수）屬 坎 水	
螣蛇	官 未　 ‖	丁酉 年
句陳	父 酉　 ∣	
朱雀	兄 亥　 ∣ 世	戊申 月
靑龍	官 辰 兄 亥　 ⼂ （伏 財 午）	辛巳 日
玄武	官 丑　 ‖	
白虎	孫 卯　 ∣ 應	（申酉 空亡）

解斷 해단

　二爻 택효에 官이 임하였습니다. 그 집에서 오래 전에 흉하게 죽은 사람이 있었을 것입니다.
　이런 말씀을 드리면 어느 집이든 흉하게 죽은 사람 없는 집이 없겠는가? 하고 반문하는 분이 있는데, 물론 그것도 맞는 말씀이지만 대체로 이렇게 점괘가 나오는 경우는 일반적인 죽음은 아니라는 것입니다.

三爻 兄爻가 동하여 회두극 당하니 형제가 여행을 할 때 사고가 나거나 혹은 病 병에 걸리게 됩니다.
四爻 兄爻가 암동을 하니 필시 돈이 모이지 않고 새어나가는 집입니다.
다른 집을 알아봐서 빠른 시일 내에 이사를 가는 것이 좋습니다.

이 문점자가 말하기를 오래 전에 이 집안에서 흉하게 죽은 사람이 있는지는 알 길이 없고, 여동생이 문점을 오기 일주일 전, 여름 휴가를 다녀 오면서 사고가 생겨 팔에 깁스를 한 상태라고 합니다.

이사를 오기 전에도 그랬지만, 이 집으로 이사를 온 뒤로도 돈은 여전히 모이지 않는다고 합니다.

부모님은 경제 활동을 전혀 못 하시고 여동생과 자신이 벌어서 살고 있다고 하며 두 딸 모두 아직 결혼을 하지 않았다고 합니다.

일진에 財爻가 임했다고는 하나 世爻에 兄爻가 임하여 돈을 모으지 못하는 모습입니다.
안타깝지만 다른 방도가 없으니 좋은 집터를 알아 보고, 하루 빨리 이사를 가는 것이 좋겠습니다.

풍수점 04
집터의 무서움

새로 집을 사서 이사 가기 위해 이사할 집의 터가 어떤지 문점 하였습니다. 몇 군데 집터에 대한 점괘를 보았고, 최종적으로 이사하려고 거의 확정한 그 집의 터를 점괘 보았습니다.

地雷復(지뢰복)之 風澤中孚(풍택중부) 屬 坤 土			
螣蛇	官卯	孫酉 ⚊⚊	乙未 年
句陳	父巳	財亥 ⚊⚊	
朱雀		兄丑 ⚋ 應	己卯 月
靑龍		兄辰 ⚋	庚子 日
玄武	官卯	官寅 ⚊⚊ (伏 父 巳)	(辰巳 空亡)
白虎		財子 ⚊ 世	

解斷 해단

괘가 亂發 난발 하였습니다. 난발 괘의 해단을 어려워하는 분이 많으신데, 천천히 잘 읽어 보시면 쉽게 잘 보입니다. 二爻 택효에 官이 임하니 좋지 않습니다. 官爻가 동하여 진신되니 최악입니다.

外卦는 五爻와 上爻가 동하여 六沖이 되며 외괘 反吟 반음을 만드는데, 上爻

孫爻가 동하여 二爻 官爻를 충극하면 좋았을 텐데, 먼저 五爻인 재효를 생조하고 財爻는 다시 二爻의 官爻를 생조하니 매우 좋지 않은 것입니다.

이런 경우를 貪生貪合 刑冲剋害皆忘 탐생탐합 형충극해개망이라 하는데, 탐하여 생하거나 합하는 것은 형충극해를 모두 잊는다는 것입니다.

이는 생하고 합하는 것이 먼저지 극하고 冲 하는 것이 먼저가 아니라는 말입니다. 그래서 최종적으로는 亂發 난발 된 爻들이 官爻를 생조하기 때문에 좋지 않은 것입니다.

거기에 더불어 일진에 財爻가 임하여 재물운이 좋을 듯 보이지만, 동한 택효 官을 지속적으로 생조하는 것이라서 이래저래 이 괘에서는 官爻만이 가장 왕성하게 됩니다.

이렇게 되면 아픈 사람은 아픈 사람대로 계속 생기게 되고, 돈은 절대 모이지 않고 새어나가기만 하며, 上爻에서 騰蛇 등사가 동하여 反吟 반음을 만드니 정신적인 질병 문제가 반드시 생기게 됩니다. 이 집은 우울, 싸움, 시비, 건강, 구설, 사고가 지속해서 생기게 되는 집터입니다.

결론적으로 이사를 가면 절대 안되는 집입니다.

이 손님이 점괘를 보고 3년의 세월이 흘러 지난주에 다시 연락을 해왔습니다. 점괘를 본 2015년 당시에 시어머니 때문에 최종적으로 점괘를 봤던 그 집으로 이사를 했다고 합니다.

이사를 간 뒤 지난 3년 동안 너무나 많은 나쁜 일이 있었다고 하는데, 남편은 생각지 못한 중한 病 병을 얻었고, 남편이 하는 사업을 그만두려고 계속 출근도 제때 하지 않아서 일은 엉망이 되어 가고 있으며, 병을 얻은 남편은 점점 심한 폭력성을 나타내고 있다고 합니다. 남편의 지속적인 폭언으로 힘든 날을 보내고 있다고 합니다.

어린 자녀는 이사를 간 뒤에 답답함을 참지 못하는 증세가 생겼고, 아빠와 비슷한 성향을 보인다고 합니다.

남편과 싸우고 다투는 일이 잦으며, 남편이 지속해서 이혼 이야기를 꺼내고 있다고 합니다.

계속 이렇게 안 좋은 일이 생기다 보니 3년 전에 제게 보았던 점괘가 끊임없이 생각나 다시 연락하였다고 합니다.

3년 전, 점괘를 보았을 때 그 집으로 이사를 하지 않았으면 좋았겠지만 손님은 저의 점괘를 믿지 않았던 것이 아니라 시어머니와 남편 때문에 어쩔 수 없이 이사를 가야 했기에 더욱 마음이 아프다고 합니다. 집터라는 것은 이렇게 무시하면 안 되는 것입니다.

남편은 마마보이 성향을 갖고 있으며, 시어머니의 고집이 남달라서 거부할 수가 없었는데, 그 집을 시어머니가 매우 마음에 들어 해서 결국은 그 집으로 이사를 가야 할 것 같다고 하며 당시에 안절부절하고 많이 울어서 안타까웠던 기억이 났습니다.

身上鬼不去不安 신상귀불거불안이라는 말이 있습니다. 신상의 귀신을 제거하지 않으면 항시 불안하다는 千金賦 천금부의 귀한 말입니다. 二爻 택효 官이 동하여 진신되는 官爻가 이 집 터의 귀신이라서 반드시 제거해야 하는데, 당시에는 손님께서 그 어떤 조치도 하지 못하는 상황이었고, 그렇다 보니 이러지도 저러지도 못하는 신세라 많이 안타까웠습니다.

현재까지도 가끔 문점을 하고 계시는데, 그 때 굳게 마음을 먹고는 몇 달 뒤에 이사를 하기로 결정을 하셨고, 정말 하루에도 몇군데씩 한달여 간 수십 군데를 저의 점괘를 통해 보았고, 결국은 좋은 집을 골라서 이사를 하였습니다. 새 집으로 이사를 하시고는 지금까지 평안하게 잘 지내고 계십니다.

이미 나빠져 버린 남편의 건강은 다시 좋아지지 않았습니다만, 일은 열심히 잘 하고 계시고, 남편의 폭력성은 사라져서 잘 살고 계시며 특히나 아이 상태가 좋아져서 정말 기쁘게 생각하고 계십니다.

요즘은 아파트나 오피스텔에 살고 계신 분이 많은 시대입니다. 같은 아파트의 같은 동이라고 해도 자신과 맞는 좋은 집이 있고, 맞지 않는 나쁜 집이 있습니다. 風水地理 풍수지리 감정을 통해 볼 수도 있지만, 그렇게 보기에는 해당 아파트의 주인이 풍수지리 감정사에게 집 내부 공개를 꺼리는 경우가 많습니다.

그렇기에 육효점을 통해 우리 가족이 저 집에 들어가서 살면 길흉이 어떤지 한 번의 作卦 작괘를 통해서 보기만 하면 되는 것입니다.

| 풍수점 | **05**

아버지의 묘터

중소기업을 운영하는 남자 손님입니다. 몇년 전 단골 손님의 소개로 왔다가 가끔 잊을만 하면 오시는데, 9년 전에 아버지께서 돌아가신 후 부터 일이 잘 풀리지 않는다고 하여 방문하였습니다.
奇門遁甲 原命局 기문둔갑 원명국이나 奇門遁甲 身數局 기문둔갑 신수국 상에서 전혀 문제가 발견 되지 않았습니다. 그래서 아버지 묘지에 탈이 있는지 보는 것이 어떻겠냐고 권해서 점괘를 보았습니다.

地雷復 (지뢰복) 之 地雷復 (지뢰복) 屬 坤 土				
朱雀	孫 酉	‖		乙未 年
靑龍	財 亥	‖		
玄武	兄 丑	‖	應	己卯 月
白虎	兄 辰	‖		戊子 日
螣蛇	官 寅	‖	(伏 父 巳)	
句陳	財 子	∣	世	(午未 空亡)

解斷 해단

아버지를 나타내는 父爻가 二爻 아래 복신되었습니다. 동효가 없는 무동의 괘가 나왔는데, 二爻 택효에 寅木 官爻가 나타나 있습니다. 그 官爻 아래에 아버지 父爻가 복신되어 있는 것입니다.

寅木 官爻 등사이니 묘지에 나무 뿌리가 박혀있는 형상입니다. 또한 世爻에는 子水가 임하고 일진에도 子水가 임하니 필시 묘 안에 물이 차 있는 모습입니다.

손님은 이 점괘의 해단을 듣고서는 바로 그 자리에서 破墓 파묘를 단행하고 이장을 하기로 결정하였습니다.

파묘를 하고 이장할 날을 택일해 달라고 하여 3월 27일을 날 잡았습니다. 오늘 새벽 일찍 그 가족들과 함께 다녀왔는데, 파묘를 하니 역시나 나무 뿌리가 엉켜있습니다. 물도 흥건하게 고여 있습니다.

묘지는 평지인데, 약간의 턱이 있어 물이 아래로 내려가지 못하는 모양새였습니다.

파묘를 하고 그 모습을 보는데 가족들이 정말 많이 울었습니다.

이제라도 편하게 모시게 되어 다행이라며 가족들이 한숨 돌렸으며, 그 후로 이 문점자는 현재까지 사업이 잘 되고 있으며, 매년 작은 일부터 큰 일까지 자주 점괘를 보러 오고 있습니다.

풍수점 06

조상님의 묘에 문제가 있는가?

근래 들어 돌아가신 조상님이 꿈에 자주 보이고 집안에 금전 문제와 자손의 이혼 문제 등, 계속 좋지 않은 일이 계속 발생하여 혹 꿈에 보이는 조상님의 산소 묘지에 문제가 있는지 문점 하였습니다.

	澤風大過（택풍대과）之 水風井（수풍정）屬 震 木	
靑龍	財未　∥	己丑 年
玄武	官酉　∣	
白虎	官申　父亥　✕ 世 （伏 孫 午）	甲戌 月
螣蛇	官酉　∣	丁酉 日
句陳	父亥　∣　　　　（伏 兄 寅）	
朱雀	財丑　∥　應	（辰巳 空亡）

解斷 해단

　世爻가 왕성하여 힘이 넘치니 묘지에는 아무런 문제가 없습니다. 또한 회두생 되니 사실상 문점자에게도 전혀 문제가 없습니다.
　그렇다면 어떤 부분이 문제가 되는지 봐야 합니다. 三爻, 五爻, 변효, 일진까지 官이 너무 많은 것이 문제입니다.

三爻의 官에 등사가 임하고 일진에도 官, 五爻에도 官이 임하여 안 밖으로 官이 너무 많습니다. 이런 경우는 본래 꿈자리가 편할 날이 없는 것입니다.
　집 안 밖에 官이 득실득실하여 사나운데, 官에 대적할 孫爻가 四爻 아래에 복신 되고 생조 받는 것이 전혀 없습니다.
　그렇다면 이 괘는 조상님의 묘지에 문제가 있음을 일러 주는 것이 아니라 자손에게 문제가 있음을 일러주는 괘입니다.

　복신된 孫爻가 月에 入墓 입묘 되었습니다. 이달 戌月 (양력 10월)이 지나야 벗어날 수 있습니다. 그러나 입묘에서 빠져 나온다 해도 11월 7일 亥月과 이후 子月로부터 충극을 당하기 때문에 이것 또한 매우 흉합니다.

　자손이 현재 상태가 많이 좋지 않을 텐데 어떠한가 물으니, 낮에는 직장엘 나가서 어떤지 모르지만 밤마다 매일 술을 마시고, 울고불고 하면서 잠을 자다가도 헛소리를 하고 간혹 헛것을 본다고 합니다.

　헛것을 보는 것은 귀신 문제이고, 이혼 문제로 인해 우울증이나 홧병이 생겼으며, 도움주는 것이 전혀 없으니 괴로운 상태인 것입니다.

　조상님 묘지의 문제를 물었으나 결론적으로 자손에게 문제가 있고, 앞으로도 지속적인 문제가 생긴다는 것을 보여주는 점괘입니다.

풍수점 07

묘 이장과 화장

2010년에 아버지의 묘지를 이장하려고 했는데, 이장하게 될 묘지의 길흉을 봐 달라고 하여 문점 했던 분입니다.
이장하게 될 묘지의 점괘가 매우 나빠서 하지 말라 했고, 차라리 파묘하여 화장을 해서 비석을 묘지에 묻어 드리고 유골을 뿌려 드리라고 권했는데, 당시의 점괘는 아래와 같습니다.

	地雷復(지뢰복) 之 地澤臨(지택림) 屬 坤 土	
玄武	孫 酉　∥	
白虎	財 亥　∥	庚寅 年
螣蛇	兄 丑　∥ 應	己卯 月
句陳	兄 辰　∥	乙亥 日
朱雀	官 卯　官 寅　╫　(伏 父 巳)	(申酉 空亡)
靑龍	財 子　│ 世	

解斷 해단

옮기게 될 묘지의 점괘를 보니 二爻의 木 官爻가 진신 되고, 月과 日의 힘을 받아 木의 기운이 넘쳐나니 분명히 나무 뿌리가 시신을 감고 있는 모습으로 매우 흉합니다.

官爻가 진신이 되어 兄爻를 극하게 되니 분명 형제에게 좋지 않은 영향을 미치게 될 것입니다.

혹, 사업을 하는 형제가 있나 물으니 남동생 둘이 사업을 하고 있다고 하였습니다. 저는 두 형제분의 사업이 좋지 않게 되니 묘지를 이장하지 말고 화장하라고 권하였습니다.

또한 일진에 亥水가 임하니 이장 후에 땅이 굉장히 습하고 물기가 많아 좋지 않습니다. 그리고 上爻 공망인 孫爻가 월파를 당하게 되니 그 곳으로 묘지를 옮기게 되면 반드시 당신의 자손에게도 흉사가 일어나게 될 것입니다.

자손이 몇 명인가 물으니 아들 하나에 딸 하나라고 합니다. 上爻 孫爻가 陰爻이니 딸에게 큰 문제가 발생할 것입니다. 허투루 듣지 말라고 여러 번 반복하였습니다.

부부는 저의 말을 듣지 않고 결국 다른 묘지로 이장을 하였습니다.

이후 2011년에 이 부부의 따님이 구속되었는데, 불법 약물과 관련된 것으로 들었습니다. 2012년에 출소한 상태입니다. 그리고 2012년에 이 부부의 남편 되시는 분의 남동생 두 분 모두 하던 사업이 전부 파산하였습니다. 한 분은 여행업을 하다 파산하였고, 한 분은 대리운전 사무실을 운영하다가 파산하였습니다.

결국, 이 부부가 얼마 전인 2013년 5월 7일, 다시 방문하여 문점 하였는데, 파묘하여 화장하고 유골을 뿌려 드리기로 형제들이 모두 결정, 합의 하였다고 합니다.

그렇게 하면 어떠한지 점괘를 내었는데 아래와 같습니다.

		重山艮 (중산간) 之 山雷頤 (산뢰이) 屬 艮 土		
白虎		官 寅	Ⅰ 世	癸巳 年
螣蛇		財 子	Ⅱ	
句陳		兄 戌	Ⅱ	丁巳 月
朱雀	兄 辰	孫 申	⺀ 應	癸酉 日
靑龍		父 午	Ⅱ	
玄武	財 子	兄 辰	⺀	(戌亥 空亡)

解斷 해단

문점자인 아드님은 世爻 官爻가 임하여 매우 걱정을 하고 있지만, 동변효에서 申子辰 水局 三合을 이루어 世爻를 생해주니 더할나위 없이 좋습니다.

二爻 택효 父爻가 靑龍 청룡에 임하여 아버지께서 편안해하시고 자손들에게도 좋을 것입니다.

파묘를 하기 길한 날짜를 택일해 달라고 부탁을 하여 2013년 5월 26일, 어제 일요일로 파묘하는 날로 택일을 해 주었고, 형제들이 모두 참석하기로 하였습니다.

이 문점자께서 저에게 함께 가달라고 부탁을 하였는데, 정해져 있던 일정이 있는 관계로 가지 못하니 파묘하거든 사진 몇 장을 찍어 보내 달라고 부탁을 하였습니다.

이 부부의 아들에게 시켜 사진을 찍어 제게 보내 왔는데, 역시나 2010년에 본 점괘대로 나무 뿌리가 뒤 엉켜있고, 땅 속의 흙은 모두 물기를 머금고 있어 매우 당황하였다고 합니다.

이제 편안하실 테니 걱정하지 말라고 하였습니다. 또한 가족들에게도 앞으로 다 좋은 일들이 많을 것입니다.

이와 같이 해단 하였습니다.

사진을 보니 굵은 나무 뿌리를 잘라냈는데도 작은 나무 뿌리까지 엉켜있는 사진이었습니다. 사진상 눈에 보일 정도로 많은 물기를 머금고 있어 축축해 보입니다.

조상님의 묘지를 쓰고 집안이 안 풀리고 흉한 일이 많이 생기는 집안일수록 묘지를 파묘하여 화장을 하고 유골을 뿌려 드리는 것이 오히려 德 덕은 없을지라도 禍 화는 면할 수 있는 것입니다.

풍수점 08

이사 방위의 길흉

1월 17일에 이사를 하는데, 다른 곳에서 점괘를 보니 2016년에 三殺 삼살과 大將軍 대장군 방향이 남쪽으로 겹쳐 안 좋다고 했답니다.

남편이 寅 범띠가 되고 아들이 午 말띠가 되니 세 식구 중에 두 사람이 三災 삼재가 되어 운이 매우 좋지 않으니 반드시 부적을 해라, 안 그러면 큰일 치른다고 해서 지금 살고 있는 집에서 이사가려고 이미 계약한 집을 보니 이또한 정남쪽으로서 삼살과 대장군이 모두 해당하니 반드시 부적을 하고 가야 한다고 말했다고 합니다.

그 부적값이 어마어마하여 고민하다가 저의 단골 손님인 친구를 통해 상담을 하러 왔습니다. 향후 이사갈 집의 길흉이 어떠한지 점괘를 보았습니다.

	地山謙(지산겸) 之 地山謙(지산겸) 屬 兌 金		
螣蛇	兄 酉 ‖		乙未 年
句陳	孫 亥 ‖ 世		
朱雀	父 丑 ‖		戊子 月
靑龍	兄 申 ∣		辛巳 日
玄武	官 午 ‖ 應	(伏 財 卯)	(申酉 空亡)
白虎	父 辰 ‖		

解斷 해단

　月의 생을 받아 힘이 있는 五爻가 二爻를 극하고 있습니다. 이사 갈 집의 기운으로는 가장 길한 점괘입니다. 이미 이사를 한 집이라면 이와 같이 보지 않지만, 이사를 가지 않은 상황이라면 五爻가 二爻를 극하면 사람의 기운이 터의 기운을 눌러서 문제없이 살 수가 있는 것입니다.

　2016년 丙申年은 양력 2월 4일 입춘을 기점으로 새해가 시작되는데, 양력 2월 4일 입춘이 들기 전에는 삼살과 대장군 방향이 남쪽으로 겹쳐도 상관이 없는 것이고, 삼재날 또한 입춘이 절입 되고 난 뒤부터 시작되므로 1월 중순에 이사를 하는 것은 아무런 상관이 없는 것입니다.

　간혹 이렇게 문점자를 惑世誣民 혹세무민하는 자들이 있으니 공부 열심히 해서 점단 해주는 學人 학인들이 욕을 먹는 것입니다.

　참고로 저는 삼살과 대장군, 삼재를 따지며 이사운을 보지 않습니다. 각 개인의 사주가 다르기에 이사 갈 집 식구들의 奇門遁甲 原命局 기문둔갑 원명국과 奇門遁甲 身數局 기문둔갑 신수국을 먼저 보면서 판단하고, 육효로 점단하여 보기에 삼살과 대장군, 삼재는 의미가 없습니다.

풍수점 09
흉한 가게 터

고깃집에 고기 납품하는 일을 십수 년간 하다가, 마침내 자신이 고깃집을 운영하기 위해 가게를 보고 와서 재물운이 어떠한지 문점 하였습니다.

地雷復（지뢰복）之 水澤節（수택절）屬 坤 土		
玄武	孫 酉　　‖	甲午 年
白虎	兄 戌 財 亥　╫	
螣蛇	兄 丑　　‖ 應	庚午 月
句陳	兄 辰　　‖	乙丑 日
朱雀	官 卯 官 寅　╫　（伏 父 巳）	
靑龍	財 子　　∣ 世	（戌亥 空亡）

解斷 해단

世爻에 財가 임하였으나 월파를 당하였고, 일진에서는 극을 받고 있어 재물운이 전혀 없습니다.
　설상가상 二爻 택효에 官이 임하였는데 진신이 되고 五爻의 財가 동하였으나 회두극을 당하고, 택효의 官에 다 빼앗기니 이건 돈만 들어가고 얻는 것이 전혀 없는 곳입니다. 그냥 하던 일을 하는 것이 좋겠다고 말하였습니다. 이 문점자는 단골의 소개로 왔던 분인데, 여기저기 여러 곳에서 점을 보았는지 다른 곳에서는 좋다고 했다며 제 말을 귓등으로도 듣지 않고 그냥 나가버렸습니다.

　장사를 시작한 뒤 얼마 지나 이 분을 소개했던 단골 손님과 함께 다시 왔는데, 작년 7월에 가게를 인수하고 바로 영업을 시작하였는데, 지금까지 계속 마이너스라고 합니다. 그동안 자신이 그 가게에 고기를 납품하면서 그렇게 많은 양의 고기를 납품하던 가게도 없었는데, 가게를 바로 인수하여 장사를 시작하고 얼마 후 부터 거짓말처럼 손님이 뚝 끊겼다고 합니다.

　손님들에게도 항상 하는 말이지만, 아무리 장사가 잘되는 가게도 자신과 맞지 않는 터가 되면 돈을 벌지 못하고, 아무리 다 죽어가는 가게도 자신과 터가 잘 맞으면 정말 큰 돈을 벌게 됩니다. 같은 상가 안에도 자신과 맞는 자리가 있기도 하고 없기도 하며, 또한 이 문점자처럼 자신이 듣고 싶은 말을 해 주는 사람을 찾아서 이곳저곳, 여기저기서 점을 보러 다녀 봐야 결국 좋은 것이 없습니다.

　하늘은 인간의 욕망으로 인해 같은 사안에 대해 여기저기서 점을 보는 것을 좋게 보지 않습니다. 더욱 혼란만을 줄 뿐입니다. 결과적으로 지금까지의 손해를 감수하고 어서 빨리 가게를 팔고 다시 고기 납품하던 일로 돌아가라고 하였습니다. 손해를 보더라도 빨리 포기하는 것이 오히려 이익을 보는 것입니다.

　간혹 보면 문점자들께서 자신이 듣고 싶은 말을 해주길 바라는 경우를 보게 되는데, 그것은 굳이 돈을 내면서 점괘를 보지 않아도 되는 것입니다.

| 풍수점 | **10** |

이사를 해도 되는지?

2월 말이나 3월 초에 새집으로 이사한다고 합니다. 집은 이미 계약했다고 하는데, 일전에 살던 집에서 좋지 않은 일이 매우 많아 새집으로 가면 어떨지 문점 하였습니다.
보통은 이사할 집이 정해진 경우는 점단하지 않는데, 일전에 살던 집에서 있었던 많은 안 좋은 일을 이야기해줘서 듣고는 안타까워 점단을 해 주었습니다.

	地火明夷 (지화명이) 之 地雷復 (지뢰복) 屬 坎 水	
白虎	父 酉　Ⅱ	戊戌 年
螣蛇	兄 亥　Ⅱ	
句陳	官 丑　Ⅱ 世	乙丑 月
朱雀	官 辰 兄 亥　⼁　(伏 財 午)	癸丑 日
靑龍	官 丑　Ⅱ	(寅卯 空亡)
玄武	孫 卯　Ⅰ 應	

解斷 해단

官爻가 너무 많습니다. 二爻 택효에도 官이 임하고 月과 일진, 世爻에도 官이 임하였습니다.
世爻의 官은 걱정이 앞섰기에 官이 임했다 치지만, 택효와 月, 日에 官이 임한 것이 너무 좋지 않습니다. 택효와 世爻, 月, 日까지 丑土 官이 駢 병되니 이는 필시 도둑을 맞는 것입니다.

또한 官爻가 중중하다 해도 五爻에서 二爻를 극해 줘야 식구들 모두 편안하게 사는 집터가 되는데, 반대로 二爻에서 五爻를 극하니 전에 살던 집보다 새집의 터가 더 좋지 않습니다. 三爻 兄爻가 동하여 兄變官 형변관으로 또다시 官爻를 化出 화출하였습니다.

이 집으로 이사 가서 살게 되면 생각지 못한 사고와 더불어 아픈 사람이 많고, 孫爻가 힘이 없는 상태로 공망이 되니 자손 또한 몸이 아프거나 공부가 잘 안 됩니다.

이미 계약을 했기 때문에 어쩔 수 없이 이사 가야 한다면, 이사 가는 날을 길한 날로 택일하여 가는 수밖에 없습니다.

이와 같이 해단 하였습니다.

손님은 이래저래 고민하고 하소연만 하다가 길일을 택일하지 않고 그냥 가 버렸습니다.
손님 입장에서는 다른 곳에 가서 또 물어보고 싶기도 할 것이고, 굳이 택일 비용을 지불하면서까지 하고 싶지 않은 눈치였습니다.

어제 이 손님과 함께 저를 소개했던 손님이 함께 방문하였습니다. 저에게 상담받은 뒤로 두 군데 더 상담했다고 합니다.
한군데서는 집터에 문제가 없다고 하였고, 한군데서는 부적을 권유하였다고 합니다. 부적 비용이 상대적으로 저렴하여 부적을 쓰고 이사했다고 합니다. 이사 길일 택일은 하지 않았다고 합니다.

이사 후에 어떤 일이 있었는지 말해 주었습니다. 이사 하는 날 이 손님이 지갑을 분실했습니다. 이삿짐센터나 각종 대금은 온라인으로 결제를 해주기 때문에 현금이 많지는 않았으나 이삿날이라 보통 때보다 많은 현금이 있었고, 구매한지 몇 개월 되지 않은 비싼 명품 지갑을 분실했습니다.
　이사하고 바로 며칠 뒤 남편이 저녁에 자녀들과 자전거를 타다가 사고가 나서 쇄골 뼈가 부러졌습니다. 아이들은 다치지 않았습니다. 다행이 쇄골 뼈가 두동 강으로 똑 부러져서 수술은 쉽게 되었다고 한다.
　아래 층에서 담배를 피우는 사람이 있는지 계속 담배 냄새 때문에 시달린다고 합니다. 이사 한지 한 달도 채 되지 않은 현재까지 벌어진 상황은 여기까지입니다.

　이 손님은 돈을 좀 들여서라도 길일 택일을 하지 않은 것을 몹시 후회하였습니다. 지금이라도 어찌할 방법이 없는 것인지 묻기 위해 방문한 것입니다.
　이와 같이 官爻가 중중하면 필시 좋지 않은 일이 빈번하게 생기며, 예상치 못한 나쁜 일이 거듭되는 것입니다. 또한 官爻가 택효와 함께 일진과 騈 병되어 있는 경우는 반드시 도둑맞는 일이 생깁니다. 그런데 문제는 이러한 일이 한두 번으로 끝나는 것이 아니라 이 집에 사는 내내 그러한 일이 빈번하게 생긴다는 것입니다.

　이 점괘에서 가장 중요하게 봐야 할 것은 병되어 있는 官爻입니다. 나란히 같은 글자로 나타나 있는 官爻는 반드시 도둑을 당하거나 내 것을 빼앗기는 것입니다.
　이러한 점괘인 경우에는 官爻를 피하는 날과 극하는 날, 그리고 洩氣 설기하는 날로 택일하는 것이 좋은데, 이사갈 집에서 함께 사는 가족 구성원 모두의 사주를 보고 따져야 할 것이 많기 때문에 신중하게 택일해야 합니다.

매봉역학 아카이브 #01 육효해단
ARCHIVE SERIES

질병점 疾病占

질병점은 인간의 몸에 생기거나 혹은 미래에 생기게 될지 모르는 질병을 예측해 알아보는 것입니다.

인간은 태어나면 그 순간부터 生老病死 생노병사에서 절대 자유로울 수 없습니다. 그렇다면 점단을 통해 어떤 질병이 언제 어떻게 생길지 미리 예측해 알아보고 병원에서 검진을 한다거나 어떤 병원이 나에게 도움이 되는지, 어떤 약이 나에게 효과가 있는지 여부를 알아보는 것이 좋습니다.

점단을 하는 사람은 의학을 공부한 의료인이 아니기 때문에 정확한 병명이나 해당 약의 효능 등에 대해서 정확히 알 수는 없지만, 점단을 통해서 그 길흉 여부는 알아볼 수가 있는 것입니다.

인간의 죽음 또한 미리 예측해 볼 수가 있는데, 죽음은 인간이 어찌할 수가 없는 것이지만, 가령 예를 들어 병원에서 가족의 노환이나 병으로 죽음이 예견되어 있는 경우라면, 언제 사망하겠는지 점괘를 통해 미리 예측하여 가족들이 마음의 준비를 하거나 당사자께서 주변 정리를 할 수 있게 미리 도움을 주는 것도 좋은 방법인 것입니다.

질병점 01

아버지의 사망 시기는?

말기 암 환자이신 아버지를 홀로 모시고 사는 여자분입니다.
3개월 전인 2월 25일에 신년 운세를 상담하러 방문하였는데, 친정 아버지께서 얼마나 오래 사실 수 있는가를 문점 하였습니다. 문점 당시에 병원에서는 앞으로 대략 6개월 정도 살 수 있다는 의학적 판정을 받았다고 하였습니다.
사람이 나고 죽는 것에 대해서 점단하는 제가 결정하는 것은 아니지만, 이미 병원에서도 길어봐야 6개월 이내에 사망하시니 마음의 준비를 하라 일러 주었다기에, 이 문점자에게 마음의 준비를 하라는 차원에서 점을 뽑아 보았습니다.

重火離 (중화이) 之 火雷噬嗑 (화뢰서합) 屬 離 火			
白虎	兄巳	Ⅰ 世	癸巳 年
螣蛇	孫未	Ⅱ	
句陳	財酉	Ⅰ	甲寅 月
朱雀	孫辰 官亥	⼳ 應	壬戌 日
靑龍	孫丑	Ⅱ	(子丑 空亡)
玄武	父卯	Ⅰ	

解斷 해단

말기 암 환자이신 아버지의 사망 시기를 물으니 용신은 당연히 父爻로 봅니다. 맨 아래의 초효 卯木 父爻가 月의 생조를 받고 있어 아직은 견딜만 해 보입니다.

그러나 卯木 父爻의 원신인 三爻 亥水가 동하여 회두극을 당하고 있습니다. 이렇게 용신을 생조하는 원신이 동하게 되면 백발백중 원신이 沖을 당하는 시기에 사망을 하게 됩니다.

父爻의 원신인 동한 亥水가 沖을 당하게 되는 양력 5월인 丁巳月 중에 사망하시게 될 것이니 병원에서 말한 6개월까지 가지 못합니다. 그러니 지금부터 마음의 준비를 해야합니다.

이와 같이 해단 하였습니다.

이 문점자가 오늘 오전에 일찍 전화가 왔습니다. 아버지께서 어제 밤에 사망하셨다고 합니다. 현재 丁巳月입니다.

아버지의 極樂往生 극락왕생을 위해 제게 장례식에 와서 기도를 해 달라고 부탁하였습니다. 그러나 현재 서울이 아니고 지방에 있어서 어려우니 제가 잘 아는 스님께 부탁하여 장례식 동안 아버지의 극락왕생을 위한 불공을 정중히 부탁드렸습니다. 다행이 스님께서 그래 주겠노라고 저의 청을 들어 주셨습니다.

이 문점을 한 손님은 저의 해단을 통해 오히려 진작부터 마음의 준비를 하고 있어서 제게 고맙다고 연신 인사를 전했습니다.

질병점 02

갑자기 허리가 아픈데 어떨 것인가?

작년에 허리 디스크로 고생을 했었는데, 오늘 아침부터 갑자기 허리가 다시 아프기 시작해서 걱정이라고 합니다. 아픈 허리가 어찌 될런지에 대하여 문점 하였습니다.

風水渙 (풍수환) 之 山水蒙 (산수몽) 屬 離 火		
靑龍	父 卯　Ⅰ	戊子 年
玄武	官 子 兄 巳　⼁ 世	
白虎	孫 未　Ⅱ　　(伏 財 酉)	乙丑 月
螣蛇	兄 午　Ⅱ　　(伏 官 亥)	丙辰 日
句陳	孫 辰　Ⅰ　應	(子丑 空亡)
朱雀	父 寅　Ⅱ	

解斷 해단

자신의 병에 대해 물으니 世爻를 용신으로 보고, 병을 물으니 官爻도 용신이 됩니다.

현재 月과 日에서 생을 받지 못하여 힘이 없습니다. 몸이 많이 피곤하고 지친 상태인 것입니다.

그런데 世가 동하여 회두극 당하니 이는 어찌보면 큰 병으로 볼 수도 있으나 회두극은 당사자의 근심, 걱정에 따라 나오기도 하기에 크게 걱정할 사항은 아니며, 또한 변효가 공망이니 하룻밤 자고 나면 괜찮아질 것입니다.

　하지만, 당장 내일 아침은 괜찮을지 몰라도 변효 子水 官이 해공되는 날인 1월 19일 甲子日이 되면 몸이 크게 다치거나 상하게 될 것입니다. 몸관리를 철저히 해야합니다.

　이와 같이 해단 하였습니다.

　이 손님이 다음날인 어제 1월 12일 오후에 전화가 왔습니다. 허리 아픈 것이 말끔해졌다고 합니다.
　그렇지만 제가 점단한대로 혹시 모르니 甲子日이 돌아 오기전에 한의원을 가서 진료를 받아 보고 침이라도 맞아야겠다고 했습니다.

　孫爻가 土가 되니 병원보다는 한의원이 더 도움이 될 것입니다.

질병점 03

친정 어머니의 생사

14년째 단골인 46세 여자 손님입니다. 친정 어머니가 위독하시다고 연락 와서 시골 내려가기 전에 급하게 전화로 문점 하였습니다.
이렇게 갑작스레 위독한 상황이 정말 당황스러운데, 서울에서 바로 출발 예정이긴 하나 얼마나 더 사실지? 곧 돌아가실지 몰라 문점 하였습니다. 점단하기에 앞서 제발 原神 원신만 동하지 말라고 기도를 간단히 하고 점단하였는데 점패는 아래와 같습니다.

	澤風大過(택풍대과)之 雷風恒(뢰풍항) 屬 震 木	
螣蛇	財未 ‖	庚子 年
句陳	官申 官酉 ⼂	
朱雀	父亥 ∣ 世 (伏 孫午)	戊寅 月
靑龍	官酉 ∣	辛卯 日
玄武	父亥 ∣ (伏 兄寅)	(午未 空亡)
白虎	財丑 ‖ 應	

解斷 해단

친정 어머니를 나타내는 글자인 父爻가 世에 임했습니다. 月과 일진의 생조를 전혀 받지 못하니 안타깝습니다.
설상가상 원신인 官爻가 동하여 日破 일파를 당하고, 변효 또한 월파를 당하였습니다.

어머니는 오늘 밤을 넘기지 못하겠습니다. 서둘러 내려가는 것이 좋겠다고 일렀습니다.

자정을 넘기기 직전에 사망하셨다고 추후에 연락을 하셨습니다.

힘이 없는 父爻는 이미 생명이 위협 당하고 있음을 말해 줍니다. 五爻 官爻가 동한 것도 문제지만 원신인 三爻 官爻도 암동하니 가망이 없는 것입니다.

질병점 04

큰 병에 걸린 것인가?

방문하기 일주일 전쯤에 감기 몸살을 평소와 달리 아주 심하게 앓았는데 몸이 좀 나아질 무렵부터 심한 혈변을 보기 시작했다고 합니다.
그리하여 스스로 생각하기를 3년여 전쯤 수술한 치질 부위가 문제가 생긴 것인가 해서 항문 외과에 가서 검진을 받아 보니 치질에는 전혀 이상이 없다고 합니다.
의사가 혹시 모르니 직장경과 대장 내시경, 위 내시경 검사를 해 보기를 권했다고 합니다. 그래서 자기가 무슨 큰 병에라도 걸린 것인지 너무 겁이나서 문점 하였습니다.

		重雷震（중뢰진）之 重火離（중화이）屬 震 木		
句陳	孫 巳	財 戌	╫ 世	庚寅 年
朱雀		官 申	‖	
靑龍		孫 午	ǀ	丙戌 月
玄武	父 亥	財 辰	╫ 應	己酉 日
白虎		兄 寅	‖	（寅卯 空亡）
螣蛇		父 子	ǀ	

解斷 해단

六沖 변 六沖 괘입니다. 近病 근병에서의 六沖 괘는 걱정할 것이 없는 병입니다.

또한 世爻가 오히려 변효로 回頭生 회두생을 받으니 이는 필시 아무 문제가 없는 것입니다. 그러니 검사도 받을 필요가 없고 10월 31일 甲寅日이나 11월 1일 乙卯日이 되면 언제 그랬냐는 듯 혈변의 피도 멈출 것이고 완쾌가 될 것입니다.

점괘에서는 검사를 받아 봐야 아무 문제가 없다고 나올 것이지만 그래도 걱정이 되면 검사를 받아 보라고 권했습니다.

그동안 손님들의 질병 관련하여 상담하면서 자세히 살펴보면 점을 치는 사람보다는 의사를 더 믿는 것을 보았습니다. 제가 의료인이 아니기 때문에 그것은 당연한 이치라고 생각하지만 그렇다면 굳이 점을 볼 필요가 있을까 그런 마음도 드는데, 그래도 점괘에서 문제 없음을 보여 주었으니 의사에게 검진을 받고 확실히 걱정이 사라지게 되는 것이 좋으니 병원에 가서 의사에게 검진 받아 볼 것을 권했습니다.

이 문점자가 어제 11월 1일 乙卯日에 방문하였습니다. 점단하여 준대로 10월 31일 甲寅日 오전에 대변을 볼 때부터 혈변이 멈추기 시작하였고, 통증도 완전히 사라졌다고 합니다.

그래도 제가 의사에게 검진을 받아 볼 것을 권장하여 어제 乙卯日인 월요일날 항문 외과에 가서 직장경 검사를 해 보니 전혀 문제가 없어서 대장 내시경과 위 내시경은 의사의 지시를 따르지 않고 취소를 하였다고 합니다.

이 점괘로 알 수 있듯이 近病 근병에 六沖이 되면 약을 쓰지 않아도 금방 낫는 병이니 걱정할 것이 없습니다.

질병점 05

자손의 생사

곧 60을 바라보는 여자 손님입니다. 점이라고는 살면서 단 한 번도 본 적이 없는 분이라고 합니다. 2018년 2월 중순에 자손이 교통사고가 나서 매우 위중한 상태라고 하였습니다. 생사의 갈림길에 있는데 부모의 입장에서 지푸라기라도 잡는 심정으로 최근에 여러 군데서 점을 보았다고 합니다.

동네 지인 소개로 갔던 어느 점집에서 하는 말이 자손이 곧 죽게 된다고 자식 살리고 싶으면 굿을 하라 했다고 합니다. 그 말이 며칠 동안 머릿속을 떠나지 않아 슬퍼하고 있다가 친구인 저의 단골 손님이 병문안을 하러 갔다가 그 이야기를 전해 듣고는 막무가내로 이끌고 제게 와서 사고로 생사의 갈림길에 있는 자손이 어찌 될지 점괘를 보았습니다.

	火澤暌 (화택규) 之 山雷頤 (산뢰이) 屬 艮 土	
青龍	父巳　Ⅰ	戊戌 年
玄武	兄未　Ⅱ　　(伏 財 子)	
白虎	兄戌　孫酉　〤　世	甲寅 月
螣蛇	兄丑　Ⅱ	丙戌 日
句陳	官寅　官卯　〤	
朱雀	父巳　Ⅰ　應	(午未 空亡)

解斷 해단

　자손의 생사를 물으니 孫爻가 용신이 됩니다.
　孫爻가 世爻에 임하였는데, 四爻 遊魂 유혼에 임하니 현재는 산송장이나 다름이 없습니다.
　二爻 官이 동하여 孫爻를 충하면 위험하겠으나 동한 官爻가 日에 合되니 孫爻를 충하지 못합니다.
　月에도 官이 임하여 동한 官爻가 퇴신 되었지만 不退입니다. 동한 孫爻가 日의 생조를 받고 회두생하니 좋지 않은 상태라 해도 자손은 자신의 의식 속에서 깨어나기 위해 무척 애를 쓰고 있습니다.
　의지가 매우 강한 자손이며, 양력 3월인 卯月에 깨어 4월 辰月에 서서히 회복될 것입니다. 굿이 되었든 기도가 되었든 전혀 하지 않아도 되니 걱정하지 말고, 의사 선생님만 믿고 잘 기다리면 되겠습니다.

　이와 같이 해단 하였습니다.

　손님은 제 이야기를 듣고는 한참 동안 울었습니다. 친구를 데리고 왔던 저의 단골 손님이 한술 더 떠서 앞선 점집에서 자꾸 굿을 종용하며 전화와 문자가 오고 그러는데, 진짜 굿을 안 해도 문제가 없겠는지 점괘를 봐달라고 하였습니다.
　이미 첫 번째 점괘에서 자손이 곧 깨어날 것이고, 또 곧 회복할 테니 걱정하지 말라는 점괘를 받았기에 굳이 그런 점괘를 볼 필요가 없다고 단호하게 이야기하였습니다.
　그러자 점을 본 손님이 하는 말이 동네 지인 소개로 갔던 점집인데 그 뒤로 자꾸 문자와 전화가 오는 것이 너무 찜찜하고 지인도 굿 이야기를 여러 번 해서 계속해서 신경이 쓰인다고 합니다. 그러니 진짜 마지막으로 굿을 안 해도 되는지를 딱 한 번만 점괘를 봐달라고 간곡히 말하여 다시 점괘를 보았습니다.

점괘는 다음과 같습니다.

天山遯 (천산돈) 之 水山蹇 (수산건) 屬 乾 金				
靑龍	孫子 父戌	⚊ ⚋		戊戌 年
玄武	兄申	⚊	應	
白虎	兄申 官午	⚊ ⚋		甲寅 月
螣蛇	兄申	⚊		丙戌 日
句陳	官午	⚋ ⚋	世 (伏財寅)	
朱雀	父辰	⚋ ⚋	(伏孫子)	(午未 空亡)

解斷 해단

외괘의 四爻와 上爻가 동하였습니다. 世爻에 官爻 午火가 임하니 얼마나 두렵고 걱정이 많을지 충분히 짐작이 됩니다.

공망의 世爻 官爻는 두렵지만 의심이 간다는 의미로 해석할 수 있습니다. 應爻인 점집의 상담가는 五爻에서 월파를 당하고 四爻 官이 동하여 應爻를 극합니다.

上爻 父爻는 四爻의 생조를 받아 五爻를 생조하는 듯 보이나, 月과 함께 寅午戌 火局을 만들어 五爻를 극하고 있습니다.

이 점괘를 보면 應爻인 점집의 상담가가 어떠한 상태인지 짐작이 갑니다. 應爻가 생조받는 것이 전혀 없고 매우 休囚 휴수하니 빈털터리의 모습입니다.

이와 같이 해단 하였습니다.

이 손님을 데리고 왔던 단골 손님이 2019년 운세를 보고자 얼마 전 이 손님과 함께 방문하였습니다. 작년 2월에 점단한대로 자손은 끝까지 잘 버텨내어 수술도 잘 끝났고 많이 회복되어 현재 재활 훈련을 잘 해내고 있다고 합니다.

뛰어다니지는 못하지만, 슬슬 걷는 것에는 문제없을 정도로 많이 회복되어 건강을 되찾고 있다고 합니다. 제게 점을 본 뒤에 무속인의 연락처를 차단하고서 굿은 하지 않았다고 합니다.

이 점괘를 되짚어 보자면 저 무속인이 손님에게 굿을 종용하면서 악담하여 오히려 자신에게 문제가 생기지 않을까 싶습니다.

한 치 앞, 자신의 운명을 미처 알지 못하면서 그저 돈에만 눈이 멀어 거짓을 말하는 꼴이 매우 한심할 뿐입니다.

손님에게 거짓으로 점괘를 말하게 되면 그 업보가 일반인이 거짓말한 것보다 더 큰 파장으로 되돌아옵니다. 자신에게 되돌아올 화살은 절대 피할 수가 없는 것입니다.

질병점 06

새벽 응급실에서

단골인데 자정이 넘은 시간에 전화하실 분이 아닌 것을 알기에 무슨 일이 크게 났구나 싶어 전화를 받았습니다. 칠순을 갓 넘기신 어머니가 갑자기 쓰러져 응급실에 왔다고 합니다. 의사는 마음의 준비를 하라고 하는데, 어머니께서 어찌 되시겠는지 문점 하였습니다.

山水蒙（산수몽）之 風水渙（풍수환）屬 離 火				
螣蛇	父寅	￨	丁酉 年
句陳	兄巳 官子	╳	
朱雀	孫戌 ￨￨ 世（伏財酉）		己酉 月
靑龍	兄午	￨￨	庚戌 日
玄武	孫辰	￨	
白虎	父寅 ￨￨ 應		（寅卯 空亡）

解斷 해단

父爻는 月파 일진의 생조를 받지 못하여 힘이 없는 상태이며 공망입니다. 설상가상 원신인 官이 동하였습니다.

다음 날인 21일 辛亥日 午時 (오전 11시 32분~오후 1시 32분) 사이에 돌아가시겠습니다.

당장 돌아가시지 않더라도 이러한 점괘는 8일 뒤인 9월 28일 戊午日을 넘기지 못합니다. 원신이 동하였기에 그것을 충하는 날이 戊午日 되기 때문입니다.

그러나 용신인 父가 몹시 힘이 없고 공망에 임하니 9월 28일 戊午日까지 가지 못합니다.

9월 20일 새벽에 문점을 하였으니 다음 날 9월 21일 午時 (오전 11시 32분~오후 1시 32분)에 돌아가시겠습니다.

이와 같이 해단 하였습니다.

어제 이 문점자가 연락이 왔습니다. 삼우제까지 모두 치른 뒤 연락을 하였습니다.

제가 점단한 대로 9월 21일 낮 12시 40분 午時 (오전 11시 32분~오후 1시 32분)에 돌아가셨다고 합니다.

午時 (오전 11시 32분~오후 1시 32분)를 말한 것은 父爻의 원신인 子水를 충하는 시간이기 때문입니다.

질병점 07

아버지의 응급실 행

밤 9시 이후로 전화를 잘 받지 않는데, 연속 3번 전화가 와서 큰일이겠구나 싶어서 전화를 받았습니다. 아버지가 갑자기 복통을 호소하며 쓰러져서 늦은 밤에 응급실에 왔는데 어찌 되시는지 문점 하였습니다.
아버지께서 평소 지병이 있었는지 물으니 혈압약 드시는 것 말고는 따로 없다고 하였습니다.

	天風姤 (천풍구) 之 重天乾 (중천건) 屬 乾 金	
白虎	父 戌　∣	丙申 年
螣蛇	兄 申　∣	
句陳	官 午　∣ 應	壬辰 月
朱雀	兄 酉　∣	癸亥 日
靑龍	孫 亥　∣　　（伏 財 寅）	
玄武	孫 子 父 丑　╫ 世	（子丑 空亡）

解斷 해단

世爻에 父가 임하여 공망이 되었고 동하여 다시 孫爻 공망을 化出 화출 하였습니다. 六沖으로 변하니 금방 나을 것입니다.

병원에서 검사를 해봐도 딱히 병명은 나오지 않을 것인데, 그래도 크게 걱정할 일이 아니니 겁먹을 필요는 없습니다.
 이와 같이 해단 하였습니다.

 다음 날 아침에 다시 전화가 왔습니다. 검사를 다 해봤는데 아무 병명이 없다고 합니다. 단순 급체라고 했습니다.
 늦은 저녁에 닭발에 소주를 야식으로 드셨다고 하였고 그것이 탈이 난 것 같다고 말했습니다.
 링거를 맞고 진통제를 함께 투여했더니 금방 가라앉았다고 합니다.

 이 점괘와 같이 힘이 있는 용신은 크게 걱정할 것이 아닙니다. 또한 四爻 官이 무동이며 힘이 전혀 없기에 크게 걱정할 병은 아닌 것입니다.

질병점 08

시어머니가 위독하신데

중풍에 치매를 오랫동안 앓아오신 시어머니의 건강이 갑자기 위독하신데 어떠시겠는지 아침 일찍 다급한 전화가 왔습니다. 병원 응급실에 계시다고 합니다. 시간을 보니 오전 7시 12분입니다.
제가 잠에서 덜 깬 상태라서 時間占 시간점으로 작괘하여 보았습니다. 사안이 위중할 때는 시간점으로 보아도 좋습니다.

	雷山小過 (뢰산소과) 之 雷火豊 (뢰화풍) 屬 兌 金	
玄武	父 戌 ‖	壬辰 年
白虎	兄 申 ‖	
螣蛇	官 午 ∣ 世 (伏 孫 亥)	壬寅 月
句陳	兄 申 ∣	乙卯 日
朱雀	官 午 ‖ (伏 財 卯)	(子丑 空亡)
靑龍	財卯 父辰 ⚋ 應	

解斷 해단

　　月과 日로 부터 전혀 생조를 받지 못하고 있는 힘없는 父爻가 동하여 회두극이 되었습니다.
　　연세도 오래되시었고 위중하다 하기에 문점 시간으로 작괘를 하였는데 좋지 않습니다.
　父爻가 동하니 合되는 酉時 (오후 5시 32분~7시 32분) 사이에 돌아가시겠다고 하였습니다.

　이 문점자가 어제 2월 26일 오후에 전화를 하였습니다.
　제가 점단하여 준대로 전화한 당일 오후 6시 28분 酉時 (오후 5시 32분~7시 32분)에 돌아가셨고, 3일장을 치르고 집으로 돌아왔다고 합니다.

　요즘 세상에 자기 친정 어머니도 아닌 시어머니가 오랫동안 병중에 계시다가 갑자기 위중하시다고 아침 일찍 전화해서 서럽게 우는 며느리를 본 적이 없었던 것 같습니다.

　시간점을 자주 보지는 않습니다. 점괘를 볼 수 있을 때는 筮竹 서죽이나 주사위 등을 통해 작괘를 하는 것이 좋습니다. 그러나 이 경우처럼 급박한 사안이 있을 때, 직접 점괘를 내어 볼 상황이 안 되는 경우에는 시간점을 보아도 괜찮습니다.
　다만, 시간점은 하루 한 번 이상 보는 것을 권하지는 않습니다. 시간점을 자주 보게 되면 잘 맞지 않게 됩니다. 작괘를 할 수 있을 때는 직접 점괘를 내어 보는 것이 더 좋습니다.

질병점 09

위암에 걸린 것인지?

설 연휴 때 과식을 한 탓인지 위가 계속 아파서 의원에 가서 진료를 받았는데, 의사가 큰 병원에 가서 진료를 받으라고 권하여 대학 병원에 예약했다고 합니다.
며칠 후에 위 내시경 검사 등을 받게 되었는데 의사 말이 위암 초기 증상 같다고 하여 걱정이 되어 문점을 하였습니다.

	澤雷隨 (택뢰수) 之 水雷屯 (수뢰둔) 屬 震 木	
玄武	財未 ‖ 應	辛卯 年
白虎	官酉 ∣	
螣蛇	官申 父亥 ⁄ (伏 孫午)	庚寅 月
句陳	財辰 ‖ 世	甲午 日
朱雀	兄寅 ‖	
靑龍	父子 ∣	(辰巳 空亡)

解斷 해단

점괘를 보니 단 한 글자로 답을 알 수 있는 것이 바로 世가 공망입니다. 近病 근병에 世의 공망은 卽癒 즉유입니다.

암이 아니고 일시적인 증상입니다. 의사가 위암 초기 증상이라 말 한 것은 오진이라기 보다는 조직 검사 결과가 나오지 않았기 때문에 그렇게 말 할 수도 있을 것이라고 하였습니다.

   그런데 문점자가 하는 말이 의사가 위암 초기 증상 같다는데, 또 나는 아파 죽겠는데 아무것도 아니니 걱정 말라고 하시니 더 신경 쓰이고 걱정이 된다고 하였습니다.

   대부분의 손님은 질병점을 볼 때 제가 아무리 좋은 점괘가 나와서 괜찮다고 말해 주어도 의사의 말을 더 믿기 때문에 이런 반응을 보이는 것이 당연한 것입니다. 결국은 제가 할 말을 잃어 상담료도 받지 아니하고 돌려 보냈습니다.

   이 문점자가 금일 오후에 다시 찾아왔습니다. 제게 고개를 숙이고 사과를 하며 검사 결과가 좋게 나왔다고 하였습니다.

   대학 병원에 가서 검진을 받으니 과식으로 인해 위가 놀래서 부어 올라 아팠던 것이라고 합니다.

   문점자는 제게 매우 공손하게 죄송하다는 말과 함께 고맙다는 말 또한 남기고 돌아갔습니다.

| 질병점 | **10**

코로나로 인해 자가격리가 될는지?

　약국 운영하시는 10년 단골, 약사 손님입니다.
　2021년 1월 00일에 보건소에서 연락이 와서 1월 00일에 환자분이 병원에서 처방받은 약을 약사님의 약국에서 받아 갔다고 합니다.
　그 환자분이 코로나 확진자로 판명이 나서 보건소에서 해당 약국으로 연락을 하여 CCTV 등의 자료 요청을 했다고 합니다.
　약국 내 CCTV 화면 등을 캡처해서 보내라고 했다는데, 환자분께 약 값을 주고 받은 상황부터 약을 내어 주고, 환자분이 다녀간 이후에 곧바로 손 소독제를 하지 않았는데, 이 부분이 가장 마음에 걸린다고 합니다.
　같은 시각에 약국에서 다른 몇 명의 환자분과도 동선이 겹치는 등 마음에 걸리는 부분이 여러 가지 있는데, 점단 요청하신 약사분이 자가격리 조치되는 일이 발생하지는 않을지 걱정되어 문점 하였습니다.
　그 외에 코로나로 인한 약국 폐쇄 조치 등 여러 가지 문제가 생기지 않을지 문점 하였습니다.
　질문 내용이 복잡해 보이지만, 결론적으로 점단을 요청하는 질문의 요지는 아래와 같습니다.

(1) 자신이 코로나로 인해 자가격리가 되지는 않을지?
(2) 코로나 확진된 환자분으로 인하여 약국이 폐쇄가 되지는 않을지?

　두 개의 점괘를 보았습니다.
　점괘는 다음과 같습니다.

(1) 자신이 코로나로 인해 자가격리가 되지는 않을지?

水雷屯（수뢰둔）之 地雷復（지뢰복）屬 坎 水				
靑龍		兄 子	‖	庚子 年
玄武	兄 亥	官 戌	Ⅹ 應	
白虎		父 申	‖	己丑 月
螣蛇		官 辰	‖ （伏 財 午）	丙寅 日
句陳		孫 寅	‖ 世	
朱雀		兄 子	Ⅰ	（戌亥 空亡）

解斷 해단

世爻에 孫爻가 임하고 日과 騈 병되어 힘이 있으니 걱정하지 않아도 됩니다.
　五爻 官爻가 동하기는 하지만 世爻에게 영향을 주지 않으며, 공망이고 亥水 兄爻로 변하니 전혀 문제가 없으니 걱정하지 않아도 됩니다.
　자가격리는 되지 않습니다.

(2) 코로나 확진자 환자분으로 인하여 약국이 폐쇄가 되지는 않을지?

雷地豫 (뢰지예) 之 雷水解 (뢰수해) 屬 震 木			
靑龍	財 戌	‖	庚子 年
玄武	官 申	‖	
白虎	孫 午	∣ 應	己丑 月
螣蛇	兄 卯	‖	丙寅 日
句陳	財 辰 孫 巳	⫽	(戌亥 空亡)
朱雀	財 未	‖ 世 (伏 父 子)	

解斷 해단

五爻의 官爻가 암동하니 불안한 것은 사실이지만, 천만다행으로 二爻 孫爻가 동하여 官爻를 剋合 극합합니다.

世爻는 힘이 없지만 孫爻가 동하여 世爻를 생조하니 이 또한 전혀 문제가 될 사안이 아닙니다.

두 개의 점괘 모두 불안한 요소는 전혀 없습니다.

그러나 걱정하시는 손님을 위해 암동하는 官爻를 더 억제하기 위한 부적을 써 드렸습니다.

어제 이 약사님께 연락이 와서 결과를 들었습니다.

보건소에서 연락이 왔고, 약국에는 전혀 문제가 없는 것으로 마무리되었다고 합니다.

매봉역학 아카이브 #01 육효해단
ARCHIVE SERIES

대인점 待人占

대인점은 상대방과 나의 관계가 어떻게 될지 연락이 언제 올지 등의 여부에 관해 알아보는 것입니다.

오기로 한 상대가 언제 오겠는지? 저 사람은 나를 어떻게 생각하는지? 등 상대방의 마음이나 내가 모르고 있는 상대방에 대해 알아보는 것이 대인점입니다.

단 한 번을 만나지 않았더라도 상대의 이름만 알고 있어도 대인점을 볼 수 있습니다.

상대방의 생년월일시를 알지 못하는 경우에도 世爻와 應爻를 통해 상대방과 나의 관계에 대해 알아 볼 수가 있습니다.

대인점 01

공동 사업자의 퇴사

친구 분의 소개로 저를 알게 되어 상담하게 된 손님입니다. 부부가 함께 매우 좋은 직업을 가지신 분입니다. 문점 사항이 특수하기에 자세한 내용은 담지 못하는 것을 양해 바랍니다.

문점자의 남편께서는 다른 분과 함께 공동 사업을 하고 계시는데, 공동 사업자 중 한 명이 다른 곳으로 이직하기 위해 사업에서 빠지려 한다고 합니다.

그분이 회사를 나가게 되면 여러 가지 곤란한 상황이 생기기에 안 나갔으면 하는 바람이 있다고 합니다. 그 공동 사업자가 정말 사업에서 빠져나갈지 문점 하였습니다.

	山風蠱 (산풍고) 之 山天大畜 (산천대축) 屬 巽 木	
玄武	兄 寅　ㅣ　　應	戊戌 年
白虎	父 子　ㅒ　　(伏 孫 巳)	
螣蛇	財 戌　ㅒ	壬戌 月
句陳	官 酉　ㅣ　　世	甲午 日
朱雀	父 亥　ㅣ	
靑龍	父 子 財 丑　ㅒ	(辰巳 空亡)

解斷 해단

상대방인 應爻가 꿈쩍을 하지 않으니 그 사람은 회사를 절대 나가지 않습니다.

 合處逢沖 합처봉충의 괘가 되니 나가려고 했던 마음을 돌리고 나가지 않게 되는 것입니다.

 이와 같이 해단 하였습니다.

 손님이 말하기를 공동 사업자분은 이미 퇴사 결정을 한 상태라 하고, 또 회사 측에서도 이미 승인 결정을 한 상태라 서류상으로 마무리가 되면 곧 나가게 될 것 같다고 합니다.

 그러나 점괘는 변동이 없으며 회사를 나가지 않는다는 것을 보여주고 있기에 현재 상황이 그렇더라도 결과적으로는 회사를 나가지 않으니 전혀 걱정하지 말라 하고 상담을 간단히 마쳤습니다.

 이틀 뒤인 10월 31일, 손님이 다른 사항을 문점하기 위해 다시 상담하였는데, 위에 물었던 사항에 관하여 정말 걱정이 많으니 다시 한번 점괘를 봐주십사 요청하였습니다.
 본래는 같은 사안에 대해서 일정 기간이 지나기 전에는 再占 재점하지 않는 법인데, 문점자 입장에서는 그 공동 사업자가 이탈하는 것이 매우 중요한 사항이고, 남편분께도 손해가 많이 나는 일이라 그 사안이 심각하니 저는 다시 재점하였습니다.

澤雷隨 (택뢰수) 之 重雷震 (중뢰진) 屬 震 木		
靑龍	財 未 ‖ 應	戊戌 年
玄武	官申 官酉 ⁄	
白虎	父 亥 ∣　　(伏 孫 午)	壬戌 月
螣蛇	財 辰 ‖ 世	丙申 日
句陳	兄 寅 ‖	
朱雀	父 子 ∣	(辰巳 空亡)

解斷 해단

두 번째 점괘에서도 合處逢冲 합처봉충의 괘가 나왔습니다.
官爻가 동하여 퇴신하게 되니 이건 필시 직장 관련하여 마음을 고쳐먹는 것입니다.

즉, 공동 사업에서 빠지려고 했던 공동 사업자분께서 뭔가 일이 틀어졌거나 본인의 마음을 돌려먹었기에 회사를 그만두지 않는다는 것입니다.
두 번째 점괘에서도 회사를 나가지 않는다는 것을 보여주고 있는 것입니다.

이와 같이 해단 하였습니다.

이 문점자께서도 점괘처럼 꼭 그리되었으면 좋겠다는 말을 하고 상담을 마쳤습니다.

손님께서 오늘 오후에 감사 인사의 문자를 주셨습니다. 결과는 공동 사업자분이 나가지 않는 것으로 결정을 했다고 합니다. 점괘를 통해 도움을 많이 받았다고 감사 인사를 해주셨습니다.

결과를 알려 주시니 저 또한 감사한 일입니다.

또 공동 사업자분이 퇴사하지 않게 되었으니 앞으로 공동 사업 일이 문제없이 승승장구 잘 되시길 바라봅니다.

대인점 02

식당의 매니저 채용

남편과 아내가 함께 사업하시는 분인데, 사업장 주변에 공실난 곳에 식당을 하기 좋은 자리가 있어서 현재 하는 사업 분야와는 다르지만, 식당을 개업하였습니다.
부부가 직접 운영할 것은 아니고, 식당 운영 경험이 있는 지인을 통해 매니저 할 사람을 소개받아 그 매니저에게 식당을 맡겨 운영하도록 하였다고 합니다.
식당을 오픈한 지 얼마 되지 않았는데, 매니저가 지속해서 직원분과 많은 갈등이 있다고 합니다. 주방에서 일하시는 아주머니들과도 마찰이 심해서 화해를 시켜야 하는지 도대체 어찌해야 할지 몰라 문점 하였습니다.

天火同人(천화동인)之 澤火革(택화혁) 屬 離 火				
螣蛇	孫未	孫戌 丿	應	庚子 年
句陳		財申 丨		
朱雀		兄午 丨		癸未 月
靑龍		官亥 丨	世	辛酉 日
玄武		孫丑 丨丨		
白虎		父卯 丨		(子丑 空亡)

解斷 해단

매니저를 나타내는 자리인 應爻가 동하여 世爻를 眞剋 진극하고 있습니다. 즉

대인점 待人占   199

매니저가 부부를 우습게 알고 있다는 뜻이 됩니다.
　初爻 父爻가 암동하여 上爻 戌土를 슴하기에 우리측에게 큰 피해는 없겠습니다. 그러나 初爻 父爻의 상태가 생조받는 것이 없으니 상태가 좋지 않아서 상대를 막아주기만 할 뿐 우리측에게 도움이 되지 못합니다.
　분명한 것은 힘이 있는 應爻가 동했기 때문에 우리에게 피해를 주는 것은 분명한 것입니다. 천만다행인 것은 上爻가 동하여 퇴신하니 그만두기를 권하면 나가긴 하겠습니다.

　이러한 점괘는 가게에 주인이 없다고 매니저가 주인 행세를 하는 꼴인 것입니다. 게다가 螣蛇 등사까지 임하였으니 하루 속히 내보내는 것이 좋겠습니다. 계속 두었다가는 진짜 주인 행세를 하게 되어 지금보다 더 큰 문제가 생기게 됩니다.

　어느 직장이든 주인 의식을 가지고 열심히 하는 것은 좋지만, 이처럼 주인이 가게에 나오지 않는다고 해서 자신을 진짜 주인으로 착각하고, 직원들에게 함부로 말하고 대하는 행동을 한다면 그것은 선을 크게 넘은 것입니다. 하루 빨리 내보내고 다른 사람을 채용해야 합니다.

　이와 같이 해단 하였습니다.

　이 손님이 어제 다른 상담 건으로 문의를 하였는데, 지난번 상담했던 대로 매니저를 바로 퇴사시켰다고 합니다. 그런데 그 후, 천지 사방 모든 거래처에 문점한 식당 주인의 험담부터 직원들 험담을 온갖 곳에 다 늘어놓고 이간질 시켰다고 합니다.
　그렇다 해도 문점한 손님 입장에서 큰 타격을 입지는 않았지만, 사람을 채용하는 것에 트라우마가 생길까 봐 걱정하고 있습니다.
　아무리 믿는 지인의 소개로 직원을 채용했다고 하더라도 미리 宮合 궁합을 보는 것이 좋습니다. 모든 인간관계는 상호 간에 이득이 있는지 여부는 모른다 쳐도 해가 되는 사람인지 아닌지 정도는 궁합을 봐야 하는 것입니다.

  좋은 사람이라고 믿었던 지인의 소개라 할지라도 그 지인의 소개로 채용한 사람은 나보다 그 지인이 더 친할 수 있는 것이기에 사람과의 관계는 쉽게 믿고 넘어갈 일이 아닌 것입니다.

  사람이 사람을 믿지 못하는 세상이 안타깝지만, 내 것을 지키기 위해서는 함부로 사람을 믿으면 안 되는 것입니다. 그것은 결국 내가 손해 볼 수도 있는 일인 것입니다.

    그 사람과 내가 잘 맞겠는지?
    그 사람이 열심히 일하겠는지?
    그 사람이 내게 해를 끼치지는 않겠는지?
    그 사람은 성실한 사람인지?
    여부를 채용 전에 반드시 미리 점단할 필요가 있습니다.

대인점 03
공동 사업 성공 여부

오랜 단골입니다. 수 개월 전 부터 오랜 지인과 함께 추진하고 있는 사업이 있는데, 사업이 문제없이 잘 진행 되겠는지 문점 하였습니다.

점괘는 아래와 같습니다.

火天大有 (화천대유) 之 雷天大壯 (뢰천대장) 屬 乾 金			
螣蛇	父 戌 官 巳 ノ 應		癸巳 年
句陳	父 未 ‖		己未 月
朱雀	兄 酉 ∣		庚子 日
靑龍	父 辰 ∣ 世		
玄武	財 寅 ∣		(辰巳 空亡)
白虎	孫 子 ∣		

解斷 해단

世爻와 應爻 모두 공망에 임하니 서로가 공동 사업을 하자고 하였지만, 서로 믿지 못하는 부분이 있으며 경계하고 있습니다.
　우리 측은 月의 생조를 받고 있어 괜찮지만, 應爻인 상대는 생조해 주는 것이 없으니 전혀 준비가 되어 있지 않습니다.

그리고 應爻가 동하여 六沖 괘가 되니 필시 상대측에서 일을 틀어 버려 공동 사업은 불발될 것입니다.

이와 같이 해단 하였습니다.

그랬더니 이 문점자가 말하기를 공동 사업을 하기로 한 사람이 어릴적부터 친구라고 합니다. 어쨌든 그냥 친구를 믿고 간다고 합니다.

저는 이미 점괘에 대해서 말을 해 주었고, 선택은 본인의 몫이니 저는 더 이상 관여할 수 없는 것입니다. 조금 더 고민하고 생각하여 잘 판단하라고 일러 주었습니다.

이 문점자가 어제 방문하였습니다.
역시나 점괘대로 공동 사업을 하기로 한 친구가 일을 틀어 버려 사업이 무산되었다고 합니다. 더 큰 문제는 공동 사업 상대인 친구가 문점한 손님이 투자한 돈을 모두 가지고 잠적하였다고 합니다.
應爻가 동하여 六沖되기에 상대에게 문제가 생겨 사업이 무산될 것은 알고 있었지만, 돈을 가지고 잠적할 것은 예측하지 못하였는데, 다시 점괘를 보니 騰蛇 등사 작용인 것으로 보입니다.
또한 應爻에 財를 洩氣 설기하는 官이 임하니 돈을 갖고 간 것입니다.

| 대인점 | 04

상사를 믿고 이직해도 좋은가?

누나의 소개로 방문하신 손님입니다. 같은 회사에 근무하던 전 직장 상사가 작년에 다른 회사에 스카웃되어 옮겼는데, 이 손님에게도 자신의 회사로 옮겨 오라며 세 번이나 제안을 했다고 합니다.
이직 조건도 매우 좋고 현재 회사보다 대우도 굉장히 좋다고 하는데, 그 상사를 믿고 회사를 이직하는 것이 좋은지 문점 하였습니다.

	天山遯（천산돈）之 雷山小過（뢰산소과）屬 乾 金			
句陳	父 戌	父 戌	⸝	乙未 年
朱雀	兄 申	兄 申	⸝ 應	
靑龍		官 午	⎮	己丑 月
玄武		兄 申	⎮	己丑 日
白虎		官 午	⎮⎮ 世 （伏 財 寅）	（午未 空亡）
螣蛇		父 辰	⎮⎮ （伏 孫 子）	

解斷 해단

외괘 五爻와 上爻가 동하여 복음이 되었습니다.
　世爻는 공망이 되어 이직을 할까 말까 매우 망설이고 있으며, 이직을 권한 상사 측은 복음을 이루고 있으니 필시 그 회사에 문제가 있습니다. 이직하는 것을 권하지 않습니다.

財爻는 二爻 아래에 힘도 없이 복신되었고, 兄爻가 동하여 복음 괘를 이루니 그 회사의 재정 상태도 썩 좋아 보이지 않습니다.

應爻인 전 직장 상사는 동하여 복음을 이루고 있으니 그 상사도 다른 곳으로 움직이려고 하는 것으로 보입니다. 어떤 연유로 이직해 오라고 하는지 모르겠으나 이직을 하지 않는 것이 좋겠습니다.

이와 같이 해단 하였습니다.

며칠 전 이 문점자의 누나가 방문하여 함께 식사를 하였는데, 동생에게 이직을 권한 직장 상사는 역시나 제가 점단하여 준대로 다른 곳으로 이직을 했다고 합니다.

그 회사의 재정 상태가 좋지 않아 자신이 이직하려고 마음을 먹고는 동생을 그 자리에 메꿀 심산으로 이직을 하라고 권유한 것 같다고 합니다.

참으로 어이가 없는 상황인데, 점괘를 보고 이직을 하지 않아 다행이라고 하였으며 고맙다는 인사를 누나에게 대신 전해주었습니다.

이 점괘를 보면서 인간 관계는 참으로 알 수가 없다는 것을 다시 깨닫습니다.

대인점 05
직장 상사의 괴롭힘

여자 손님입니다. 직장에서 자신을 은근히 괴롭히는 남자 상사가 있는데, 괴롭히는 포인트가 감사부에 고발하기도 애매하고, 성추행이나 성적 농담을 하는 것도 아니라서 본인의 정신적인 스트레스가 매우 심한데, 회사를 그만두어야 할지 고민하여 問占 문점 하였습니다.
그냥 참고 지내야 하는지 질문이 여러 개로 중구난방이라 무얼 질문하여야 할지도 혼란스러워하며 잘 모르고 어려워해서 질문을 하나로 정리해 주었는데, 그냥 이대로 회사를 다니면 어떻겠는지를 보았습니다.

	風雷益 (풍뢰익) 之 水雷屯 (수뢰둔) 屬 巽 木	
靑龍	父 子 兄 卯 㐅 應	辛丑 年
玄武	孫 巳 ㅣ	
白虎	財 未 ㅣㅣ	辛卯 月
螣蛇	財 辰 ㅣㅣ 世 (伏 官 酉)	丙辰 日
句陳	兄 寅 ㅣㅣ	
朱雀	父 子 ㅣ	(子丑 空亡)

解斷 해단

應爻인 상대가 먼저 움직이는 것으로 나옵니다. 언뜻 보면 應爻가 동하여 世

炙인 나를 극세하는 것으로 보이지만, 그것은 스트레스를 받고 있는 현재 상태를 의미하는 것입니다.

결과적으로는 상대가 동하여 움직이는 것이니 동한 應炙가 合되는 戌月 (양력 10월 7일~11월 7일) 사이에 움직이게 됩니다. 앞으로 7~8개월 정도 잘 참고 지내면 그 직장 상사가 이동하니 걱정하지 않아도 됩니다.

이와 같이 해단 하였습니다.

이 손님이 오늘 해당 점단의 결과를 알려 주었습니다.
그 직장 상사가 지난 11월 4일인 戌月 (양력 10월 7일~11월 7일)에 불미스러운 일로 회사를 그만두었다고 합니다. 해고는 아니고 좌천이되었는데, 좌천을 못참고 본인이 사직서를 내고 퇴사하였다고 합니다.
구체적인 사건의 내용은 특징점이 있는 관계로 기록하지 못하는 것을 양해 바랍니다.

應炙인 직장 상사의 사건 문제는 應炙가 동하여 변효와 함께 子卯 刑殺 형살을 이루기에 험한 꼴을 스스로 일으키고 그만두는 것으로 결정이 난 것입니다.

대인점 06

가출한 아들

아침 일찍 전화가 왔습니다. 강의가 있는 날이라 상담을 하지 않는다고 하였는데, 밤늦게라도 좋으니 꼭 상담하고 싶다고 하여 밤 10시가 되어 상담하였습니다.
고등학생인 아들이 가출하였는데 종종 가출한다고 합니다. 현재 별 탈은 없는지, 언제 돌아오겠는지 문점 하였습니다.

	火風鼎 (화풍정) 之 火天大有 (화천대유) 屬 離 火	
螣蛇	兄 巳　　Ⅰ	壬辰 年
句陳	孫 未　　Ⅱ 應	
朱雀	財 酉　　Ⅰ	癸丑 月
靑龍	財 酉　　Ⅰ	庚辰 日
玄武	官 亥　　Ⅰ 世	
白虎	官 子 孫 丑　Ⅱ　(伏 父 卯)	(申酉 空亡)

解斷 해단

용신이 여러개가 나타났습니다. 용신인 孫爻가 많아서 어떤 것을 용신으로 봐야할지 모르는 분이 많습니다. 孫爻가 月, 日, 初爻, 應爻에 임하였는데, 初爻의 孫爻가 동하였으니 이를 용신으로 삼습니다. 만일 孫爻가 동하지 않았다면, 應爻의 孫爻가 용신이 되는데, 월파를 맞아 상했기 때문에 이것을 용신으로 삼습니다.

　　用神多現 용신다현인 경우에 용신을 어렵게 생각하지 마시고, 가장 흠이 있는 것을 골라 그것을 용신으로 보면 되는 것입니다.

　　용신인 初爻 丑土가 동하여 世爻인 문점자를 극하니 곧 돌아올 것입니다.
　　동한 용신은 흠결이 없으니 현재 별 탈이 없습니다. 그러나 丑土 孫爻가 동하여 변효 子水와 합이 되었습니다. 그래서 당장 들어오지는 않으며, 합 된 것을 충하는 3일 뒤인 1월 17일 癸未日에 돌아올 것입니다. 많이 염려가 되시겠지만, 걱정하지 말고 차분하게 기다리라고 일렀습니다.

　　이와 같이 해단 하였습니다.

　　이 문점자가 오늘 아침 일찍 전화를 주었습니다. 아들이 오늘 새벽에 집으로 돌아왔다고 합니다. 들어와서 무릎을 꿇고 싹싹 빌었다고 합니다. 딱히 몸 상한 곳도 없고 해서 조용히 넘어갔다고 합니다.

　　이 점괘에서 오늘 癸未日에 돌아올 것으로 본 이유는 왕성한 용신인 孫爻가 동하여 합이 되었으니 이를 沖하는 癸未日이라고 본 것입니다.

대인점 07

그 사람이 오겠는가?

가게를 운영 하는 여자 사장님입니다. 요즘 직원 구하는 일이 쉽지 않다고 합니다. 마음에 드는 사람을 면접 보았는데, 그 사람이 출근하기로 한 약속 날짜에 오겠는지 문점 하였습니다.

	山水蒙(산수몽)之 山地剝(산지박) 屬 離 火		
靑龍	父 寅	ㅣ	甲午 年
玄武	官 子	‖	
白虎	孫 戌	‖ 世 (伏 財 酉)	乙亥 月
螣蛇	兄 午	‖	丙午 日
句陳	兄 巳 孫 辰	✕	
朱雀	父 寅	‖ 應	(寅卯 空亡)

解斷 해단

대인점에서는 상대방인 應爻가 世爻를 극세하면 반드시 오게 되어 있습니다. 應爻가 동하지 않아도 世爻를 극하면 應이 沖하는 날 반드시 오게 되어 있는데, 이 점괘는 應爻가 공망을 맞았습니다. 공망은 오지 않는다는 뜻입니다. 그런데 應爻와 같은 寅木이 맨위 上爻에 임했습니다. 이러한 경우 沖하는 날 應爻는 오지 않고, 世爻와 가까이 있는 上爻가 오게 되어 있습니다.
　면접을 보고 간 그 사람은 오지 않고 다른 사람이 면접을 보러 올 것이며, 12월 9일 甲寅日에 올 것입니다.

　이와 같이 해단 하였습니다.

　이 문점자가 오늘 연락이 왔습니다. 제가 점단 한대로 면접을 보았던 맘에 드는 사람은 오지 않았고, 전화도 받지 않는다고 합니다.
　그 사이에 다른 사람이 면접을 왔는데 12월 8일 월요일부터 출근하기로 했는데, 해당일인 월요일에는 아침 일찍 전화가 와서 몸이 아프다고 내일 12월 9일 甲寅日부터 출근하기로 했다고 합니다.
　결국 어제 12월 9일 甲寅일에 출근을 했다고 합니다.

　이와 같이 해단을 하였고, 그런 결과가 일어난 이유는 공망인 上爻 寅木이 해공이 되는 날이 12월 9일 甲寅일이기 때문에 그리 된 것입니다.

　같은 공망인데 應爻는 오지 않고 다른 사람이 오게 된 것은 애초에 다른 사람에 관해 본 것은 應爻이기 때문에 그가 오지 않는다는 것을 보여주는 것이고, 그와 같은 오행이 世爻와 가깝게 자리 잡고 있기에 집이 가까운 사람이 오게 된 것임을 보여 주는 것입니다.

대인점 08

아내와의 화해가 가능한가?

신혼부부의 남편입니다. 자초지종을 자세히 쓰기엔 남편의 잘못이 너무 큰 것이고 법적인 요소까지 있어 기재하지 아니합니다. 아내에게 엄청난 큰 잘못을 저질렀는데 반성하고 있으며, 진심으로 용서를 구하면 아내가 자신을 용서해 줄지에 대하여 문점 하였습니다.

	山風蠱 (산풍고) 之 山水蒙 (산수몽) 屬 巽 木		
玄武	兄 寅 ㅣ 應		戊子 年
白虎	父 子 ㅣㅣ (伏 孫 巳)		
螣蛇	財 戌 ㅣㅣ		甲子 月
句陳	孫午 官 酉 ㄨ 世		甲午 日
朱雀	父 亥 ㅣ		
靑龍	財 丑 ㅣㅣ		(辰巳 空亡)

解斷 해단

자신의 잘못과 용서해 줄 아내를 물으니 世爻와 財爻가 용신이 됩니다. 世爻인 남편은 月과 日의 생을 받지 못하고, 아내인 초효 財爻는 日의 생을 받으니 이것은 남편인 당신이 무조건 잘못했다는 것을 보여줍니다.

초효 財가 月과 五爻의 父와 合을 이루고 있는데, 아내가 집을 나가 다른 사람과 함께 있는가 물었더니 현재 친정에 가서 부모님과 함께 있다고 합니다. 三爻의 世가 동하여 午火 孫爻에 회두극이라고는 하나 이는 문점자가 근심하여 官이 임한 것이기에 관변손은 근심하지 말라는 것을 보여주는 것입니다. 즉 걱정이 해소된다는 것입니다.

진심으로 용서를 구한다면 아내는 合이 풀려 財爻를 沖하는 내일 12월 21일 乙未日에 집으로 돌아 올 것입니다.

이와 같이 해단 하였습니다.

이 손님이 乙未日인 오늘 午時 (오전 11시 32분~오후 1시 32분)에 전화가 와서 하는 말이, 어젯밤 장모님이 전화가 와서 하시는 말씀이 지금 밥을 한끼도 먹지 않고 이혼을 하네 어쩌네 하고 있으니 어서 와서 용서를 빌라고 했습니다. 그리하여 용기를 내어 찾아가 아내가 보는 앞에서 무릎을 꿇고 눈물의 호소를 하였으며, 장모님이 보는 앞에서 아내에게 각서를 써서 잘못을 빌고 함께 집으로 돌아가자 했더니 아내는 고민을 하다가 결국 함께 집으로 돌아왔다고 합니다.

그동안에는 아내가 자신에게 모든 걸 순종하는 분위기였는데 각서에는 무수히 많은 내용들이 있어서 앞으로는 자신이 꽉 잡혀서 살게 되었다고 말하는 것을 보니 저는 손님이 진짜 반성하고 있는지 의문이 들었습니다.

남편의 반성 여부와는 별개로 점괘대로 아내가 乙未日에 돌아 온 것이 다행이라 하겠습니다.

대인점 09

동업이 잘 되겠는가?

절친한 친구와 함께 레스토랑 사업을 시작하기로 하였는데, 사업이 문제없이 잘 되겠는지 문점 하였습니다.

	雷火豊 (뢰화풍) 之 雷天大壯 (뢰천대장) 屬 坎 水	
靑龍	官 戌 ‖	壬辰 年
玄武	父 申 ‖ 世	
白虎	財 午 ∣	甲辰 月
螣蛇	兄 亥 ∣	丙辰 日
句陳	孫寅 官 丑 ⫽ 應	
朱雀	孫 卯 ∣	(子丑 空亡)

解斷 해단

이 점괘는 동변효, 단 하나만 보고 답이 딱 나와 버렸습니다. 두 친구는 절대 동업을 할 수가 없는 것입니다.

동업을 하기로 한 상대인 應爻 친구가 공망이니 친구는 사실 동업을 할 마음도 없거니와 동하여 변괘가 六沖이 되니 둘의 관계가 친구로 인해 깨어지는 것입니다.

즉, 문점자와 함께 동업을 하기로 한 친구가 심경의 변화가 있기 때문에 동업을 하지 못하게 될 것입니다.

이와 같이 해단 하였습니다.

이 문점자가 오늘 오전에 연락이 왔습니다. 사업을 하지 않기로 했다고 합니다. 동업을 하기로 했던 친구가 금전적인 문제가 풀리지 않아서 동업을 하지 못하겠다고 문자로 통보를 해 왔으며, 전화도 안 받고 현재 연락두절 상태라고 합니다.

육효점에서 공망과 六沖 괘는 명쾌하고 가장 쉽게 풀어낼 수 있는 답입니다.

또한 상대인 應爻가 동하여 六沖 괘가 되기 때문에 내가 아닌 상대로 인해 성사되지 못하는 것을 보여 주는 것입니다.

또한 世爻는 月과 日의 생조를 받아 힘이 넘치기 때문에 사업 의지가 있는 것이지만, 동업을 하기로 한 친구인 應爻는 회두극을 당하고 공망이기 때문에 애초부터 준비도 안 되어 있고, 의지가 없는 것입니다.

대인점 10

구설수 방지 부적

여자 손님입니다. 현재 다니고 있는 직장에서 함께 근무하고 있는 여직원들 사이에서 자신의 구설수가 매우 심하여 몹시 당황하고 있습니다.
자신에게는 잘못이 전혀 없는데, 건너 들은 구설이 너무 심하여 몹시 스트레스를 받고 있다고 합니다. 그래서 직장을 그만두려고 하는데, 직장을 그만두기 전까지 앞으로도 구설수가 심할지 문점 하였습니다.

	風天小畜 (풍천소축) 之 風澤中孚 (풍택중부) 屬 巽 木	
白虎	兄 卯　　｜	己亥 年
螣蛇	孫 巳　　｜	
句陳	財 未　　‖　應	己巳 月
朱雀	財 丑　財 辰　 ✗　　(伏 官 酉)	癸酉 日
靑龍	兄 寅　　｜	(戌亥 空亡)
玄武	父 子　　｜　世	

解斷 해단

世爻 子水는 일진의 생조를 받으니 잘못한 것이 없습니다.
　삼효 財爻가 동하여 世爻를 극세하니 앞으로도 구설이 계속 있겠습니다. 그러나 동한 財爻가 일진 酉金에 합하고 上爻 卯木이 암동하여 동한 三爻를 극하니 회사를 그만두게 되는 최악의 상황까지 가지는 않겠습니다.

전화로 상담하였고, 멀리 지방에 살고 계신 손님이라 스스로 쓸 수 있는 구설수 방지 부적을 하나 알려 주었습니다.

二爻 兄爻를 움직여 구설을 일으키는 상대방인 四爻의 應爻 未土를 극하는 방법으로 알려주었습니다.

지난 9월 25일 수요일 오후에 자녀의 진로 관련하여 상담하였는데, 6월 5일 저와 상담 후 아이들을 재워놓고 제가 알려준 대로 부적을 썼다고 합니다. 효과는 바로 다음 날 아침에 출근하자마자 나타났다고 합니다.

평소 자신의 구설을 만들고 다니던 후배 여직원들이 먼저 다가와 친한 척하고 인사도 하며, 언제 그랬냐는 듯 그 이후로 문제없이 잘 지내고 있다고 합니다.

저는 부적이나 기도에 관해 잘 알지 못하거나 믿음이 없는 분께는 기도나 부적을 권하지 않습니다. 손님과의 사이에 상호 간 신뢰나 믿음이 없다면 아무리 백발백중 효과를 자랑하는 부적이나 기도라고 할지라도 그 힘을 전혀 쓰지 못합니다. 또한 믿음을 갖고 손님이 스스로 정성껏 부적을 쓰면 그 효과는 반드시 나타나게 되어 있습니다.

펜과 종이만 있으면 가능한 것입니다.

매봉역학 아카이브 #01 육효해단
ARCHIVE SERIES

혼인점 婚姻占

婚姻占 혼인점은 남녀의 결혼, 즉 남녀의 宮合 궁합에 대해 알아보는 것입니다.

오랜 시간 만나온 연인일지라도 결혼 궁합은 좋지 않을 수 있습니다. 혹은 짧은 시간 만났더라도 좋을 수 있습니다.

요즘은 사람을 만나는 것이 두렵고 어려운 세상입니다. 평소에 잘 해주던 연인이 한순간에 돌변하여 나쁜 사람이 되는 경우도 최근 뉴스를 통해 많이 보았습니다.

결혼은 人倫之大事 인륜지대사입니다. 상대방을 믿지 못해 혼인 점괘를 본다는 생각하지 마시고, 상대방과 결혼 후의 삶이 어떨지 궁합을 통해 길흉을 미리 보아서 取吉避凶 취길피흉하는 것이 똑똑한 선택이라 생각합니다.

혼인점 01

파혼의 점괘

단골 손님의 친언니가 딸의 혼인에 대해 문점 하였습니다. 올해 7월 결혼을 앞두고 상견례도 다 마쳤으며, 신혼집도 마련하고 예식장도 다 잡아 놓았다고 합니다. 상견례 당시 보여줬던 상대 남자 측 부모의 태도가 자꾸 마음에 걸린다고 하는데 혼수, 예단 등 금전적으로 우리측에 자꾸 압박을 하고 있다고 합니다. 딸이 저 집안으로 시집가서 잘 살겠는지 문점 하였습니다.

	地雷復 (지뢰복) 之 重雷震 (중뢰진) 屬 坤 土		
白虎	孫 酉 ∥		乙未 年
螣蛇	財 亥 ∥		
句陳	父午 兄 丑 ✕ 應		庚辰 月
朱雀	兄 辰 ∥		壬子 日
靑龍	官 寅 ∥ (伏 父 巳)		
玄武	財 子 ∣ 世		(寅卯 空亡)

解斷 해단

상대인 應爻가 동하여 육충 괘를 만듭니다. 상대측의 일방적인 통보로 곧 破婚 파혼 할 것입니다.

문점을 온 엄마도 그 집안이 마음에 들지 않지만, 상대측 남자의 엄마도 우리

측을 상당히 마음에 들어하지 않고 있는 것입니다.

또한 應爻에 兄爻가 임하니 상대측은 돈을 밝히고 있습니다. 그래서 돈 문제 즉, 혼수 문제로 인해 감정이 상하여 상대측에서 곧 파혼을 통보할 것입니다.

그냥 마음의 준비만 하고 있다가 상대측에서 파혼 통보를 하면, 그렇게 따르는 것이 현명하겠다고 보입니다. 어차피 그런 집안으로 시집 가봐야 행복하지 않습니다.

따님의 결혼 운세를 다시 점괘를 내어 보니 내년에 결혼운이 다시 있습니다. 그러니 당장 결혼하는 것에 스트레스를 받지 말라고 하였습니다. 물론 제가 말한 대로 무조건 제 말을 듣고 결혼을 안 하겠다는 뜻을 보이지는 않았습니다.

오늘 오전에 딸과 함께 제 단골인 이모와 엄마까지 세분이 방문하였습니다. 역시나 상대측의 일방적 통보로 파혼되었고 일정금의 위자료도 받았다고 합니다.

이 점괘에서 보면 상대 應爻가 日과 合되어 있습니다. 그것은 당시에 남자에게 다른 여자가 있다는 것을 암시하는 것입니다. 그러거나 말거나 신경쓰지 말라고 하였습니다.

예식을 끝내고 신혼 여행 다녀와서 혼인신고를 할 때까지는 아무도 모른다는 말이 실감나는 점괘였습니다.

혼인점 02

아니, 응? 21세기에 무슨 점을 보냐고!

34세 여자 손님이 부모님과 함께 방문하였습니다. 제게 점괘를 봐서 혼인하게 된 친구의 소개로 왔습니다. 방문하기 일주일 전, 주말에 상견례를 마쳤고 그날 방문하려고 하였는데, 당시에 제 스케줄로 인해 일주일 기다렸다가 부모님과 함께 방문하였습니다.

2019년 2월 23일에 결혼 예정이라고 합니다. 다른 곳에서 혼인 吉日 길일을 택일하였다고 합니다.

결혼 예정인 여성 분과 어머니는 여기저기서 궁합을 꽤 본 눈치인데, 아버지 되시는 분은 들어올 때부터 씩씩대는 모양새가 뭔가 영 못마땅하고 화가 난듯 짜증이 난 모습이었습니다.

직장 동료 소개로 남자를 만났고, 10개월 연애 끝에 예식장을 잡고 상견례도 하였는데, 시댁 쪽이 영 마음에 들지 않는지 불안하여 혼인을 망설이고 있었습니다.

결론적으로 이 결혼을 해도 좋은지 여부를 문점 하였습니다.

아버지 되시는 분은 도대체가 21세기에 무슨 점을 보고 혼인을 결정하느냐며 제 앞에서 큰 소리로 무안을 주고, 사무실 내에서 금연인데 담배를 피우려고 하셨습니다. 저는 정중하게 나가서 피우고 오시라 하였는데, 오히려 더 큰소리로 역정을 내었습니다.

이런 식으로 하시면 곤란하니까 점괘를 봐 드릴 수 없다고 하였고, 따님은 펑펑 울고 난리도 아니었습니다. 상견례를 마치고 제게 오기 전 지난 일주일 사이에 여섯 곳에서 점괘를 보았는데, 다섯 곳은 결혼해도 좋다고 하였고, 한 곳은 굿을 권하였다고 합니다.

저의 점괘를 마지막으로 보고 혼인을 결정하겠다고 합니다.

이야기가 좀 길어졌는데 손님께서 불안과 걱정이 많아서 이야기를 계속 들어주었습니다. 결론적으로 이 결혼을 하면 행복하게 잘 살겠는지를 묻기로 하고 마음을 안정시킨 후에 점단하였습니다.

天水訟 (천수송) 之 天澤履 (천택리) 屬 離 火			
白虎	孫 戌	ㅣ	戊戌 年
螣蛇	財 申	ㅣ	
句陳	兄 午	ㅣ 世	癸亥 月
朱雀	兄 午	‖ (伏 官 亥)	壬子 日
青龍	孫 辰	ㅣ	
玄武	兄 巳 父 寅	⫽ 應	(寅卯 空亡)

解斷 해단

世爻는 생조해 주는 것이 없어 불안한 것입니다. 결과 먼저 말씀드리면 이 혼인은 결코 무사하지 못합니다.

상대 남성은 月과 日의 생조를 받으니 우리측보다 형편이 좋습니다. 그러나 應爻가 月과 合이 되니 다른 여성이 있는 상태입니다. 또한 공망이니 우리측과 혼인 생각이 없습니다.

혼인은 성사가 안 될 것으로 보입니다. 혹은 결혼한다고 해도 남자의 다른 여성으로 인해 오래가지 못하는 것입니다. 결론적으로 이 혼인은 절대 성사해서는 안되는 점괘입니다.

2019년 4월 16일, 이 손님과 어머니가 함께 방문하였습니다. 이 손님을 소개한 단골 손님 친구도 함께 왔습니다.

결혼 준비 과정에서 상대 남자 측의 무리한 혼수 문제로 자주 다투었는데, 손님 생각에는 상대가 결혼을 회피하기 위한 과정이었으며, 나이가 한창 어린 여성을 만나고 있는 것이 들통났다고 합니다.
남자 측에서는 결혼 안 해도 좋으니 알아서 하라는 식이고, 여기서 문제가 생겼는데, 자신은 너와 결혼할 생각이니까 파혼할 생각이면 여자 측에서 자신에게 파혼에 따른 위자료를 달라고 한다는 것입니다.

결국은 파혼되었고, 현재 남자 측에서 파혼에 따른 위자료 소송을 걸겠다고 합니다. 여자분 측에서는 남자가 다른 여자 만나는 것을 알고는 있는데, 증거자료가 없어서 소송에 가면 질 것 같다며, 소송에 어찌 대처해야 할지 묻기 위해 방문하였습니다.

소송 관련하여 점괘를 보니 우리측이 이기는 것이 어렵게 나왔습니다. 적당한 선에서 합의는 가능한 것으로 나오니 그냥 합의하고 새 출발 하는 것이 좋겠습니다.

만일 모르고 결혼했더라면 더 고통받고 살았을 터이니 이쯤에서 멈추는 것이 다행이라 생각하시고 인생의 큰 교훈으로 삼는 것이 좋겠다고 위로를 하였습니다. 제 말 뜻을 잘 이해했는지 안도의 한숨을 쉬었습니다.

손님께서는 오히려 속이 시원하다고 했습니다. 파혼의 상처 때문에 괴로워하지 말고 오히려 결혼하지 않은 것이 더 다행이니 힘내었으면 좋겠습니다.

참고로 어제의 방문은 21세기에 무슨 점을 보느냐며 호통치고 화를 냈던 아버지께서 아내와 딸에게 저에게 가보라고 하여 왔다고 합니다. 21세기에 무슨 점을 보느냐며 호통하셨는데, 제게 다시 찾아가라고 등을 떠민 것는 것은 자식을 안타까워하는 부모의 심정이라 생각합니다.

부모의 그 안타까움은 어느 시대라도 늘 존재할 것입니다. 결론적으로 첨단 과학의 시대인 21세기에 따님의 인생에서 가장 중요한 어느 한 페이지에 점괘를 통해 제가 살짝 간섭하여 결말이 나쁘지 않은 길로 인도하였습니다. 아무리 시대가 빠르게 변하고 첨단 과학 문명에 살아도 陰陽五行 음양오행의 이치와 자연의 법칙은 절대 변하지 않는 것입니다.
그 자연의 법칙에 따른 음양오행을 가지고 길흉을 판단하는 것이 바로 점괘인 것입니다.

혼인점 03

서로에게 나쁜 궁합

친구의 소개를 받아 상담했던 여자 손님입니다. 당시 만나던 남자 친구와의 궁합을 문점하였습니다.

점괘는 아래와 같습니다.

重澤兌 (중택태) 之 重天乾 (중천건) 屬 兌 金			
白虎	父戌 父未 ⚋ 世		甲午 年
螣蛇	兄酉 ▬		
句陳	孫亥 ▬		丙寅 月
朱雀	父辰 父丑 ⚋ 應		壬子 日
靑龍	財卯 ▬		(寅卯 空亡)
玄武	官巳 ▬		

解斷 해단

六沖이 변하여 다시 六沖 괘가 나왔습니다. 이러한 점괘가 나온 경우에는 혼인을 무조건 말립니다.

世爻와 應爻가 모두 동하여 다시 六沖을 만드니 필시 혼인을 해도 결국엔 결별하게 됩니다.

이 여자 손님이 직장 문제와 새로운 인연에 대한 문의로 며칠 전, 7월 4일에 재상담하였습니다.

당시에 문점한 뒤 고민을 하다가 점괘를 믿고 안 믿고를 떠나서 그냥 혼인하였다고 합니다.

2014년에 궁합을 보았고 2016년 2월에 결혼하고, 신혼여행을 다녀오고 얼마 안 되어 바로 별거에 들어갔고, 3개월 뒤인 2016년 5월에 이혼했다고 합니다.

이혼의 사유는 성격 차이라고 말했는데, 궁합의 중요성을 보여주는 점괘입니다. 婚姻占 혼인점을 보시는 분께 늘 말씀 드리는 것이 있는데, 현재 좋은 만남을 갖고 있다고 하더라도 혼인을 하게 되면 어찌 될지 모르는 것이 부부관계입니다.

누구든 혼인하고 싶은 상대를 만나고 있을 때는 서로에게 잘 보이고 싶어하는 마음이 있기 때문에 혼인 후에 어떠할지를 보는 것이 혼인점인 것입니다.

새로운 인연에 관한 점괘는 잘 나왔습니다. 좋은 인연을 만나게 될 점괘가 나왔으니 행복하시기를 진심으로 기원합니다.

혼인점 04

결혼해서 잘 살겠는지?

아들이 결혼하고 싶은 여자가 있다고 합니다. 결혼을 위해 여자 친구 부모와의 상견례를 하자는 말이 계속 나와서 손님은 고민 중인데, 아들 여자 친구의 사주를 물어보기도 뭣하고 해서 혼인점을 보기 위해 방문하였습니다.
아들이 여자 친구와 결혼을 하면 잘 살겠는지 문점 하였습니다.

\multicolumn{5}{c}{雷地豫 (뢰지예) 之 重地坤 (중지곤) 屬 震 木}
玄武		財 戌	‖	壬辰 年
白虎		官 申	‖	
螣蛇	財 丑	孫 午	⁄ 應	壬寅 月
句陳		兄 卯	‖	甲辰 日
朱雀		孫 巳	‖	(寅卯 空亡)
靑龍		財 未	‖ 世 (伏 父 子)	

解斷 해단

상대 여자 應爻가 世爻를 생하니 여자 친구가 우리 아들을 좋아하고 있는 것은 맞습니다. 그러나 應爻가 동하여 六沖을 만들어 결국은 여자로 인해 혼인은 이루어지지 않습니다. 상대 여자에게 다른 남자가 생겨서 헤어지게 되는 것입니다.

이와 같이 해단 하였습니다.

손님은 굉장히 당황스러워하면서 제게 노발대발하고 재수가 없다는 식으로 말하고 돌아갔습니다.

사실, 이와 같은 손님들 덕분에 상담하기 싫어지는 때가 많습니다. 상담 전에는 있는 그대로 솔직하게 이야기 해달라고 하시고, 점괘가 안 좋아도 있는 그대로 말씀해 달라고는 하는데, 그래서 있는 그대로 말 하고 나면, 자신이 원하는 답이 나오지 않을 경우 속이 상하는 것은 이해를 하는데 그렇다고 있는 욕 없는 욕 다하고 그런 경우가 종종 있습니다. 이 손님도 그렇게 하고 돌아 갔습니다.

이 손님을 소개했던 분이 오늘 상담차 방문하였다가 이 손님의 이야기를 전해 주었습니다. 아들의 여자 친구측과 4월에 상견례를 하였는데, 6월 6일 날 파혼 하겠다는 통보를 받았다고 합니다.

헤어지게 될 것을 본 것은 應爻가 동하고 月에 寅木이 임한 상태에서 日의 辰土가 上爻 戌土를 암동하여 三合을 이루니 여자 측에서 마음이 변하고 바로 다른 남자가 생겨 그 남자와 合을 이루는 것으로 보았기 때문입니다.
眞合 진합을 이루었기에 한 번 변한 마음은 돌이킬 수가 없는 것이며, 여자가 螣蛇 등사를 달고 있으니 좋지 않은 것입니다.

혼인점 05

동생의 이혼 여부

여동생이 7년의 열애 끝에 결혼하여 3년을 잘 살다가 얼마 전에 이혼했다고 합니다. 문점한 여성분 입장에서는 동생의 남편이 정말 좋은 사람이고, 그에게는 문제가 없다고 생각되는데, 자기 동생이 문제가 있어 이혼하는 것이 아닌가 생각하고 있습니다.
동생 부부가 이유를 전혀 말하지 않고 있어서 정확한 이혼 사유는 알지 못하고 있으며, 동생이 이혼하지 않길 바라는 마음이 간절합니다. 이혼 숙려 기간이 다 끝나가는데 정말 합의 이혼이 되겠는지, 동생과 그의 남편이 마음을 돌려 다시 화합할 수 있겠는지 문점하였습니다.

점괘를 보니 아래와 같습니다.

地澤臨 (지택림) 之 地天泰 (지천태) 屬 坤 土		
玄武	孫 酉　 ‖	壬辰 年
白虎	財 亥　 ‖ 應	
螣蛇	兄 丑　 ‖	壬子 月
句陳	兄 辰 兄 丑　 ⚊	乙巳 日
朱雀	官 卯　 ⚊ 世	(寅卯 空亡)
靑龍	父 巳　 ⚊	

解斷 해단

世爻 공망이라 여동생은 아직 마음이 반신반의입니다. 그러나 三爻 兄爻가 동하여 進神되고 六沖이 변하여 六合 괘가 되었습니다.

이혼 숙려 기간이긴 한데, 世爻 공망이 해공되는 12월 19일 이후 다시 합치게 될 것입니다. 걱정하지 않아도 되겠습니다.

이와 같이 해단 하였습니다

이 문점자로 부터 어제 밤에 감사 인사의 문자가 왔습니다.

12월 20일 동생과 동생의 남편이 화해하고 재결합하였다고 합니다. 12월 19일에 가족들이 다 모였는데, 그 때 화해하고 어제 12월 20일에 합의 이혼을 취하 하였다고 합니다.

육효점으로 우리측과 상대측을 볼 때 가장 중요한 것은 世爻와 應爻를 우선으로 보게 되는데, 이 점괘에서 주의해야 할 점은 世爻와 應爻 뿐 아니라 용신이 되는 兄爻 또한 살펴야 하는 것입니다.

용신인 兄爻가 동하여 六合이 되기에 다시 합치는 것으로 나타나는 것입니다.

이 점괘에서 여동생의 남편이 되는 應爻는 月의 생조를 받아 힘이 있으니 잘못한 것이 없습니다.

혼인점 06
파혼의 궁합

단골 손님과 함께 온 친구분인데, 자신의 혼인 길일 택일을 하기 위해 방문하였습니다. 2018년 1월~2월쯤에 결혼을 하려 하는데, 문제는 그냥 택일만 하고 가면 좋은데, 꼭 궁합을 봐 달라고 하는 것이 문제입니다. 궁합이 안 좋다고 나오면 결혼을 안할 것인가? 그것도 아닌데 혼인 길일 택일을 하러 와서 궁합을 물으면 어찌해야 하는지 참으로 난감합니다.
문점자 입장에서는 궁합에 문제가 있다면 조심하며 살겠다고, 그냥 궁합을 봐 달라고 하여 몹시 난감했지만 보았고, 점괘는 아래와 같습니다.

火山旅(화산여) 之 重火離(중화이) 屬 離 火			
螣蛇	兄巳	Ⅰ	丁酉 年
句陳	孫未	Ⅱ	
朱雀	財酉	Ⅰ 應	己酉 月
靑龍	財申	Ⅰ (伏官亥)	庚戌 日
玄武	兄午	Ⅱ	
白虎	父卯 孫辰	Ⅱ 世 (伏父卯)	(寅卯 空亡)

解斷 해단

좋지 않은 점괘가 나왔습니다. 문점자인 여성의 마음이 변하여 파혼이 되는 점괘를 얻었습니다.

결혼 상대자인 남성은 月, 日의 생조를 받으니 왕성하여 인품이나 환경, 재물, 인물, 직업이 모두 안정되어 뭣 하나 빠지는 것이 없는 사람인데, 문점자인 여성의 마음이 변하여 六沖을 만드니 결국 여성의 마음이 변하여 파혼이 되는 것입니다.

결정적으로 여성이 世爻에 官爻를 극하는 孫爻가 임하여 이 남성을 만족해 하지 못하는 모습입니다. 또한 世爻가 동하여 月과 合하니 결혼 상대자인 남성 외에 새로운 다른 남성이 한 명 더 있으니 결혼 상대자 말고 다른 남성과 만남을 갖게 될 것입니다.

결론적으로 이 결혼은 이루어지지 못합니다.

이와 같이 해단 하였습니다.

다른 손님들도 그렇듯이 이 손님 또한 자신은 그럴 일이 없다며 노발대발 하고 제게 데려온 단골 손님이 민망해 할 정도로 화를 내고 가버렸습니다. 단골 손님은 이 친구에게 다른 남자가 없는 것으로 알고 있는데, 어찌 된 영문인지 자신도 의아하다고 하였습니다.

그러나 상담을 오랜 시간 해 본 제 입장에서 보자면, 저렇게 노발대발하고 욕을 하고 가는 사람들은 반드시 점괘대로 속사정이 있는 것을 너무 많이 보았습니다.

속사정이 없다면 제 이야기를 귀 기울여 잘 듣게 마련인데, 속사정을 들키게 되면 있는 욕, 없는 욕을 계속하며 자신을 방어하는 형태로 나타나는 것을 수도 없이 봤습니다.

몇 개월의 시간이 지났고, 이 손님이 오늘 오전에 다시 찾아 왔습니다. 오늘은 단골 손님과 함께 오지 않고 혼자 왔습니다. 그 때는 친구가 함께 있었기에 창피해서 그렇게 화를 내고 갔다고 합니다.

점괘는 틀리지 않았습니다. 또한 당시의 점괘대로 결혼하려 했던 남자와는 파혼이 되었고, 당시에 따로 만나고 있던 다른 남성과의 궁합을 보기 위해 방문한 것입니다.

《기문둔갑·乾坤大法》

류래웅 저 | 태을

수년간 제자들에게 강의했던 내용을 다듬고 축약해서 기문으로 보는 '사주원명'을 알기 쉽도록 했으며, 고전 원서에서 크게 벗어나지 않으면서 그농안 연구하고 발견한 내용을 보태어 기술하였다. 이 학문에 뜻을 둔 제도권 인사들과 강호의 술사들에게 보탬이 된다면 그보다 더 큰 기쁨이 없을 것이다.

혼인점 07

딸과 상대 남자의 궁합?

딸과 상대 남자의 궁합을 보기 위해서 방문하였습니다. 딸과 상대 남자는 약 1년 8개월을 교제했다고 하는데, 서로 결혼하기로 약속을 했고 2일 전에 상견례를 했다고 합니다. 이 엄마의 친구분이 저의 단골 손님인데, 꼭 궁합을 한번 보자고 하여 친구를 데리고 함께 방문하였습니다.

	重火離 (중화이) 之 雷火豊 (뢰화풍) 屬 離 火			
靑龍	孫 戌 兄 巳	⚊	世	丙申 年
玄武	孫 未	⚋		
白虎	財 酉	⚊		辛丑 月
螣蛇	官 亥	⚊	應	丙申 日
句陳	孫 丑	⚋		
朱雀	父 卯	⚊		(辰巳 空亡)

解斷 해단

점괘를 보니 혼인은 성사가 되지 못합니다.

상대 남자측은 일진에 생조를 받으니 전혀 문제가 없습니다. 따님을 나타내는 世爻가 공망이니 딸에게 문제가 있어서 혼인은 성사가 되지 못합니다.

이와 같이 말하였더니 상견례 전에 이미 결혼식장 예약도 다 마친 상태라고 합니다. 절대 파혼이 될 일이 없다고 합니다.

저도 설명하기가 참 갑갑하고 어찌 이해를 시켜야 할지 모를 때가 있어서 답답합니다.
그래서 5월에 결혼하기로 다 예약이 되어 있다고 하는데, 그랬든 말든 따님 때문에 결혼이 파혼된다고 말하였습니다.

단골 손님과 이 점괘를 본 엄마가 함께 찾아왔습니다.
결론적으로 역시나 따님이 변심하여 파혼되었다고 합니다.
따님에게 다른 남자가 있었고 그 남자의 아이를 임신하게 되어 파혼하게 된 것일 텐데 맞습니까? 물으니 다들 아무 말도 하지 못했습니다.

우리측 世爻가 동하여 일진과 合하고. 孫爻로 변하니 다른 남성의 아이를 임신하게 되는 것입니다. 그래서 이 엄마는 딸 아이를 임신시키게 된 남자와의 궁합을 보러 온 것입니다. 이럴 때는 웃어야 하는지 울어야 하는지 모를 일입니다.

그 남자와의 궁합을 보니 점괘가 좋습니다. 서둘러 혼인시키라고 당부하였습니다.

혼인점 08

예상치 못한 파혼의 이유

14년차 단골 손님의 친구 분의 언니가 상담을 요청하였습니다.
아들과 예비 며느리의 궁합을 보기 위해 방문하였습니다.
보통 상견례를 마친 경우에는 궁합을 봐주지 않는 것을 원칙으로 하는데, 연애 결혼이 아니고 소개의 소개를 통해 하는 결혼이라 조심스럽다며 점괘를 보고 싶다고 부탁하여 보았습니다.

점괘는 아래와 같습니다.

重火離(중화이)之 火雷噬嗑(화뢰서합) 屬 離 火				
靑龍		兄巳	Ⅰ 世	辛丑 年
玄武		孫未	Ⅱ	
白虎		財酉	Ⅰ	辛卯 月
螣蛇	孫辰	官亥	✕ 應	丙寅 日
句陳		孫丑	Ⅱ	(戌亥 空亡)
朱雀		父卯	Ⅰ	

解斷 해단

문점자 측의 아들은 靑龍 청룡이 임하고 月과 일진의 생조를 받아 여러모로 좋은 사람이지만, 상대 여성인 應爻 예비 며느리는 螣蛇 등사가 임하고 月과 日의 생조를 전혀 받지 못하고 있으며, 일진과 合하고 있으니 그 여성은 현재 만나고 있는 다른 사람이 있을 것입니다.

또한 상대측 應爻가 동하여 日과 合하니 다른 사람에게 가는 것을 말해주는 것이기 때문에 필시 아들과의 혼인은 성사되지 못하게 되는 것입니다.

코로나로 인해 시국이 좋지 못한 것을 핑계로 결혼을 미루는 것이 좋겠다고 조언하였습니다. 그렇게 시간을 끌면 상대가 알아서 그만둘 것이라고 조언하였습니다.

이 문점자와 단골 손님, 아들까지 이렇게 세 분이 어제 9월 12일 방문하였습니다. 당시에 보았던 점괘에 대해 불신하고, 저의 조언을 무시했으며 당사자들은 예정대로 혼인을 준비하였는데, 결혼식은 10월 3일 예정이었다고 합니다.

그런데 상대 여성이 미리 꾸렸던 신혼집에서 다른 사람과 바람을 피우다가 예비 시어머니에게 들켰습니다.

다들 전혀 예상하지 못한 것이 있었는데, 이 여성이 동성애자였습니다. 즉, 예비 며느리가 동성인 여성과 성관계하는 것을 시어머니 되실 분이 보게 된 것입니다.

결국 파혼하였고 그 책임을 물어 소송을 준비 중이라고 합니다.

상대 여성을 상대로 파혼의 책임에 대한 민사 소송을 하게 되면 결과가 어떨지 문점 하였습니다.

점괘는 다음과 같습니다.

水雷屯（수뢰둔）之 風雷益（풍뢰익）屬 坎 水		
白虎 螣蛇 句陳 朱雀 靑龍 玄武	孫卯 兄子 ∥ 　　 官戌 ｜ 應 　　 父申 ∥ 　　 官辰 ∥ （伏 財午） 　　 孫寅 ∥ 世 　　 兄子 ｜	辛丑 年 丁酉 月 癸亥 日 （子丑 空亡）

解斷 해단

우리측 世爻가 상대측 여성 應爻를 극하니 100% 승소 가능합니다. 兄變孫되니 우리측이 제시한 위자료로 합의가 가능한 것입니다.

이전 점괘에서 상대측 應爻가 螣蛇 등사가 임하여 해당 여성이 좋지 않아 보였는데, 이번 점괘에서도 상대측 應爻에 등사가 임하였습니다.

혼인점 09

결혼해서 잘 살 수 있는가?

여성 분이 상담을 의뢰하였습니다. 결혼 예정인 상대 남자와 결혼하면 문제없이 잘 살 수 있는지 문점 하였습니다.

점괘는 아래와 같습니다.

天火同人(천화동인) 之 澤火革(택화혁) 屬 離 火			
靑龍	孫未 孫戌	⚋ 應	癸巳 年
玄武	財申	▮	
白虎	兄午	▮	甲子 月
螣蛇	官亥	▮ 世	丁巳 日
句陳	孫丑	⚋⚋	
朱雀	父卯	▮	(子丑 空亡)

解斷 해단

상대인 應爻가 동해서 退神 퇴신 됩니다. 이것은 그 상대 남성이 나와의 관계에서 물러남을 이야기 해주는 것이며, 또한 동하여 初爻 卯木과 합을 이루게 되니 이것은 남성에게 다른 여자가 있다는 것을 암시해 주는 것입니다.

이 점괘의 경우, 상대 남성의 마음이 변해서 파혼하게 되는 것을 암시해 주는 것입니다.

　문점자의 질문은 결혼해서 잘 살 수 있는지를 물었지만, 점괘가 알려 주는 것은 그 남자와 결혼을 하지 못하게 된다는 것을 알려 주는 결과로 보여주는 것입니다.

　卯月 (2014년 양력 3월 6일~4월 4일) 중에 결국 파혼될 것이라 얘기해 주었습니다.

　이 문점자가 오늘 찾아왔습니다. 위에 얘기한 때인 卯月인 지난달 3월에 상대 남성이 다른 여자와 데이트하는 것을 이 여성의 오빠가 보게 되었고, 화가 나서 상대 남성의 뺨을 때렸다고 합니다.
　상대 남자가 이 여성을 만나기 한참 전에 만났다 헤어진 여자였다는데, 다시 만난 것으로 보입니다.
　결국 파혼하게 되었는데, 2년 가까이 사귀다 상견례까지 하고 결혼 날짜를 잡았는데 참으로 안타깝습니다.

혼인점 10

결혼과 궁합 그리고 길일 택일

친정 언니와 여동생이 함께 방문하였습니다. 부모님이 일찍 돌아가셔서 언니가 엄마와 같은 존재라고 합니다. 여동생이 사귀던 남자와 6년 정도 연애를 하였는데, 혼인 길일 택일을 하러 왔습니다.

그런데 길일 택일에 앞서 궁합을 자꾸 봐달라고 하여, 궁합이 안좋게 나오면 저도 찜찜하고 문점자도 찜찜해서 혼인을 고민하게 되니 안 봐준다고 하였는데, 대부분의 손님들이 그러하듯 이 분들도 꼭 조심해서 살 것이라며 궁합을 봐달라고 하도 성화를 해서 보았습니다.

점괘는 아래와 같습니다.

火山旅 (화산여) 之 重山艮 (중산간) 屬 離 火				
朱雀		兄 巳	I	甲午 年
靑龍		孫 未	II	
玄武	孫 戌	財 酉	Ⅹ 應	甲戌 月
白虎		財 申	I (伏 官 亥)	戊辰 日
螣蛇		兄 午	II	(戊亥 空亡)
句陳		孫 辰	II 世 (伏 父 卯)	

解斷 해단

궁합에서는 여자가 世爻가 되어 점괘를 보게 되면, 반드시 피해야 할 것이 世爻에 孫爻가 임하는 것입니다.

孫爻는 官爻를 극하기에 궁합으로는 최악인 것입니다. 그런데 이 점괘에서 世爻에 그 고약한 孫爻가 임했습니다.

설상가상 應이 동하여 六冲을 만드는데, 상대방 남자인 應은 일진과 합까지 하였습니다.

현재 결혼할 이 여자 분 말고 다른 여자도 있다는 것을 알려주는 것입니다. 그것도 眞合 진합을 하고 있기에 매우 깊은 사이가 되는 것입니다. 매우 난감했지만 솔직하게 말해주었습니다.

결론은 결혼을 해도 오래가지 못하는데, 남자 분의 바람으로 문제가 생기는 것을 암시하는 것입니다. 그러니 잘 참고하라고 조언하였습니다. 그리고 어차피 좋지 못한 점괘가 되니 혼인 택일은 하지 않는 것이 좋겠다고 하였습니다. 점괘가 이렇게 나오면 길일 택일을 하여도 아무런 의미가 없습니다. 결국 서로 찝찝한채로 돌아갔습니다.

오늘 오전에 이 언니와 여동생이 다녀갔습니다. 결국 일이 터졌다고 하는데, 이 여자 분의 친구와 상대 남자가 그동안 몰래 만나왔던 것입니다.

제게 왔을 당시에는 제가 길일 택일을 하지 않고 돌려 보내서 다른 곳에 가서 또 점을 봤다고 합니다. 그곳에서는 길일 택일을 해서 결혼하면 아무 문제가 없으니 길일 택일을 했다고 합니다. 하지만 결국 제 점괘대로 파혼하였습니다.

매봉역학 아카이브 #01 육효해단
ARCHIVE SERIES

잉태점 孕胎占

孕胎占 잉태점은 임신 여부에 관해 알아보는 것입니다.
언제 임신이 가능한지, 아들인지 딸인지 여부 등을 알아보는 것입니다.
과거와는 다르게 현대 사회에서는 남녀 모두 혼인 시기가 늦어지고, 여러 질병 등을 통해서 임신이 안 되거나 늦어지는 경우를 많이 보았습니다.

수십 년 전만 해도 결혼만 하면 임신이 되는 경우가 많았는데, 현대 사회에서는 부부가 혼인 후에 계획적인 임신을 하다가 시기를 놓치는 경우가 많다 보니 잉태점을 묻는 부부가 많아졌습니다.
잉태점은 孫爻와 原神인 兄爻를 용신으로 봅니다.

절대 피해야 할 것은 世爻에 孫爻를 극하는 父爻가 임하거나, 父爻가 동하는 것을 가장 꺼립니다.

잉태점 01

셋째 아이가 아들인지 딸인지?

종가 집의 며느리인데 딸 둘을 둔 엄마라고 합니다. 셋째 아이를 임신하였고 아들을 갖고 싶은데, 현재 잉태한 아이가 아들인지 딸인지 문점 하였습니다.

	天火同人 (천화동인) 之 重天乾 (중천건) 屬 離 火			
玄武		孫 戌	l 應	壬辰 年
白虎		財 申	l	
螣蛇		兄 午	l	甲辰 月
句陳		官 亥	l 世	甲寅 日
朱雀	父 寅	孫 丑	ll	(子丑 空亡)
靑龍		父 卯	l	

解斷 해단

결론부터 이야기하면 잉태한 아이는 아들입니다.

그러나 문제가 있습니다. 셋째 아이를 잉태한 임마의 상태는 月과 日의 생소를 전혀 받지 못해 몸에 기력이 없고 영양 상태가 좋지 않습니다.

또한 世爻에 官爻가 임하니 너무 많은 걱정으로 인한 스트레스가 있습니다.

두 번 째 효 孫爻가 동하여 음변양이 되니 아들입니다.

그러나 동한 孫炎가 寅木으로 회두극을 받고 六沖 괘가 되니 문제가 심각합니다. 즉, 엄마가 몸 관리를 제대로 하지 않으면 아이를 유산할 조짐이 있는 것입니다.

당시에 문점자께서 저의 조언을 잘 들으시고 몸 관리를 철저하게 잘하셔서 건강한 아들을 순산하였으며, 작명을 의뢰하였습니다

《사주실록》

류래웅 저 | 태을

명리학, 육효학, 기문둔갑, 성명학, 풍수학에 두루 조예가 깊은 저자의 평생의 학식과 경험에서 녹아 나오는 명리 실전 해설서. 진부한 이론의 답습에서 벗어나 인간의 다양한 삶의 유형을 명리학적 관점에서 분석하여 초보자가 쉽게 읽을 수 있고, 전문가들도 상담 실무에 활용할 수 있다.

잉태점 02
일본에서 온 손님

수년 전, 제게 임신 관련하여 상담했던 여자 손님의 소개로 일본에서 한국으로 직접 찾아와 상담하였습니다.
올해 36세의 일본인 여성인데, 한 살 연상의 남성과 결혼한 지 6년 되었고, 병원에서도 아무런 문제가 없다는데, 임신이 계속 되질 않아 언제 임신이 가능한지 문점 하였습니다.

風火家人 (풍화가인) 之 天火同人 (천화동인) 屬 巽 木			
螣蛇	兄 卯	∣	戊戌 年
句陳	孫 巳	∣ 應	
朱雀	孫午 財 未	⺀	丙辰 月
靑龍	父 亥	∣ （伏官 酉）	辛未 日
玄武	財 丑	∥ 世	（戌亥 空亡）
白虎	兄 卯	∣	

解斷 해단

양력 6월 6일~7월 7일 사이 戊午月에 임신이 됩니다.
　世爻는 왕성하여 임신 가능성이 있는 몸 상태이며, 孫爻는 힘이 없으나 곧 孫爻의 月인 巳月이 시작되고, 변효가 午火 孫爻로 변하니 양력 6월인 戊午月에 임신이 됩니다.

이와 같이 해단 하였습니다.

해단을 너무 쉽게 했더니 굉장히 놀라고, 이게 끝이냐고 묻습니다.

부적이라도 쓴다거나 기도를 해야 한다거나, 뭐 그런 것 없이 그냥 순리대로 부부 생활을 하면 6월에 임신이 되는 것이냐?

상담료를 더 낼 테니 뭔가 더 이야기를 해 달라 등등 많은 말을 쏟아내었습니다. 통역하시는 분을 통해서도 무슨 말인지는 잘 알아듣겠는데, 여하튼 6월에 임신이 되니 걱정하지 말라고 하였습니다.

바로 2개월 뒤에 임신이 된다고 너무 쉽게 말씀을 하시니 좋기는 한데, 뭔가 더 있어야 할 것만 같고 그래서 어안이 벙벙하다고 하였습니다.

물을 것을 딱 묻고 그것의 답을 얻었으면 그걸로 된 것입니다. 만일 점괘가 좋지 않게 나왔다면 다른 방법을 찾아보겠지만, 점괘가 이리 좋게, 명확하게 시기까지 나왔는데 뭘 걱정하겠는가? 임신 되고 나서 연락이나 꼭 달라고 하였습니다.

어제, 7월 3일 화요일에 일본인 통역하시는 분의 전화가 왔습니다. 문점자인 일본인 손님이 함께 계셨는데, 6월 13일에 간이 테스트기를 통해 임신 사실을 알게 되었고, 7월 2일에 병원에 가서 다시 한번 임신 사실을 정확히 확인하였다고 합니다.

진심으로 감사하다며 거듭 일본 말로 인사를 하였습니다. 손님들 여럿 모아 놓을 테니 일본에 점단 하러 한 번 꼭 오라고 합니다.

당시에 점단 하고 나서 일본의 점술 시장에 관한 정보를 들었는데, 일본의 경우 보통 10분 단위로 상담료를 받는다고 합니다.

점단 하는 사람마다 조금씩 차이가 있기는 한데, 평균 30분에 5만 원~10만 원가량 받는다고 합니다. 30분 이후 10분 단위로 1만 5천 원 ~ 2만 원씩 추가된다고 합니다.

또, 혼자 상담하는 역술인보다는 단체로 건물을 통째로 임대하거나 여러 명이 함께 운영하는 곳이 많다고 합니다.

오랜 시간 애타게 기다린 임신이 잘 되었으니 예쁜 아이 잘 낳으시길 기원하는 바입니다.

《스님 風水학》

예봉 역주자 저 | 태을

불교 풍수학계의 중진이신 예봉스님이 도선국사(옥룡자) ▷ 나옹선사 ▷무학대사로 이어져 온 "동사심전(東師心傳)"을 사학 최초로 번역 출간하였다. 많은 그림과 도표와 한문을 한자 한자 모두 토를 달고 해석을 부친 그야말로 심혈을 기울인 역작이다.

잉태점 03
오사카에서 온 손님

바로 위 2번 글의 일본인 손님의 소개로 오사카에서 오신 손님입니다.
결혼한 지 4년 넘었는데 임신이 되질 않아 산부인과에 오래 다녔는데, 제게 방문했던 일본인 지인의 소개로 점괘를 보고자 일본 오사카에서 방문하였습니다. 굳이 오지 않아도 되고 전화나 이메일로 상담해도 괜찮다고 하였는데, 꼭 방문하고 싶다면서 남편과 함께 비행기를 타고 오셨습니다. 아내분에게 주사위를 주고 임신이 언제 가능한지 묻고 주사위를 던지라고 하였습니다.

점괘는 아래와 같습니다.

火水未濟（화수미제）之 火地晉（화지진）屬 離 火			
朱雀	兄 巳	｜ 應	癸卯 年
靑龍	孫 未	‖	
玄武	財 酉	｜	乙卯 月
白虎	兄 午	‖ 世 （伏 官 亥）	戊辰 日
螣蛇	兄 巳 孫 辰	✕	（戌亥 空亡）
句陳	父 寅	‖	

解斷 해단

곧 임신하게 될 것입니다.
임신 소식은 辰月인 양력 4월 5일~5월 6일 사이가 되며, 쌍둥이를 임신하게 될 것입니다.

이와 같이 해단 하였습니다.

그 외에 다른 점괘도 몇 가지를 보았고, 전부 좋은 점괘를 얻어서 일본인 부부는 매우 기쁜 마음으로 저를 저녁 식사에 초대하였고, 우리는 함께 호텔 뷔페에서 저녁 식사를 하였습니다.

어제 손님에게서 이메일이 왔습니다. 4월 19일에 방문한 병원 산부인과에서 임신 소식을 전해 들었다고 합니다.
3월 방문 당시에 손님이 선물로 가져오셨던 간식이랑 선물이 아직도 많이 남아있는데, 감사의 표시로 선물을 또 보내주시겠다고 하여 극구 사양하였습니다.
쌍둥이를 출산하면 작명을 의뢰하겠다 하셨고, 저는 축하 인사를 끝으로 이메일을 회신하였습니다.

추후 쌍둥이임을 확인하였습니다. 일란성이 아니고 이란성 쌍둥이입니다. 조산의 위험은 없었습니다.

잉태점 04

굿을 해야 하는지?

5년 전, 결혼의 길흉을 물으러 제게 상담했던 손님인데, 제가 점단한 시기였던 3년 전에 결혼을 했고 문제없이 잘 살고 있는데, 아기가 생기지 않아서 마음 고생을 하는 중이라고 합니다.
올 2월 초에 친구의 추천으로 용한 점집이라고 소개받은 어느 점집에 갔는데, 아기가 절대 생길 수 없는 사주라고 했다고 합니다. 굿을 해야만 아기가 생긴다고 했다고 하는데, 굿 값으로 777만 7천 원을 얘기했다고 하는데, 그 순간 정말 간절한 마음에 777만 7천 원을 들여서라도 굿을 하고 싶은 마음이 들었다고 합니다.

아기가 언제 생기는지 보았습니다.

	澤天夬（택천쾌）之 火天大有（화천대유）屬 坤 土			
玄武	父巳 兄未 ∦		丙申 年	
白虎	兄未 孫酉 ⼄ 世			
螣蛇	財亥 ∣		丙申 月	
句陳	兄辰 ∣		甲子 日	
朱雀	官寅 ∣ 應（伏 父巳）		（戌亥 空亡）	
靑龍	財子 ∣			

解斷 해단

    용신이 世에 임하였고, 월에도 孫이 임하였습니다.
    맨 위 상효 兄이 동하여 世를 생조하고 世 또한 동하여 회두생 하고 있습니다.
    아기는 이미 해당 月에 와 있습니다. 이달 8월 중에 임신 소식을 알게 될지니 걱정하지 않아도 됩니다.
    오늘이라도 임신 테스트기를 사서 테스트를 해 보거나, 병원에 가서 검진을 받아 보면 임신 여부를 알 것입니다.

    이와 같이 해단 하였습니다.

    손님이 어제 오전에 상담을 하고 갔는데, 조금 전인 오늘 오후 8시 25분 경에 제게 전화를 하였습니다.
    어제 상담을 마치고 다시 집으로 돌아가는 길에 임신 테스트기를 두 개 사갔다고 합니다. 하나는 어젯 밤에 테스트를 했고, 하나는 오늘 아침에 첫 소변으로 테스트를 했다고 합니다. 두 개 모두 임신으로 나왔다고 합니다. 이번 주중에 산부인과에 다녀오겠다고 합니다.

    점단하면서 항상 느끼는 것이지만 굿이나 부적을 하지 않아도 운이 있으면 이처럼 됩니다. 굿이나 부적을 부정하는 것은 아닙니다. 운이 있다면 된다는 말입니다.
    이 손님이 임신한 아이는 양변음이 되기에 딸입니다.

잉태점 05

언제 임신이 되는가?

미국에서 살고 계신 여자 분입니다. 결혼 4년차인데 임신이 되지 않는다고 하여 미국에서 전화를 주시고 상담하였습니다. 奇門遁甲 기문둔갑 신수국을 보니 올해에 임신 운이 있습니다.

점괘는 아래와 같습니다.

地水師 (지수사) 之 山水蒙 (산수몽) 屬 坎 水		
玄武	孫 寅 父 酉 ∥ 應	甲午 年
白虎	兄 亥 ∥	
螣蛇	官 丑 ∥	甲戌 月
句陳	財 午 ∥ 世	乙亥 日
朱雀	官 辰 Ⅰ	(申酉 空亡)
靑龍	孫 寅 ∥	

解斷 해단

世爻 午火는 月에 入墓 입묘 되고 받는 것이 없어 어려워 보이는 점괘입니다. 그러나 용신 孫爻는 일진의 생조를 받고 힘이 넘치니 임신이 가능한 것입니다.

빠르면 겨울 亥子月에도 임신이 가능하며, 그 때 임신이 안되어도 2015년 상반기 寅卯月 중에 임신이 가능합니다.

2015년 봄, 상반기에 가능하다고 한 것은 寅卯月 孫의 기운이 강하게 될 때이기도 하지만, 이 때 힘이 없는 世亥가 생조를 받아 힘이 생기기 때문입니다. 걱정할 것이 없습니다.

3일 전에 이메일을 받았습니다.

올 초 양력 2월인 寅月에 임신하였고, 다음주에 출산 예정이라고 합니다. 저는 잘 몰랐던 사항인데, 미국은 아이를 출산하고 2일 이내에 이름을 정하여 서류를 제출해야 한다고 합니다.

아이를 낳자마자 이메일을 보낼 테니 바로 작명을 부탁한다는 내용이었습니다.

한 번의 유산 경험이 있어서 걱정이 많았으나 출산을 앞두고 있으니 정말 기쁘고, 축하할 일입니다.

추후 연락이 와서 아이의 한글 이름과 영문 이름을 작명해 주었습니다. 제가 지어드린 아이 이름을 단번에 마음에 들어 하셔서 서로 흡족했습니다.

잉태점 06

임신이 안 되는 이유는?

결혼한지 4년이 넘었는데 아직 임신이 안 된다고 합니다. 진료를 받아 보았으나 남편이나 부인이나 모두 문제가 없다고 하는데, 왜 임신이 안 되는지 문점 하였습니다.

점괘는 아래와 같습니다.

	天火同人 (천화동인) 之 重天乾 (중천건) 屬 離 火			
玄武		孫戌	∣ 應	壬辰 年
白虎		財申	∣	乙巳 月
螣蛇		兄午	∣	乙未 日
句陳		官亥	∣ 世	
朱雀	父寅	孫丑	∥	(辰巳 空亡)
靑龍		父卯	∣	

解斷 해단

二爻의 孫爻가 동하여 회두극을 당했습니다.
  낙태나 유산의 경험이 있을 것입니다. 그것으로 인하여 현재 임신이 되지 않는 것입니다. 낙태나 유산의 경험이 있는지 물었습니다. 두 번의 낙태 경험이 있다고 합니다.

임신이 되지 않는 이유를 알았으니 이번에는 언제 임신이 되겠는지 보았습니다. 점괘는 아래와 같습니다.

火澤睽 (화택규) 之 山澤損 (산택손) 屬 艮 土		
玄武	父 巳　丨	壬辰 年
白虎	兄 未　丨丨　（伏 財 子）	
螣蛇	兄 戌　孫 酉　ㅓ 世	乙巳 月
句陳	兄 丑　丨丨	乙未 日
朱雀	官 卯　丨	
靑龍	父 巳　丨 應	（辰巳 空亡）

解斷 해단

양력 9월인 酉月에 임신이 가능합니다. 世爻가 동하여 회두생 되니 걱정할 것이 없습니다.

잉태점 07

임신한 아이가 아들인지 딸인지?

첫째 아이가 딸이라고 합니다. 현재 둘째를 임신하였는데, 임신한 아이가 아들인지 딸인지 물었습니다.

점괘는 아래와 같습니다.

	天澤履 (천택리) 之 重天乾 (중천건) 屬 艮 土		
玄武	兄戌	｜	壬辰 年
白虎	孫申	｜ 世 (伏 財 子)	
螣蛇	父午	｜	甲辰 月
句陳	兄辰 兄丑	ⅱ	乙卯 日
朱雀	官卯	｜ 應	(子丑 空亡)
靑龍	父巳	｜	

解斷 해단

다섯 번 째 世爻에 孫爻가 임했습니다.
　陽爻 양효이며 月의 생조를 받고 있습니다. 三爻에서 원신인 兄爻가 동하여 孫爻를 생조하고 있습니다.
　임신한 아기는 아들이 분명합니다.

요즘은 낙태 문제가 심각해서 그러한지 몰라도 병원에서 아들인지 딸인지 잘 알려 주지 않는 모양입니다.

육효점으로 임신한 아기가 아들인지 딸인지 알아보는 것은 그리 어렵지 않습니다.

용신인 孫爻의 陰陽 음양만 보면 답을 쉽게 알 수 있는 것입니다. 추후 아들임을 전해 주셨고 순산하신 뒤 작명을 의뢰하여 아들 이름을 멋지게 잘 지어 주었습니다.

《김박사 주역》

김진희 저 | 태을

周易의 모체인 八卦는 우주변화의 원리를 상징적으로 함축하고 있으며 이를 바탕으로 지은 역경은 사회 윤리도덕의 기준을 제시하는 철학서이지 미래예측과 人生事 추길피흉趨吉避凶의 지혜를 얻기 위한 인생 지침서이다.

잉태점 08

44세에 임신 가능 여부?

단골 손님의 친구이고 올해 44세의 여자 분입니다. 문점 당시에 결혼 6년차인데, 작년 12월 15일 상담시까지 단 한번도 임신을 해 본적이 없다고 합니다. 이제 임신을 포기해야 하는지 많이 힘들어했습니다.
언제 임신이 가능한지 보았습니다.

	重地坤 (중지곤) 之 雷地豫 (뢰지예) 屬 坤 土		
玄武	孫 酉	‖ 世	乙未 年
白虎	財 亥	‖	
螣蛇	父 午 兄 丑	⚋	戊子 月
句陳	官 卯	‖ 應	乙丑 日
朱雀	父 巳	‖	(戌亥 空亡)
靑龍	兄 未	‖	

解斷 해단

어떤 점괘가 되었든 간에 용신이 世爻에 임하면 그것은 반드시 뜻을 이루게 됩니다.
世爻에 孫爻가 임하니 반드시 임신을 하게 됩니다.
2016년 卯月 (양력 3월 6일~4월 4일) 사이에 반드시 임신이 되니 걱정하지 않아도 됩니다.

다만 世爻가 月에서 생조 받지 못하고, 일진과 동효로부터 입묘 되어 힘이 없으니 밥을 잘 챙겨 먹고, 건강 관리에 힘 써야만 임신이 가능합니다. 몸 관리에 최선을 다해야 합니다.

다행스러운 것은 初爻가 암동하여 世爻를 생조하니 이 암동이 世爻를 살린 것입니다.

이와 같이 해단 하였습니다.

이 문점자와 단골 손님이 지난 3월 24일에 찾아 왔습니다.
임신이 되었고 감사의 뜻으로 식사 대접한다고 왔습니다.

만일 初爻의 兄爻가 암동하지 않았다면 임신이 불가능 했을 것입니다. 암동은 동효 못지 않게 이렇게 매우 중요한 것이니 잘 살펴 보아야 할 것입니다.

| 잉태점 | 09

또 유산이 될는지?

부부가 함께 5년째 방문하고 있는 단골인데, 결혼 직전부터 지금까지 5년째 부부가 함께 상담하는데, 두 번의 유산을 겪고 난 뒤에 심적으로 고통을 많이 겪고 있다고 합니다.

2015년 초에 신수를 보았을 때, 2015년에 임신이 될 것이라고 하였는데, 역시나 임신이 되었고 2015년 12월 21일에 또 다시 임신한 아이가 유산이 될까 두려워 어떨런지 걱정하면서 문점 하였습니다.

	澤地萃(택지췌) 之 水地比(수지비) 屬 兌 金	
螣蛇	父 未 ‖	乙未 年
句陳	兄 酉 ∣ 應	
朱雀	兄 申 孫 亥 ⼂	戊子 月
靑龍	財 卯 ‖	辛未 日
玄武	官 巳 ‖ 世	
白虎	父 未 ‖	(戌亥 空亡)

解斷 해단

모든 것은 복잡한 듯 보이지만 하나로 다 읽을 수 있는 것입니다.
문점자가 간절하다면 이 점괘와 같이 하나의 괘로 모든 것을 다 알수 있는 것입니다.

　世에는 힘이 없는 官爻가 임하니 걱정이 이만저만이 아닌 것입니다. 四爻 孫爻가 공망이지만, 月의 생조를 받고 동하여 日의 생조를 받는 힘있는 변효에 회두생을 받으니 아기에게는 전혀 문제가 없는 것입니다.

　양효 변 음효가 되니 딸이 되겠습니다.

　엄마가 힘이 없으니 밥 잘 챙겨 먹고 좋은 생각만 해야 합니다. 결론적으로 유산의 위험도 없으니 전혀 걱정하지 않아도 됩니다.

　이와 같이 해단 하였습니다.

　이 문점자인 부인이 오늘 오전에 전화를 주셨습니다.

　밥 잘 챙겨 먹으며 좋은 생각만 하고 잘 지내고 있다고 합니다. 지난 주에 산부인과를 또 다녀 왔는데, 이미 두 번의 유산을 경험한 터라 여러가지 추가 검사를 다 받아 보았다고 합니다.

　아기에게 전혀 문제가 없고, 병원에서 예쁜 옷을 준비하라 했다고 합니다. 딸인 것을 이야기해주는 대목입니다.

잉태점 10

임신 가능 여부

이메일을 통해 처음 상담하신 분입니다. 5월 12일에 문의 하셨는데, 결혼 후 임신이 안 되어 걱정이라 언제쯤 임신이 가능한지 물었습니다. 5월 13일 밤에 점단하여 이메일로 답하였습니다.

점괘는 아래와 같습니다.

天地否(천지비)之 火雷噬嗑(화뢰서합) 屬 乾 金		
句陳	父戌　ㅣ　應	乙未 年
朱雀	父未 兄申　⚊	
靑龍	官午　ㅣ	辛巳 月
玄武	財卯　ㅣㅣ 世	己丑 日
白虎	官巳　ㅣㅣ	
螣蛇	孫子 父未　⚊　(伏 孫 子)	(午未 空亡)

解斷 해단

　힘이 없는 孫爻가 父爻 아래에 복신되어 있습니다.
　설상가상 孫爻를 극하는 초효 父爻가 동하였는데, 다행스럽게도 五爻의 兄爻가 동하여 父爻의 힘을 泄氣 설기하고 다시 孫爻를 생조하여 줍니다.

立秋 입추로 슬슬 접어들기 시작하는 양력 7~9월인 未申酉月 중에 임신을 할 것입니다. 혹, 이 때 임신하지 못한다 해도 양력 11, 12월인 亥子月 중에는 반드시 임신이 가능합니다.

이와 같이 해단하고 5월 13일 밤에 답장을 하였습니다.

손님에게 10월에 다시 이메일을 받았습니다.

그 때까지 임신이 되지 않은 상태라고 걱정이 된다고 합니다. 하지만 이 점괘를 다시 보니 임신을 하는데는 전혀 문제가 없습니다.

그래서 올해 양력 11, 12월인 亥子月 중에는 반드시 임신이 되니 너무 걱정 마시고 차분하게 기다려 보시라고 하였습니다.

지난 금요일 1월 8일에 이메일을 받았습니다.

임신 10주차에 접어 들었다고 감사 인사를 하였습니다. 亥月에 임신을 한 것입니다.

만일 이 점괘에서 다섯 번 째 오효 兄爻가 동하지 않았다면 亥子月 중에도 절대 임신이 되지 못하는 점괘입니다.

매봉역학 아카이브 #01 육효해단
ARCHIVE SERIES

송사점 訟事占

訟事占 송사점은 소송의 길흉 여부에 관해 알아보는 것입니다.
민사 소송과 형사 소송으로 나눠 봅니다.

민사 소송은 상대방인 應爻가 世爻를 생조하면 길하게 되는 것이고, 형사 소송은 世爻의 왕성함과 官災 관재를 뜻하는 官爻를 극하는 孫爻를 우선적인 용신으로 봅니다.

모든 점괘에서 늘 반복하는 것이지만, 송사점은 특히 世爻가 왕성해야 소송에서 반드시 이길 수가 있습니다.

송사점 01
신종 사기 수법

강원도에 살고 계신 손님인데, 서울중앙지방법원에서 등기 우편물이 왔다고 합니다. 전혀 모르는 채권자로부터 채무를 갚으라는 청구 취지의 지급 명령서가 왔는데, 청구 원인에 따르면 손님이 2013년에 어떤 상품을 할부로 구매하고 지금까지 물품 대금을 납부하지 않아서 그에 대한 채무가 발생하였다며, 이자를 포함하여 총 4,900만 원 가량의 대금을 지급하라는 법원의 지급 명령서가 왔다고 합니다.
손님은 전혀 알지 못하는 제품이며, 또한 서울에 친구, 가족 등 연고가 없었기에 몹시 당황하여 제게 문점 하였습니다.

점괘는 아래와 같습니다.

	風雷益 (풍뢰익) 之 山澤損 (산택손) 屬 巽 木	
青龍	兄卯　　Ⅰ 應	辛丑 年
玄武	父子 孫巳　⼂	
白虎	財未　ⅠⅠ	壬辰 月
螣蛇	財辰　ⅠⅠ 世 (伏 官 酉)	丁酉 日
句陳	兄卯 兄寅　⼂⼂	(辰巳 空亡)
朱雀	父子　Ⅰ	

송사점 訟事占

解斷 해단

　二爻에서 兄爻가 동하여 진신이 되었고, 맨 위의 상효 兄爻가 암동하여 돈이 나가는 형국처럼 보이지만, 五爻의 孫爻가 동하여 木生火, 火生土로 貪生忘剋 탐생망극하여 世爻를 생조하니 전혀 문제가 없습니다.
　걱정할 일이 아니니 바로 법원에 이의 신청서를 작성하여 빠른 등기 우편으로 발송하라고 알려 주었습니다.
　해당 지급 명령서에 쓰인 날짜 이전부터 현재까지 강원도를 벗어나 산 적이 없고, 또한 해당 채무가 발생한 시기에는 개명을 했을 때라고 합니다. 그래서 제가 볼 때는 개인정보 도용으로 인한 것으로 의심되니 법원에 이의 신청서를 써서 보내라고 알려 주었습니다.

　이 손님이 어제 전화를 주셨습니다. 당시에 제가 알려준 대로 바로 이의신청서를 작성하였고, 다음 날 등기 우편을 보냈는데, 어제 서울중앙지방법원에서 재차 등기 우편물이 왔다고 합니다. 내용을 보니 채권자의 지급명령 신청을 전부 취하한다는 취하서가 온 것입니다.

　이 사례를 보면서 느낀 것인데, 아마도 이것은 신종 사기 수법인 듯합니다. 보이스피싱이나 각종 스캠 등 여러 유형의 신종 사기가 많은 요즘인데, 가만히 생각해 보니 이 경우는 개인정보가 유출되면, 그 정보를 통해 무작위로 소액 민사 소송을 하는 신종 사기 수법인 것 같습니다.
　물론 이것은 저의 추측입니다만, 채권자의 집 주소를 알지 못해도 이름과 주민등록 번호만 알면 소송이 가능하기 때문에 무작위로 소액 민사 소송을 하는 것이 아닌가 하는 합리적인 의심이 듭니다.

송사점 02

유가족의 소송

경기도 모처에 1,000평 가까이 되는 돌아가신 아버지께서 공동 투자하신 땅이 있는데, 명의는 다른 투자자 명의로 되어 있다고 합니다. 아버지께서 돌아가신 후 땅에 공동 투자한 사람이 유가족에게 돈을 전혀 돌려주지 않아 어찌해야 하는지 문점 하였습니다. 상대가 돈을 주겠는지 점괘를 보았습니다.

山雷頤 (산뢰이) 之 山澤損 (산택손) 屬 巽 木			
玄武	兄 寅	ㅣ	丁酉 年
白虎	父 子	ㅐㅐ (伏 孫 巳)	
螣蛇	財 戌	ㅐㅐ 世	丁未 月
句陳	財 辰	ㅐㅐ (伏 官 酉)	甲寅 日
朱雀	兄 卯 兄 寅	ㅒ	(子丑 空亡)
靑龍	父 子	ㅣ 應	

解斷 해단

상대방인 應爻에 공망이 임하고 兄爻가 동하여 진신 되니 상대는 전혀 돈을 줄 마음이 없습니다. 이러한 경우는 소송하는 것이 좋습니다.

應爻 상대측은 2018년 戊戌年~2019년 己亥年 중에 땅 매매를 진행할 것으로 보입니다.

소송 걸었을 경우 결과는 어찌 되겠는지 다시 점괘를 보았습니다.

	火雷噬嗑（화뢰서합）之 山澤損（산택손）屬 巽 木		
玄武	孫 巳	ǀ	丁酉 年
白虎	財 未	ǁ 世	
螣蛇	財戌 官 酉	ᐯ	丁未 月
句陳	財 辰	ǁ	甲寅 日
朱雀	兄卯 兄 寅	ᐯ 應	(子丑 空亡)
靑龍	父 子	ǀ	

解斷 해단

應爻는 또 兄爻가 임하고 동하여 진신되니 돈을 줄 마음이 없습니다. 그러나 四爻에서 官이 동하여 應爻를 극하고 변효 財를 化出 화출하니 소송에서 이기고 돈을 받을 수 있는 점괘입니다. 世爻에 財가 임한 것도 다행스럽습니다.

다만 일진에 兄爻가 임하니 한 번에 다 받지는 못하고 원금보다 적게 받게 될 가능성이 높습니다.

결과적으로 소송 걸었을 경우 2018~2019년 사이에 돈을 받는 것이 가능합니다.

이와 같이 해단 하였습니다.

이 문점자께서 이틀 전, 11월 21일에 사업 건으로 문점할 일이 있었는데, 당시에 본 점괘 결과대로 소송하였고, 올 11월에 절반에 가까운 돈을 받았으며,

내년 2월까지 원금을 거의 다 받기로 했다고 전했습니다.

   어머니께서 거의 포기하다시피 하였는데, 그래도 돈을 받게 되어 매우 좋아하셨다며 제게 감사하다는 메시지를 함께 남겨 주셨습니다.

   소송 비용이 1,000만 원 가까이 들었다고 하는데, 그래도 점괘대로 소송을 진행하시고 결과를 잘 보게 되어 천만 다행스럽다고 하였습니다.

   남은 돈 또한 잘 받으시게 될 터이니 마음 편하게 지내셔도 됩니다.

송사점 03
나에게 불이익이 생길 것인가?

사이버 수사대에서 연락이 왔는데, 자신과 같은 동명이인의 어떤 사람이 자신의 우체국 통장 번호를 이용하여 범죄에 악용을 하려고 하는 단서가 포착 되어 연락이 온 것입니다. 소위 말하는 대포 통장으로 사용된 것인지에 대해 경찰에서 묻고 또 통장을 빌려주거나 한 것은 아닌지에 관해 물었다고 합니다. 왜 이러한 일이 발생한 것인지 너무 속상해서 바로 은행에 가서 해당 계좌를 해지하고 답답한 마음에 제게 연락하여 이번 일로 인해 자신에게 불이익이 없는지에 관해 물었습니다.

점괘는 아래와 같습니다.

火天大有 (화천대유) 之 雷天大壯 (뢰천대장) 屬 乾 金			
玄武	父戌 官巳	⼃ 應	己丑 年
白虎	父未	‖	甲戌 月
螣蛇	兄酉	l	甲午 日
句陳	父辰	l 世	
朱雀	財寅	l	(辰巳 空亡)
靑龍	孫子	l	

解斷 해단

世에 父爻가 임하여 공망이고 月破 월파를 당하니 이번 일로 인해 많이 괴로운 상태입니다. 우울하고 답답한 심정을 이루 말할 수가 없는 것입니다.

상효 官이 동하여 戌土의 父로 화하니 해당 경찰서에서 다시 연락이 올 것입니다.

그러나 초효 孫爻가 암동하여 官爻를 극하고, 上爻 변효의 괘가 六沖이 되니 생각보다 일찍 마무리가 될 것이고 당사자에게 피해는 없을 것입니다.

이와 같이 해단 하였습니다.

해당 통장에는 한 달에 두번 보험료가 이체되는 것 이외에 다른 거래는 없는데, 왜 이러한 일이 일어 난 것인지 답답해 하셨습니다.

통장 거래 내역도 경찰에서는 이미 파악을 한 상태라 별 다른 의심은 없다고 합니다.

해당 경찰서에서 다시 연락이 왔지만 경찰서로 출석은 하지 않았고, 전화로 진술을 받았다고 합니다. 해당 통장을 해지하였고, 이후 범죄 혐의는 없어서 잘 마무리 되었다고 합니다.

송사점 04

구청에서 어떤 조치가 있을 것인가?

대학로에서 떡볶이 포장마차를 운영하시는 손님입니다. 허가를 받지 아니하고 계속 포장마차를 운영해 오다가 얼마 전 구청에서 나와 사진도 다 찍어가고 신분증을 달라고 해서 인적사항까지 다 적어 갔는데, 구청에서 앞으로 어떤 조치가 있을 것인지 몹시 우려했습니다. 점괘는 아래와 같습니다.

	風澤中孚 (풍택중부) 之 天澤履 (천택리) 屬 艮 土	
靑龍	官卯 ㅣ	戊子年
玄武	父巳 ㅣ　(伏 財 子)	
白虎	父午 兄未 ⅛ 世	壬戌 月
螣蛇	兄丑 ‖　(伏 孫 申)	丁未 日
句陳	官卯 ㅣ	
朱雀	父巳 ㅣ 應	(寅卯 空亡)

解斷 해단

世에 兄爻가 임하였고 月과 일진에도 兄爻가 나타나 있습니다. 世가 동하여 午火 父로 변하여 六合을 이루었습니다. 구청에서의 조치는 벌금 형태의 문서를 받게 될 것이고, 금액은 100만 원 가량이 될 것이라 하였습니다.

또한, 三爻의 兄爻가 암동하니 벌금을 내야 할 문서는 하나가 아닌 둘이 되는 것이고, 그 하나의 금액은 50만 원이 될 것이라 하였습니다. 총 두 개의 문서로 하나는 100만 원이 될 것이요, 또 하나는 50만 원이 될 것이라 말하였습니다.

양력 11월 5일에 손님에게서 전화가 왔습니다. 구청에서 문서가 왔는데 총 두 개의 문서로 하나는 불법 영업에 의한 문서요, 또 하나는 불법 도로 점령의 벌금 문서라고 합니다.
하나는 100만 원, 또 하나는 49만 8천 원의 벌금이 나왔다고 합니다.

사실, 이러한 점단의 결과는 제가 정확히 맞추어도 뭔지 모르게 좀 찜찜합니다. 손님이 불법 영업을 잘했다는 것이 아니라 어느 정도의 유예기간이나 다른 자리를 알아볼 수 있는 시간적인 여유를 좀 주었으면 어떠할까 하는 생각을 해 보았습니다.

해당 점괘를 본 것이 2008년도이니 꽤 오랜 시간이 지났습니다. 요즘에는 노점상이라고 해도 지자체에서 허가를 받은 곳만 영업이 가능하기 때문에 이런 경우가 거의 불가능한데, 당시에는 변화의 바람이 일던 시절이라 불법 영업을 하는 노점상이 정말 많았습니다.

이 손님은 현재 다른 지역에서 작은 밥집을 운영하고 있습니다.

송사점 05

민사 소송 재판

서울에서 프랜차이즈 음식점을 운영하고 있는 분인데, 현재 운영하는 음식점이 아닌 이전에 했던 다른 프랜차이즈 업체측에서 자신이 일방적 영업 취소를 한 것에 대해 민사 소송을 하여 2월 19일에 판결이 나오는데 결과가 어찌 되겠냐고 문점 하였습니다.

점괘는 아래와 같습니다.

	地雷復 (지뢰복) 之 重雷震 (중뢰진) 屬 坤 土	
玄武	孫 酉　‖	壬辰年
白虎	財 亥　‖	
螣蛇	父午 兄丑　⚊⚋ 應	癸丑 月
句陳	兄 辰　‖	乙未 日
朱雀	官 寅　‖　（伏 父 巳）	（辰巳 空亡）
靑龍	財 子　⚊ 世	

解斷 해단

민사 소송은 다른 소송에 비해 판단을 하기가 매우 쉽습니다. 우리 측을 나타내는 世爻와 상대측인 應爻의 生剋制化 생극제화만을 보고 판단하면 되기 때문입니다.

물론 月과 日, 동효 변효도 다 봐야하지만, 민사 소송점에서 가장 중요한 것은 世爻와 應爻를 우선적으로 보고 판단하면 됩니다.

世爻가 생조받는 것이 없으니 힘이 전혀 없습니다. 月에 생조받아 힘있는 應爻가 동하여 世爻를 극하고 있습니다. 무서운 상대입니다.

재판 결과는 우리가 지게 될 것입니다.

이와 같이 해단 하였습니다.

이 문점자가 오늘 오후에 다시 다녀갔습니다.
판결은 점괘대로 졌다고 합니다.
변호사가 항소하자고 해서 어찌해야할지 점괘를 보았는데, 역시나 좋지 않은 점괘가 나왔습니다. 항소를 권하지 않았습니다.

이 손님은 변호사를 믿고 항소를 진행하였는데, 결국은 재판에서 졌으며 상대측에서 제시한 엄청난 위자료를 낼 상황에 처했습니다.

송사점 06

법적인 처벌이 어찌될까?

몇 차례 방문했던 남자 손님인데, 지난 연말에 법에 저촉되는 일을 저질러서 경찰 조사를 받았다고 합니다. 문점한 날, 경찰이 아닌 검찰에서 출두하라는 연락이 와서 당장 내일 검찰에 가서 조사를 받아야 하는데 그 결과가 어찌 될런지에 대해 문점 하였습니다.

점괘는 아래와 같습니다.

	天火同人 (천화동인) 之 天雷无妄 (천뢰무망) 屬 離 火		
句陳	孫 戌	Ⅰ 應	戊子 年
朱雀	財 申	Ⅰ	
靑龍	兄 午	Ⅰ	乙丑 月
玄武	孫 辰 官 亥	⅃ 世	己未 日
白虎	孫 丑	ⅠⅠ	(子丑 空亡)
螣蛇	父 卯	Ⅰ	

解斷 해단

世에 官이 임하고 月과 日의 생조를 받지 못하니 우리 측이 잘못한 것은 명백한 사실입니다. 또한 世爻가 동하여 회두극을 당하니 현재 당신은 많은 걱정을 하고 있는 것입니다.

회두극이지만 변효가 辰土로 화하여 六沖 괘가 되니 금방 마무리가 되겠습니다.

孫爻가 중중하고 官爻가 무력하니 문점자의 잘못은 있지만, 크게 문제될 것은 아닙니다.

또한 兄爻가 일진과 合을 이루어 움직임이 없으니 벌금조차 나오지 않습니다. 아마도 이 법적인 문제에 관해서 그 결과는 문점자인 자신에게 큰 해로움이 없이 잘 마무리가 될 것입니다.

이와 같이 해단 하였습니다.

이 문점자께서 그 다음날인 1월 15일 申時 (오후 3시 32분~5시 32분)에 전화가 왔습니다. 검찰에서 조사를 받고 나오는 길이며, 검찰 조사에서 나온 결과는 몇 시간의 교육을 받고 마무리하는 것으로 되었다고 합니다.

다만, 검찰에서는 이번 일로 인하여 깊이 반성을 하고 다시는 이런 일을 저지르지 말 것을 엄중하게 구두로 경고 하였다고 합니다.

송사점 07

회사 대표 구속

남자 손님입니다. 현재 다니고 있는 회사 대표가 올 초 재판에서 구속이 되었는데, 향후 있을 2심 재판의 결과는 어찌 되겠는지 문점 하였습니다. 대표가 유명인이라 특정될 수 있어서 자세한 내용을 밝힐 수 없는 것을 양해 바라며 미리 밝힙니다.

점괘는 아래와 같습니다.

天山遯 (천산돈) 之 雷山小過 (뢰산소과) 屬 乾 金				
玄武	父 戌	父 戌	⁄	戊戌 年
白虎	兄 申	兄 申	⁄ 應	
螣蛇	官 午		I	丁巳 月
句陳	兄 申		I	甲子 日
朱雀	官 午		II 世 (伏 財 寅)	(戌亥 空亡)
靑龍	父 辰		II (伏 孫 子)	

解斷 해단

본인의 송사점이 아닌 다른 이의 송사점을 해단하는 것이 까다롭다고 느끼시는 분이 많은데, 걱정할 것이 없습니다.
　송사점이니 당연히 官爻를 봐야 하는 것이고, 내가 아닌 상대의 점괘를 보는 것이니 應爻의 기세를 함께 보면서 두 가지를 합하여 해단하면 되는 것입니다.

　문점자가 다니고 있는 회사 대표의 구속 지속 여부와 함께 문점자의 향후 진로가 바뀔 수 있는 상황이 연결되었기에 보았습니다.

　應爻인 회사 대표가 동하여 月과 함께 合이 되었습니다. 應爻는 兄爻인데 月이 官爻가 되니 꼼짝없이 갇혀 있는 것을 보여주고 있습니다.
　五爻와 上爻가 동하여 복음이 되니 엎드려 신음하는 모습니다. 설상가상 二爻의 官爻와 四爻의 官爻가 암동하여 應爻를 극하니 도저히 빠져나올 수가 없습니다. 안타깝지만 2심 재판에서도 실형을 선고 받게 되어 나오지 못하게 됩니다.

　위와 같이 해단 하였습니다.

　문점자가 추석 때 제게 인사를 하러 왔는데, 회사 대표가 결국은 2심 재판에서도 실형을 선고 받았다고 합니다. 상고를 했다는데, 이 점괘에서 암동하고 있는 두 개의 官爻가 應爻를 극하고 있는 상황이기 때문에 상고에서도 패소하게 될 것입니다.

　결국 상고에서도 패소했음을 TV 뉴스를 통해 알게 되었습니다.
　문점자께서도 다른 회사로 이직하였습니다.

송사점 08
전셋집의 경매

대학원생인데 현재 사는 전셋집이 계약 만료 두 달을 앞두고 있는데, 강제 경매가 진행된다는 관련 서류가 법원에서 왔다고 합니다.
전세금을 날리게 될지 몹시 괴로워하며 문점 하였습니다.
전세금은 1억인데, 부모님께서 고생하며 열심히 일해 번 돈인데 잘못되면 정말 큰 일이라 너무 걱정이라고, 부모님께 말도 못 하고 몇 날 며칠을 끙끙 앓고 있다고 합니다.
현재 사는 전셋집이 강제 경매가 진행되었는데, 전세금 1억을 온전히 받게 되는지 보았습니다.

風水渙(풍수환) 之 重水坎(중수감) 屬 離 火				
螣蛇	官 子	父 卯	╱	己亥 年
句陳		兄 巳	Ⅰ 世	
朱雀		孫 未	Ⅱ (伏 財 酉)	癸酉 月
靑龍		兄 午	Ⅱ (伏 官 亥)	庚戌 日
玄武		孫 辰	Ⅰ 應	(寅卯 空亡)
白虎		父 寅	Ⅱ	

解斷 해단

전혀 문제 될 것이 없다고 나왔습니다. 걱정할 사안이 아닙니다.

현실적으로 보면 법원에서 배당 기일까지 권리 신고를 하라고 하고, 경매가 진행된다고 하니 얼마나 걱정이 많았을지 생각은 듭니다. 당연히 겁도 나고 괴롭고 했을 것입니다.

世爻는 힘이 없으니 잔뜩 겁을 먹고 있으며, 일진 戌土에 入墓 입묘 되어 걷잡을 수 없는 무서움에 떨고 있지만, 집을 나타내는 문서인 상효 父爻가 동하여 日과 合하고, 변효는 六沖 괘를 만들어 내니, 世爻를 극하는 것이 전혀 나타나지 않으며, 財爻는 복신되어 있으나 月에 財가 임하니 전혀 문제없이 해결되는 것입니다.

결국 문점자에게 전혀 해로운 것이 없는 점괘입니다. 그러니 걱정하지 말고 마음 편히 지내면 곧 해결이 될 것이니 점괘를 믿고 기다리면 되겠습니다.

이와 같이 해단 하였습니다.

이 문점자가 어제 9월 26일 연락을 해왔습니다.
채권자가 수탁자로 변경이 되면서 경매는 취하가 되었고, 이미 가등기 처리되어 전세금은 문제없이 돌려받게 되었다고 합니다.
전혀 문제없이 해결된 것입니다.
손님께서 친절하게 경매 취소된 서류까지 사진을 찍어 보내주었습니다.

송사점 09

파혼 위자료 소송

여자 손님이 문점 하였는데, 남자 측에게 파혼의 책임을 물어 일정 부분의 위자료를 받기 위한 점괘를 보았습니다. 남자 측에게 민사 소송을 걸면 위자료를 받을수 있는지 보았습니다.

점괘는 아래와 같습니다.

	山火賁 (산화비) 之 山地剝 (산지박) 屬 艮 土		
玄武	官 寅	I	丙申 年
白虎	財 子	II	
螣蛇	兄 戌	II 應	丁酉 月
句陳	官卯 財亥 ⁄	(伏 孫 申)	乙卯 日
朱雀	兄 丑	II (伏 父 午)	(子丑 空亡)
靑龍	兄未 官卯 ⁄ 世		

解斷 해단

　민사 소송은 應爻가 世爻를 생조하거나 이 점괘와 같이 世爻의 오행이 應爻의 오행을 응효를 극하면 반드시 이깁니다.
　世爻가 월파를 맞아 흉해 보이지만, 月에 財가 임하여 月破가 되니 위자료를 받는 것은 문제가 없습니다.

또한 初爻와 三爻가 동하여 亥卯未 삼합을 이루니 이달 酉月이 지나 戌月 중 첫 번째 未日이 되는 날에 소장을 접수하는 것이 좋습니다.

손님께서는 戌月 중 첫 번째 未日에 민사 소송을 진행했고, 추후 남자 측에서 합의 의사를 전해 와서 합의를 했고, 위자료를 잘 받았다고 감사 인사를 전해왔습니다.

송사점 10

고등학생 아들의 재판 결과는?

고등학생 아들이 친구들과 어울리는 과정에서 폭행과 절도 사건이 있었는데, 아들은 폭행도 하지 않았고 절도도 하지 않았는데 그 두 가지 사건이 발생한 직후에 사건을 저지른 아이들과 함께 있다가 붙잡히는 바람에 경찰서에 가서 조사 받게 되었고 재판을 앞두고 있다고 합니다.
재판 결과가 어찌될지 문점 하였습니다.

雷火豊 (뢰화풍) 之 重火離 (중화이) 屬 坎 水				
螣蛇	財 巳	官 戌	╳	壬辰 年
句陳		父 申	‖ 世	癸卯 月
朱雀		財 午	∣	庚寅 日
靑龍		兄 亥	∣	
玄武		官 丑	‖ 應	(午未 空亡)
白虎		孫 卯	∣	

解斷 해단

아들의 송사를 물으니 子孫爻로 용신을 삼고 官爻의 동태를 살피면 됩니다.
　다행스럽게도 孫爻는 왕성하고 上爻 동하여 관변재 되어 六沖 괘가 되었습니다. 무탈하게 금방 마무리가 되는 것입니다. 아들에게는 아무 탈이 없이 무혐의로 종결이 될 것이니 걱정 말라 하였습니다.

그런데 불안한 것이 한가지 있습니다. 五爻의 父爻가 암동하니 차후에는 필시 아들에게 또 다른 문제가 있을 것입니다.

이와 같이 해단 하였습니다.

이 문점자가 오늘 방문하였습니다.
어제 4월 17일의 재판에서 아들은 무혐의로 끝났다고 합니다. 아들의 친구인 다른 아이들은 처벌을 받았다고 합니다.

五爻의 父爻가 암동하는 것은 도로의 五爻에 해당하기 때문에 아마도 오토바이 절도나 사고를 의미하는 것으로 보이니 각별히 주의하라고 일렀습니다.

매봉역학 아카이브 #01 육효해단
ARCHIVE SERIES

해몽점 解夢占

해몽점은 잠을 자면서 꾸었던 꿈이 어떤 것을 징조하는 것인지 길흉 여부를 알아보는 것입니다.
해몽점에서 중요한 부분을 차지하는 것은, 꿈 내용이 흉하다고 해서 반드시 흉하다는 것을 의미하는 것이 아니며, 좋은 꿈을 꾸었다고 해서 길한 의미를 가지는 것은 아닙니다.

예를 들어 조상 꿈을 꾸었다고 해서 조상에 관한 것을 의미하는 것이 아니며, 사고 당하는 꿈을 꾸었다고 해서 사고가 나는 것이 아닙니다. 또한 대통령이나 연예인 등 유명인을 만난 꿈이라고 해서 좋은 의미가 아니며, 돈을 받거나 복권에 당첨되는 꿈을 꾸었다고 해서 좋은 뜻을 가진 것이 아닙니다.
해몽점은 다른 것은 볼 필요가 없으며, 오로지 동효와 변효만을 보고 판단하시고, 가장 힘이 없는 것을 대입하여 보시면 됩니다.

해몽점 01

몹시 뒤숭숭한 꿈

15년 단골 손님의 소개로 방문하였습니다.
나흘째 꿈자리가 뒤숭숭하다고 하는데, 돌아가신 시어머니와 친정 어머니도 꿈에 나오고, 모두 흉측한 몰골에 자꾸 손을 잡고 끌고 가려는 등 꿈 속 내용이 너무 복잡하여 전부 기록하기는 무리인데, 그래서 뒤숭숭한 그 몇 개의 꿈이 어떤 징조인지를 문점 하였습니다.

점괘는 아래와 같습니다.

	雷地豫 (뢰지예) 之 澤地萃 (택지췌) 屬 震 木		
螣蛇	財戌 ‖		壬寅 年
句陳	官酉 官申 ⚊̸		
朱雀	孫午 ⎪ 應		庚戌 月
靑龍	兄卯 ‖		庚戌 日
玄武	孫巳 ‖		
白虎	財未 ‖ 世 (伏 父子)		(寅卯 空亡)

解斷 해단

　五爻에서 官爻가 동하여 진신이 되었습니다. 五爻는 도로를 의미하니 길가에서의 사고수가 매우 심한 것입니다.

문점자의 양가 부모님 모두 안 계시니 복신 된 父爻는 의미가 없고, 형제가 없는 분이기 때문에 공망된 兄爻 또한 볼 필요가 없습니다.

그렇다면 月과 日에 입묘가 된 자손이 문제입니다. 자손이 있는가 물으니 아들 하나, 딸 하나가 있다고 합니다.

官爻와 가까이 있는 應爻의 孫爻는 陽爻가 되니 아들의 사고수를 매우 주의해야 합니다.

이와 같이 해단 하였습니다.

6일이 지난 오늘 저녁에 전화가 왔습니다. 아들이 국제 페스티벌 행사에 친구들과 놀러 갔다가 압사 사고를 당하여 사망했습니다.

삼가 고인의 명복을 빕니다.

해몽점 02

돌아가신 어머니 꿈

아침 6시가 조금 안 된 시간에 전화 벨이 계속 울립니다. 잠이 조금 덜 깬 상태에서 보니 이렇게 이른 시간에 전화하실 단골이 아닌데 걱정하며 받으니 돌아가신 어머니 꿈을 꾸었는데 어머니의 행색이 너무 안 좋아 보이셨고 너무 놀라서 어머니 손을 붙잡고 펑펑 울었던 꿈이라고 합니다.
잠에서 깨어 가슴이 철컹 내려 앉아 실례를 무릅쓰고 일찍 전화 하였다고 합니다. 해몽을 해달라고 했는데, 제가 잠자리에 누워 있던 상태라 여섯 번의 숫자를 부르라고 하여 占卦 점괘를 내었습니다. 숫자는 초효부터 상효까지 135. 87. 11. 28. 160. 184.

점괘는 아래와 같습니다.

地天泰(지천태)之 地澤臨(지택림) 屬 坤 土		
句陳	孫 酉 ‖ 應	癸巳 年
朱雀	財 亥 ‖	
靑龍	兄 丑 ‖	乙卯 月
玄武	兄 丑 兄 辰 㐅 世	己亥 日
白虎	官 寅 │ (伏 父 巳)	
螣蛇	財 子 │	(辰巳 空亡)

해몽점 解夢占

解斷 해단

　世爻 자신이 공망인데, 兄爻가 동하여 퇴신되고 있습니다. 月과 日의 생조가 없으니 힘이 없습니다. 돈이 나가는 것을 알려주는 꿈입니다.

　혹, 투자나 계약을 하여 돈 쓸 일이 있는데 그것에 대해 망설이고 있는지 물었는데, 오늘 오후에 투자용으로 아파트를 하나 구입하기로 하여 계약 예정이라고 합니다.

　그것에 대해 망설이고 있는 것 같은데 어떠신가 물었더니 비슷한 아파트보다 굉장히 싸게 나와 어제 밤 늦게 보게 되어 가계약금 100만 원을 서둘러서 주고 오늘 정식 계약 하기로 했다고 합니다.

　하지만, 정식 계약을 하게 되면 훗날 더 큰 손해를 보게 될 것입니다. 필시 돌아가신 어머니께서 하지 말라고 일러 주시는 것입니다. 100만 원이 적은 돈은 아니지만 그래도 이만한게 다행이라 생각해야 합니다.

　손님은 제게 계약하지 않는 쪽으로 생각하겠다고 하였는데, 결국은 정식 계약을 했다고 합니다.

　추후 전세 세입자를 들이기 전에 도배를 새로 해주려고 했는데, 아파트 천장과 벽에서 누수가 발견 되었고, 수리하는데 있어서 여러모로 골치를 썩고 있으며, 시세보다 싸다고 생각한 것이 공사로 인해 오히려 돈이 더 많이 들었으며 전세 세입자도 계약을 파기하여 10개월 넘게 세입자를 들이지 못했습니다.

　아파트에 하자가 있는 것은 일진의 생조를 받아 물기를 머금은 宅爻 택효의 官爻 때문인 것입니다.

해몽점 03

돈다발을 받는 꿈은 무슨 꿈인가?

제 사무실 근처에 사는 동네 분이신데 간밤에 꾸었던 꿈에서 잘 아는 지인으로부터 뜬금없이 돈다발을 받는 꿈을 꾸었다는데 어떤 꿈인가 하고 문점 하였습니다.

점괘는 아래와 같습니다.

水山蹇 (수산건) 之 澤山咸 (택산함) 屬 兌 金			
螣蛇	孫子 II		戊子 年
句陳	父戌 I		
朱雀	孫亥 兄申 X 世		乙丑 月
靑龍	兄申 I		辛酉 日
玄武	官午 II	(伏 財 卯)	
白虎	父辰 II 應		(子丑 空亡)

解斷 해단

世爻에 兄爻가 임하였으나 왕성하고 동하여 변효가 孫을 化出 화출 하였으니 이는 틀림없이 기쁜일이 있을 것입니다.

兄爻는 돈을 쓰는 글자이니 40만 원~90만 원의 지출이 있을 것으로 보이며, 이는 기쁜 일로 쓰이는 돈입니다.

이와 같이 해단 하였습니다.

이 손님이 오늘 저녁에 방문 하였습니다.
문점자가 말하기를 오전 10시 경에 집근처에 사는 여동생이 돈이 좀 있으면 급히 필요하니 해 달라고 하여 물을 겨를도 없이 지갑에 있는 돈을 다 주었는데, 총 44만 원이 되었다고 합니다.
몇 시간이 지나 동생이 다시 언니 집에 방문 하였는데, 여동생이 병원을 다녀 왔다고 합니다. 산부인과에 다녀 왔다고 합니다.
여동생이 둘째 아이를 임신하였다고 합니다.
형변손 되니 형제의 임신에 대해 꿈을 꾼 것입니다.

추후 잘 출산하여 작명을 의뢰해서 예쁜 아기 이름을 지어줬습니다.

해몽점 04

키우던 개가 나온 꿈

남매가 함께 단골 손님입니다. 남매의 누나되는 분이 4월 9일 아침에 다급하게 전화를 걸어왔습니다. 키우던 개가 2년 전인가 죽었는데, 그 개가 꿈에 나왔는데 꿈에서 깬 뒤 기분이 너무 좋지 않아 인터넷으로 꿈 해몽을 검색해 봤더니 그 해석들이 너무 안좋아 전화를 걸어왔습니다.

점괘는 아래와 같습니다.

	火澤睽 (화택규) 之 天澤履 (천택리) 屬 艮 土	
玄武	父巳 ㅣ	癸巳 年
白虎	孫申 兄未 ⚊⚋ (伏 財 子)	
螣蛇	孫酉 ㅣ 世	丙辰 月
句陳	兄丑 ⚋	乙巳 日
朱雀	官卯 ㅣ	
靑龍	父巳 ㅣ 應	(寅卯 空亡)

解斷 해단

많은 분이 오해하고 있는 것이 있는데, 꿈이란 그 내용이 나쁜 꿈이라고 해서 다 나쁜 것이 아니고 좋은 꿈을 꾸었다고 해서 다 좋은 해석이 있는 것은 아닙니다. 개인적으로는 꿈 내용에 관해 각각의 의미를 부여하기 보다는 점단을 통해 의미하는 바가 무엇인지, 그 꿈을 꾸고 난 뒤 어떤 일이 벌어지게 될 것인지를 알아보는 것이 더 정확하다는 것입니다.

동효가 月과 日의 생조를 받아 힘이 넘치며, 형변손 되니 동생에게 기쁜 소식이 있을 것입니다.

이와 같이 해단 하였습니다.

딱히 좋은 일이 생길 것이 없는데 도대체 뭘까 궁금해 하면서 기분 좋게 전화를 끊었습니다.

어제 4월 27일 오후에 이 남매가 방문하였습니다. 점단한대로 남동생에게 기쁜 일이 있었습니다. 금전적으로 좋은 일이 생긴 것입니다. 제게 그 기쁜 소식도 전할 겸 식사 대접한다고 함께 찾아왔습니다.

정말 의리가 좋고 우애가 남다른 남매라서 참 부러웠는데, 앞으로 더 좋은 일이 많이 생기고 그동안 열심히 한 길만을 걸어오고 노력한 만큼의 결실을 맺을 수 있기를 기원해 봅니다.

해몽점 05

어지러운 꿈을 꾸었는데 어떤 의미인가?

여자 손님입니다. 간밤에 상당히 기분 나쁘고 어지러운 꿈을 꾸었는데 어떠한 꿈인지 전화로 문점 하였습니다.

점괘는 아래와 같습니다.

澤火革 (택화혁) 之 澤天夬 (택천쾌) 屬 坎 水	
螣蛇 官未 ‖	庚寅 年
句陳 父酉 │	
朱雀 兄亥 │ 世	戊寅 月
靑龍 兄亥 │ (伏 財 午)	辛丑 日
玄武 孫寅 官丑 ※	(辰巳 空亡)
白虎 孫卯 │ 應	

解斷 해단

동효가 관변손으로 회두극을 맞습니다. 이는 문점자가 갖고 있는 어떤 근심이나 걱정이 해소가 된다고 알려주는 꿈입니다.

무섭고 어지러운 꿈일지는 몰라도 해몽은 이렇게 좋으니 전혀 걱정할 일이 아닌 것입니다.

이와 같이 해단 하였습니다.

이 문점자가 어제 2월 22일 오후에 전화가 와서 하는 말이 과연 그렇게 되었다고 합니다.
얼마 전에 자신이 어떠한 사람으로 인해 구설수가 생기지 않을까 전전긍긍하는 사건이 있었는데, 그 당사자와 통화를 하였고 자신이 그 사람을 많이 오해하고 있었으며, 정중하게 사과를 했더니 상대가 사과를 받아 주어 구설수는 생기지 않았다고 합니다.

꿈은 현실과 반대도 아니고, 꿈에서 기분이 좋았다고 좋은 꿈이 아니며,
꿈에서 금전이 생겼다고 돈이 생기는 것도 아니고, 꿈에서 슬퍼했다고 슬픈 일이 있는 것이 아닙니다.

해몽점 06

돌아가신 아버지 꿈

손님으로 알고 지낸지 13년이 넘은 여자 손님입니다. 상담 초기 당시에 유흥업소에 다녔는데, 제가 미용 기술과 네일 아트를 배울 것을 권장했습니다. 고민도 안 하고 바로 미용 기술을 배워서 현재는 자기 미용실을 차려서 열심히 살고있는 여자 분입니다.
며칠 전부터 돌아가신 아버지가 자꾸 꿈에 나온다고 합니다. 지난 밤에도 아버지가 깨끗한 옷을 입고 나오셔서 자신에게 고맙다고 한마디 하시며 환하게 웃었다고 합니다. 그 꿈은 과연 어떤 의미를 담고 있는지 보았습니다.

점괘는 아래와 같습니다.

澤雷隨 (택뢰수) 之 澤地萃 (택지췌) 屬 震 木			
螣蛇	財未 ‖ 應		壬辰 年
句陳	官酉 ㅣ		
朱雀	父亥 ㅣ	(伏 孫 午)	辛亥 月
靑龍	財辰 ‖ 世		辛巳 日
玄武	兄寅 ‖		
白虎	財未 父子 ㇒		(申酉 空亡)

解斷 해단

　　초효 父爻가 동하여 財로 化出 화출 하였습니다. 문서로 인해 돈이 생길 것입니다.
　　문서를 거래할 일이 있는지 물으니 없다고 합니다. 부변재가 되니 반드시 문서로 인해 돈이 생길 일이 있을 것입니다.

　　이와 같이 해단 하였습니다.

　　오늘 일요일 아침 일찍 문자가 왔습니다. 내일 월요일에 본인이 운영하고 있는 미용실이 쉬는 날이니 맛있는 저녁을 사 드리겠다고 합니다. 뭐 드시고 싶으시냐고 묻습니다. 그래서 무슨 좋은 일이 있는가 물었습니다.
　　점괘를 본 날이 11월 16일 금요일 오후였는데, 해단을 듣고 나서 제게 말하지 않았지만 혹시나 해서 로또 복권을 오천 원어치 구입했다고 합니다. 다음날인 어제 토요일 밤에 퇴근하고 집에 들어가 인터넷을 보니, 로또가 3등에 당첨이 되었다고 합니다.
　　사람에 따라서는 로또 복권 1등이 안돼서 매우 아깝게 느껴지는 사람이 있는 반면에 이 여성처럼 고마워하고 행복해 하는 사람도 있는 것입니다.

　　상담 초기에 여성이 묻기를 유흥업소 생활을 벗어나서 새로운 삶을 살 수가 있느냐고 물은 적이 있습니다. 제가 답하기를 잠을 하루에 두 시간만 줄이고 미용 기술을 배우라 일렀습니다. 그러면 반드시 5년 후에 자신의 미용실을 갖게 되어 돈도 잘 벌고 떳떳하게 잘 살 수 있는 때가 온다고 하였습니다. 그렇게 몇 년의 시간이 지난 지금은 미용실 원장으로 잘 살고 있습니다. 제게도 간혹 손톱 큐티클 제거 케어를 해주곤 합니다.

해몽점 07
말벌의 독침을 뽑는 꿈

레스토랑을 운영하는 단골 여자 손님인데 지난 밤에 꾸었던 꿈에서 무시무시한 말벌이 자신을 공격하였는데 가까스로 피했고, 결국 그 말벌을 잡게 되고, 끝내 자신이 말벌의 독침을 핀셋으로 뽑아 버렸다고 합니다.

점괘는 아래와 같습니다.

	天水訟(천수송) 之 天風姤(천풍구) 屬 離 火	
白虎	孫 戌　　l	壬辰 年
螣蛇	財 申　　l	
句陳	兄 午　　l　世	庚戌 月
朱雀	財 酉 兄 午　╫　　(伏 官 亥)	癸卯 日
靑龍	孫 辰　　l	
玄武	父 寅　　ll　應	(辰巳 空亡)

解斷 해단

三爻에서 兄爻가 동하여 財로 화출 되었습니다.
　친구나 동료, 형제에게 빌려준 돈이 있는가? 물었는데, 친한 친구에게 올 초에 기약을 하지 않고 빌려 준 돈이 있다고 합니다.

빌려준 돈이 400만 원 가량인가 물으니 450만 원 이라고 합니다.
곧 그 돈을 받게 될 꿈이라고 꿈 풀이를 해 주었습니다.

어제 문점을 하였는데, 이 손님에게서 오늘 전화가 왔습니다.
친구에게 올 초에 450만 원을 빌려 주었는데, 오늘 오전에 일찍 연락이 왔고 450만 원 중에 400만 원을 입금하였다고 합니다.

해몽점 08

신내림 받는 꿈 해몽

43세 미혼, 대기업 다니는 직장인 여성입니다. 5월 22일 월요일 밤 23시 10분 경에 맥주 두 캔을 먹고 잠이 들었고, 잠을 자던 중에 신내림 굿을 받는 꿈을 꾸었다고 합니다. 새벽 5시경에 잠에서 깨었는데 호흡곤란이 올 정도로 무서웠다고 합니다.

5월 23일 화요일 전화가 와서 어떤 꿈인지 해몽을 요청하였습니다.

	風水渙(풍수환)之 山水蒙(산수몽) 屬 離 火		
螣蛇	父 卯 I		癸卯 年
句陳	官 子 兄 巳 ⺁ 世		
朱雀	孫 未 II	(伏 財 酉)	丁巳 月
靑龍	兄 午 II	(伏 官 亥)	辛巳 日
玄武	孫 辰 I 應		(申酉 空亡)
白虎	父 寅 II		

解斷 해단

교통사고가 생길 것이니 주의하라는 점괘가 나왔습니다. 五爻의 世爻가 동하여 兄爻가 官爻로 회두극을 맞으니 교통사고가 날 것임을 미리 알려 주고 있습니다. 해당일인 양력 5월 23일~양력 6월 6일 사이에 두 번의 교통사고가 생길 것이니 이 기간 동안 각별히 주의하라고 하였습니다.

　이와 같이 해단 하였더니 선생님, 그러면 제가 운전을 조심하면 괜찮은 것인가요? 제가 사고를 당하는 것인가요? 사고를 내는 것인가요? 라며 물었고, 아무리 조심해도 교통 사고가 나기는 할 것인데, 世爻가 워낙 왕성해서 조심하면 큰 사고는 면할 것이며, 사고를 당하는 것이 아니라 본인이 사고를 내는 것이니 안전운전을 하시고, 특히 비 오는 날을 주의하라고 하였습니다.

　이 손님이 4일 뒤인 5월 27일 토요일 저녁에 연락을 주셨습니다. 석가탄신일 연휴였던 5월 27일 토요일에 종일 비가 왔는데, 낮 1시 50분, 오후 5시 40분. 이렇게 하루에 두 번의 사고를 냈다고 합니다.
　첫번째 사고는 주차장에서 밖으로 나오다가 도로에 접어들면서 경미한 접촉사고를 일으켰고, 두번째 사고는 운전 중에 도로가 많이 밀리는 상황이었는데 가다서다를 반복하다가 앞차를 경미하게 들이 받았다고 합니다.
　다행히 첫번째 사고에서 상대 차주는 각자 보험처리를 하자고 해서 마무리 되었고, 두번째 사고는 상대 차주의 범퍼에 살짝 스크레치가 났는데 별거 아니니까 그냥 넘어가자고 해서 두 껀 모두 보험처리 안하고 문제없이 잘 정리 되었다고 합니다.

　꿈 내용과 점단은 이처럼 전혀 상관없이 나타나기도 하며, 나쁜 꿈이 좋은 의미를 담고 있기도 하고, 좋은 꿈도 나쁜 내용을 의미 하기도 합니다. 점단을 해 봐야 정확히 알게 되는 것입니다.

해몽점 09

돌아가신 할아버지 꿈

단골 손님의 소개로 전화하신 손님입니다. 2011년에 돌아가신 할아버지가 계속 꿈에 나온다고 합니다. 행색이 몹시 초라하고 남루하였다고 합니다. 두 달 사이에 여섯 번 정도 같은 꿈을 꾸고 난 뒤 늘 속이 메스껍고 무엇인지 모를 두려움, 불안, 초조한 증세가 계속되고 있다고 합니다.

점괘는 아래와 같습니다.

| | 水地比 (수지비) 之 | | |
	水地比 (수지비) 屬 坤 土		
螣蛇	財 子	∥ 應	癸巳 年
句陳	兄 戌	Ⅰ	
朱雀	孫 申	∥	乙卯 月
靑龍	官 卯	∥ 世	庚辰 日
玄武	父 巳	∥	(申酉 空亡)
白虎	兄 未	∥	

解斷 해단

　無動 무동의 점괘가 나왔습니다. 별 탈은 없는 꿈입니다. 다만 世爻가 三爻에서 귀혼 괘에 임하고 官爻가 임했습니다.

혹시 돌아가신 할아버지 제사를 지내지 않은지 물었습니다.

집안 자체가 불교가 아닌 타 종교 집안이라 제사를 지내지 않는다고 합니다. 38세가 되는 동안 단 한번도 제사를 지내본 일이 없다고 합니다.

제사를 지내지 않아서 알아봐 달라고 꿈에 보이신 것으로 보입니다. 하지만 제사를 지내지 않아도 문제가 생기지 않는 점괘입니다.

그래도 찜찜하면 산소에라도 가서 인사를 드리고 오라고 일러주었습니다.

문제가 생기는 점괘는 아니기에 걱정하지 않아도 됩니다.

해몽점 10

대성 통곡하는 꿈, 사망 시기는?

간밤에 어머니가 사망하여 자신이 대성 통곡을 하는 꿈을 꾸었다고 합니다. 실제로 친정 어머니가 말기 간암으로 투병 중이라고 합니다.
대체 어떤 의미인지 먼저 보았습니다.

風地觀 (풍지관) 之 風雷益 (풍뢰익) 屬 乾 金			
白虎	財 卯	Ι	壬辰 年
螣蛇	官 巳	Ι (伏 兄 申)	
句陳	父 未	ΙΙ 世	辛亥 月
朱雀	財 卯	ΙΙ	癸酉 日
靑龍	官 巳	ΙΙ	(戌亥 空亡)
玄武	孫 子 父 未	╫ 應 (伏 孫 子)	

解斷 해단

점괘가 심상치 않습니다. 어머니를 나타내는 힘없는 父爻 초효가 동하여 孫爻로 화출 하였습니다.

설상가상 父爻의 원신인 官爻는 월파되어 쓸모없게 되었습니다. 또 父爻를 극하는 財爻가 일진에 의해 암동하여 父爻를 극하고 있습니다.

부변손이 되었다는 것은 어머니가 편안해 진다는 것을 의미합니다. 간암 말기인 어머니가 편안해 진다는 것이 무엇인가? 바로 더이상 아프지 않게 된다는 것인데 즉, 죽음을 의미하는 것입니다.

마음의 준비를 하는 것이 좋겠습니다. 앞으로 열흘 이내에 사망할 것으로 보이니 가시기 전에 가족들 모두 함께 하시라고 조언하였습니다.

이 문점자가 오늘 새벽 6시에 전화가 왔습니다. 어머니가 갑자기 위독해지셨다고 하는데, 오늘 돌아가시겠느냐고 물었습니다.

점괘는 아래와 같습니다.

	水澤節 (수택절) 之 重水坎 (중수감) 屬 坎 水		
螣蛇	兄 子 II		壬辰 年
句陳	官 戌 I		
朱雀	父 申 II 應		辛亥 月
靑龍	官 丑 II		辛巳 日
玄武	孫 卯 I		
白虎	孫 寅 財 巳 ⼃ 世		(申酉 空亡)

解斷 해단

용신인 父爻가 공망입니다. 父爻를 극하는 財爻가 동하였습니다. 또한 재변손 되어 六冲 괘가 되었습니다. 久病 구병에 변 六冲 괘가 되면 오래 살지 못하고 곧 죽습니다.

오늘 申時 (오후 3시 32분~5시 32분) 사이에 사망하실 것으로 보입니다.

가족 모두에게 연락해서 마지막을 함께 해드릴 것을 당부했습니다.

감사하다며 다시 연락 드리겠다고 인사하고 끊었습니다.

이 문점자께서 오후 4시 43분에 문자가 왔습니다. 어머니께서 오후 3시 58분에 돌아가셨다고 합니다.

다행히 저의 말대로 가족들이 함께 모여 있어서 어머니의 마지막을 다같이 지킬 수 있었다고 합니다.

삼가 고인의 명복을 빕니다.

매봉역학 아카이브 #01 육효해단
ARCHIVE SERIES

귀신점 鬼神占

귀신점은 말 그대로 일반인의 눈에 보이지 않는 귀신에 관해 알아보는 것입니다. 육효점으로 쉽게 볼 수 있는 점법이지만, 반대로 귀신에 대한 믿음이 없거나 의미를 부여하지 않는 사람, 종교적인 이유가 분명한 문점자에게는 설명하는 것이 가장 꺼려지기도 합니다. 손님의 마음은 차치하더라도 육효점을 보시는 분들은 귀신에 대해 열린 마음을 가져야 합니다. 육효점은 귀신을 부려서 인간의 길흉을 알아보는 것입니다. 그렇기에 神 신의 존재를 부정하면 육효점을 잘 맞출 수가 없음을 알아야 합니다.

모든 공간과 물건 등 어디, 어느 곳에든 항상 신이 깃들어 있다는 생각을 하시고, 점괘를 바라보는 시각을 넓혀야 할 것입니다. 기도나 修行 수행을 하게 되면 귀신점을 보다 쉽게 해단하는 慧眼 혜안이 생깁니다. 물론 기도나 수행을 하지 않더라도 귀신점을 보는 것이 문제가 되는 것은 아닙니다. 그렇지만 기도나 修行 수행을 하게 되면 '귀신같이 잘 본다.'는 말을 들을 정도로 해단 실력이 좋아진다는 것을 첨언합니다.

귀신점 01
밤마다 우는 아기

이제 갓 돌 지난 아기가 있는데 두 달 전에 새집으로 이사를 온 뒤부터 낮에는 괜찮은데 밤에 잠을 못 자고 밤새도록 계속 운다고 합니다.
병원에서는 아기 때는 다 그런다고 특별한 질병은 없다고 하고, 어느 점집에 갔더니 귀신이 들려서 그렇다고 굿을 하라 하고, 다른 점집에 갔더니 귀신이 집에 들락날락하니 부적을 하라 했다고 합니다. 사정을 알게 된 친한 단골 손님이 제게 데리고 왔습니다. 아기를 들쳐 업고 함께 왔는데, 그 아기가 어찌나 예쁜지 제 마음이 다 아팠습니다. 무엇 때문에 아이가 우는 것인지 보았습니다.

水風井（수풍정）之 重風巽（중풍손）屬 震 木			
玄武	兄卯 父子	╫	丙申 年
白虎	財戌	Ⅰ 世	
螣蛇	官申	Ⅱ （伏 孫午）	己亥 月
句陳	官酉	Ⅰ	乙未 日
朱雀	父亥	Ⅰ 應 （伏 兄寅）	（辰巳 空亡）
青龍	財丑	Ⅱ	

解斷 해단

二爻인 택효에 官이 임하지 않으니 귀신 문제는 아닙니다.

자손을 나타내는 孫爻가 복신되어 있으니 좋은 상태가 아니라는 것을 보여주고 있습니다.

택효에 父爻가 임하였습니다. 孫爻가 가장 꺼리는 父爻가 임하니 아기 잠자리가 편하지 않은 것입니다.

아기를 부부 방이 아닌 다른 방에 재우는가 물으니, 남편이 둘째를 갖길 원해서 아기 방에 따로 재우고 있다고 합니다.

그렇다면 아기 방이 부부 방과 마주보고 있는가 물었더니 정면으로 마주보고 있다고 합니다.

그러면 방이 몇 개가 더 있는지 물으니 남편 서재로 쓰는 방이 하나 더 있다고 합니다. 이럴 때는 아기 방을 바꿔 주어야 합니다. 서재로 쓰는 방을 아기 방으로 꾸며 주고 그 방에서 재우게 되면 바로 해결됩니다.

손님을 데려온 단골 손님이 친구 분에게 당장 가서 하자고, 자기가 도와주겠다고 해서 당일 오후에 바로 그렇게 하였습니다.

밤에 매일 울던 아기는 그 날 밤부터 계속 문제없이 매일 밤 편안하게 잘 잔다고 합니다. 방을 바꾸었다고 신경질 내던 남편이 너무 신기해서 곧 한 번 찾아뵙겠다고 감사 전화가 왔고, 추후에 다녀 갔습니다.

귀신점 02
헛것을 보는 아들

자주 상담하는 단골 손님인데, 연초에 이사를 하기 전에 상담을 했을 때 제가 절대 가지 말라고 했던 집으로 이사를 했습니다. 남편은 그 집이 마음에 든다고 점괘를 무시하고 이사를 강행했다고 합니다.

그런데 이사를 한 직후부터 고1 아들이 계속 헛것을 보고, 밥도 잘 먹지 못하며 아프다고 합니다. 병원에 갔더니 의사 소견으로는 별 증상이 없다고 했습니다. 결국 제가 반대했던 집으로 가자고 한 남편과 함께 방문하였는데, 당시에 보았던 점괘를 다시 끄집어 내 보니 官이 득실거렸던 점괘라 집에서 하도록 간단한 처방을 알려 주었습니다.

처방을 알려 주고 효과가 어떠한지 점괘를 보니 아래와 같습니다.

	雷山小過 (뢰산소과) 之 雷風恒 (뢰풍항) 屬 兌 金		
玄武	父戌 ‖		乙未 年
白虎	兄申 ‖		
螣蛇	官午 ∣ 世	(伏 孫 亥)	庚辰 月
句陳	兄申 ∣		甲戌 日
朱雀	孫亥 官午 ⤉	(伏 財 卯)	(申酉 空亡)
靑龍	父辰 ‖ 應		

解斷 해단

　二爻는 집입니다. 官이 임해 있습니다. 귀신 문제가 맞습니다. 그러나 처방 후에 어떤지를 본 것이기 때문에 귀신의 동태를 살펴 봅니다.
　官爻가 동하여 孫爻로 회두극을 맞습니다. 관변손되니 귀신 문제가 처방을 통해 해결된다는 것입니다.
　오늘 집에 가서 자정 쯤에 알려준 처방을 하고 나면 나면 아들은 아무일 없다는 듯, 씻은듯이 나을 것입니다. 그러니 아무 걱정말고 오늘 알려준 처방대로 집에서 부부가 함께 정성껏 하라고 하였습니다.

　이와 같이 해단 하였습니다.

　부부가 오늘 방문하였습니다. 남편은 와이프에게 점이나 보러 다닌다고 싫은 소리를 했었는데, 알려 주신대로 하고 나니 아이가 멀쩡하게 나았다고 정말 감사하다고 전했습니다.

　당일 자정에 처방을 하라고 한 것은 힘이 없는 孫爻가 힘을 받는 날인 乙亥日로 바뀌는 때가 밤 11시 32분 부터이기 때문입니다. 그래서 효과를 바로 볼 수가 있는 것입니다.

　보통 인간의 눈에는 보이지 않지만 세상 모든 것에는 기운이 존재하기 때문에 과학적으로 증명할 수없는 것들이 너무 많습니다. 눈에 보이지 않는다고 해서 그것들이 틀린 것이라고 생각하지 말아야 할 것입니다.

귀신점 03

아들이 왜 아픈 것인가?

80세가 된 어머니가 자식의 병점을 보기 위해 방문 하였습니다.
2년여 전부터 丁酉生 둘째 아들이 계속 시름시름 앓기 시작하여 병원을 찾아 다녔지만, 가는 병원마다 원인이 밝혀지질 않아 강제 퇴원이 되었고 얼마 전에 며느리가 남편인 자기 아들을 경기도 모처의 요양원에 두었는데, 요양원에서도 머리를 벽에 부딪히며 정신 병적인 증세를 보이기 시작하여 도대체 무슨 일인가 하여 문점 하였습니다. 귀신 문제인 것 같은데 점괘를 보니 아래와 같습니다.

	雷火豊 (뢰화풍) 之 地火明夷 (지화명이) 屬 坎 水	
朱雀	官 戌 ‖	己丑 年
靑龍	父 申 ‖ 世	乙亥 月
玄武	官 丑 財 午 ∤	戊午 日
白虎	兄 亥 ∣	
螣蛇	官 丑 ‖ 應	(子丑 空亡)
句陳	孫 卯 ∣	

解斷 해단

택효에 官이 임했습니다.
上爻에도 官爻가 임했으며, 동한 財爻가 官爻를 화출하였습니다.

일진 財爻의 생조를 받으니 官爻 모두 힘이 넘칩니다.
귀신 문제가 맞습니다.

어떤 귀신인가 점괘를 보았습니다.

山雷頤 (산뢰이) 之 山澤損 (산택손) 屬 巽 木			
朱雀	兄 寅 I		己丑 年
靑龍	父 子 II	(伏 孫 巳)	
玄武	財 戌 II 世		乙亥 月
白虎	財 辰 II	(伏 官 酉)	戊午 日
螣蛇	兄 卯 兄 寅 ⊁		(子丑 空亡)
句陳	父 子 I 應		

解斷 해단

혹 아들의 형제 중에 집안에서 목을 매고 자살하거나 농약을 먹고 자살한 이가 있는지 물었습니다. 할머니는 하염없이 눈물을 흘리며 3년 전 큰 아들이 농약을 먹고 자살을 하였다고 합니다.

螣蛇 등사가 임한 兄爻가 동하여 진신되니 아들의 형제인 것입니다. 자살한 아들이 둘째 아들의 몸속에 빙의되어 있는 것입니다.

아픈 아들의 부인인 며느리는 교회에 가서 기도만 하느라 이 할머니는 가진 돈도 없어 아픈 아들을 어찌해야 할 줄도 모르고 그저 하염없이 눈물만 흘리셨습니다.

몇 번의 점괘를 내어 급한대로 임시 방편으로 귀신을 쫓을 수 있는 부적을 써

드렸습니다.

  사실 부적은 어머니의 마음을 헤아려 제가 도움을 드린 것입니다. 부적을 통해 아들의 상태는 조금 나아질 것이고 당장 죽지는 않겠지만, 너무 오랫동안 앓아온 것이라 상황은 어렵습니다.

  이후 아들은 상황이 호전 되었고, 집으로 돌아와서 어머니와 함께 3년을 편하게 더 살고 지병으로 사망하였다는 소식을 전해 들었습니다.

귀신점 04
죽은 이의 영혼

최근 집안에 우환이 끊이질 않고 몸도 아프고, 어젯밤 꿈자리는 너무 뒤숭숭하여 걱정되는 마음이 들어 50대 아주머니가 방문하였습니다.
어떤 문제인지 점괘를 보니 아래와 같습니다.

	地雷復 (지뢰복) 之 地澤臨 (지택림) 屬 坤 土	
白虎	孫 酉 ‖	癸巳 年
螣蛇	財 亥 ‖	
句陳	兄 丑 ‖ 應	甲寅 月
朱雀	兄 辰 ‖	癸卯 日
靑龍	官 卯 官 寅 ╱ (伏 父 巳)	(辰巳 空亡)
玄武	財 子 ｜ 世	

解斷 해단

  최근에 집안 식구 중에 목을 매었거나 농약을 먹고 자살한 이가 있는지 물으니, 시동생이 농약을 먹고 자살하였다고 합니다.
  그로 인해 집안에 우환이 끊이질 않는 것입니다. 죽은이의 영혼이 아직 떠나지 못하고 집 안에 머물러 있기 때문입니다. 앞으로 상황은 더 심해질 것입니다.

이와 같이 해단 하였습니다.

시동생은 노총각으로 결혼도 하지 못했고, 시어머니가 기독교인으로 장례만 치러주고 49제나 천도를 해 주지 않았다고 합니다.

영혼 결혼식 같은 것도 아예 생각도 하지 못한다고 합니다. 고인의 물건을 태워주지도 않고 중고로 내다 팔거나 버렸다고 합니다.

고인이 한이 많아서 떠나지 못하고 있는 것입니다.

택효의 동한 官爻가 진신 되었습니다. 月과 日에도 官이 임하여 그 氣勢 기세가 너무 강합니다. 천도를 해줘야 하는 상황입니다. 그렇지 않으면 집안의 우환은 더 끊임없이 일어날 것입니다.

귀신점 05

딸이 헛것을 본다

17세의 외동 딸을 둔 어머니가 소개를 받고 혼자 방문하였습니다.
딸이 올 초부터 잠을 제대로 이루지 못하고 헛것을 본다고 합니다. 딸은 어머니에게 자기 방 안에 뭔가 있다고 하며 매일같이 울고불고 자기 방 안에 들어가지 않으려고 합니다. 무속인을 찾아가니 귀신이 들려서 그렇다 하여 굿도 두차례나 해 보았다고 합니다. 그런데 두 번의 굿을 해봐도 딸은 아무것도 좋아진 것이 없다고 합니다.
굿을 그렇게까지 했으면 나아질 법도 한데, 제 생각에는 굿을 한 그 무속인이 실력이 없거나 귀신을 잘못 짚은 것 같습니다. 귀신 문제가 있는지 보았습니다.

雷水解 (뢰수해) 之 雷水解 (뢰수해) 屬 震 木		
靑龍　財戌　‖		壬辰 年
玄武　官申　‖ 應		
白虎　孫午　│		庚戌 月
螣蛇　孫午　‖		丁卯 日
句陳　財辰　│ 世		
朱雀　兄寅　‖　　（伏 父 子）		（戌亥 空亡）

解斷 해단

無動 무동의 괘가 나왔습니다. 택효나 내괘에는 귀신 문제가 전혀 없습니다.

月과 일진에도 귀신 문제가 전혀 나타나지 않았습니다.

이 집안에 귀신 문제가 있는지를 점괘를 낸 것인데, 이건 귀신 문제가 아닌 것입니다.

자식을 나타내는 孫爻는 두 개가 나와 있는데 딸이니 三爻의 음효를 자손으로 보는데 孫爻가 三爻 귀혼에 머물러 있지만, 이는 현재 문제가 있는 것을 나타내는 것 뿐입니다. 孫爻는 일진의 생조를 받으니 문제가 없습니다.

그래서 어떤 문제로 인한 것인지 다시 점괘를 내었습니다.

水雷屯 (수뢰둔) 之 水澤節 (수택절) 屬 坎 水				
靑龍		兄 子	‖	壬辰 年
玄武		官 戌	∣ 應	
白虎		父 申	‖	庚戌 月
螣蛇		官 辰	‖ (伏 財 午)	丁卯 日
句陳	孫 卯	孫 寅	‖ 世	(戌亥 空亡)
朱雀		兄 子	∣	

解斷 해단

올 초부터 그랬다고 하였는데 그때 혹, 이사를 하였는가 물었습니다. 그랬더니 현재 살고 있는 곳이 아파트인데 딸이 이 곳으로 이사를 온 후부터 그랬다고 합니다.

그래서 다시 물었습니다. 부모가 쓰는 안방의 문과 딸의 방문이 마주보고 있는가? 그랬더니 방이 총 세 개인데 딸의 방문과 안방의 문이 서로 마주보고 있다고 합니다.

딸이 헛것을 보고 잠을 제대로 이루지 못하는 것은 陽宅 양택 風水 풍수의 문제였던 것입니다.

딸이 그러한 증세를 보인 것은 사람이 사는 집, 즉 양택 풍수에 문제가 있어 그러한 것이니 오늘 당장 딸의 방을 다른 방으로 옮겨주면 아무런 문제가 없을 것입니다. 딸은 귀신 문제가 있는 것도 아니니 부적을 쓰거나 굿을 하는 것은 아무런 도움이 되지 않는 것입니다.

딸의 방만 바꿔 주면 잠을 편안하게 자고 헛것도 보지 않습니다. 언제 그랬냐고 씻은듯이 나을 것입니다.

이와 같이 해단 하였습니다.

어머니가 어제 저녁에 남편분과 함께 다녀갔습니다. 손수 찐 고구마 한 봉지와 음료 한 박스, 남편분은 봉투를 놓고 가셨습니다.

제게 다녀갔던 것이 지난주 금요일이었는데, 속는 셈치고 그날 집으로 돌아가 남편에게 말하고는 바로 딸의 방을 바꿔 주었다고 합니다. 그랬더니 금요일, 토요일, 일요일, 월요일까지 나흘 동안 딸이 아무 문제없이 편하게 잠을 잤다고 합니다. 제게 감사하다며 인사를 하러 온 것입니다.

남편분은 딸의 문제로 아내가 점집을 찾아다니고 하는 것이 맘에 들지 않았는데, 단순히 방을 바꿔준 것만으로 딸이 단 하루만에 밝아진 것을 보고 믿을 수가 없어 찾아왔다고 감사 인사를 했습니다.

남편분은 어렵게 집 장만을 하였는데, 딸 아이가 갑자기 문제가 생겨 이사온 것을 많이 후회하였다고 합니다.

그래도 방법을 찾았으니 다행인 것입니다. 또 앞으로는 이사를 갈 일이 있으면 미리 점괘를 보고 좋은 집으로 이사를 가면 되는 것입니다. 그리고 집안이 더욱 좋아지는 인테리어를 몇가지 조언했습니다.

물론 안방과 마주 보는 방은 옷방이나 서재 등 다른 용도로 사용하는 것이 좋다고 조언했습니다.

  그 후로 현재까지 이사를 세 번 하셨는데, 매번 이사 하기 전에 항상 점괘를 미리 보고 좋은 집으로 이사를 했습니다. 또 남편분의 사무실 이전을 할 때도 미리 점괘를 보고 이전하셨습니다.
  딸은 현재까지 아무 문제없이 잘 지내고 있습니다.

귀신점 06

외할머니 영가 옷

2013년 2월 15일에 남매인 단골 손님 두 분이 방문하여 사업 관련된 상담하였는데, 오래전 돌아가신 외할머니가 늘 마음에 걸린다고 했습니다.
외가에서 제사도 지내지 않고, 墓 묘를 쓰지 않았으며 화장하여 개울가에 뿌려 드렸는데, 외할머니에 대한 추억이 많아서인지 요즘들어 부쩍 마음에 걸려서 이제라도 외할머니의 영혼을 위해 영가 옷을 태워 드리고 싶다고 합니다.
그래서 사흘간 제사 후에 2월 18일 子時 (밤 11시 32분~ 새벽 1시 32분)에 영가 옷을 태워 드리고 외할머니께서 편안하실지 점괘를 보았습니다.

	火澤睽 (화택규) 之 火水未濟 (화수미제) 屬 艮 土			
玄武	父 巳	l		癸巳 年
白虎	兄 未	ll	(伏 財 子)	
螣蛇	孫 酉	l 世		甲寅 月
句陳	兄 丑	ll		乙卯 日
朱雀	官 卯	l		
靑龍	官寅 父巳	✗ 應		(子丑 空亡)

解斷 해단

영가 귀신 관련 점괘를 볼 때는 官爻를 용신으로 삼지만, 이 점괘에서는 외할머니를 父爻로서 판단합니다.

귀신에 대한 점괘가 아닌 외할머니를 지정해서 보는 것이기 때문에 父爻로서 판단을 하는 것입니다.

초효 父爻가 동하여 회두생을 받고 있습니다. 月과 日의 생조 또한 받고 있어 외할머니가 몹시 마음에 들어하고 계십니다. 외손주들에게 고마워하고 계시는 모습을 알려 주는 것입니다.

어제 2월 18일 낮에 남매 중에 누나하고 통화를 하여 이 점괘의 내용을 알려 드리니 하시는 말씀이 제가 제사를 지내주던 사흘 사이에 생각치 못한 좋은 일이 생겼다며 곧 인사하러 식사 대접하러 다시 찾아 뵙겠다고 합니다.

추후 방문하였는데, 당시에 사업 자금이 융통되지 않아서 많이 힘들었을 때인데, 제가 외할머니의 제사를 지내주던 때에 동생의 지인으로부터 수억원의 사업 자금을 융통하여 잘 풀리게 되었다고 전했습니다.

귀신점 07

귀신으로 인한 문제인가?

아는 분의 소개로 급하게 전화가 왔습니다. 집안에 계속 좋지 않은 일들이 발생하는데, 왜 그런 것인지 어떠한 문제인가를 물었습니다.
몇 개의 점괘에서 이상을 발견하지 못하였는데, 혹 귀신으로 인한 문제인가 하고 점괘를 보았습니다.

地澤臨 (지택림) 之 地天泰 (지천태) 屬 坤 土				
螣蛇		孫 酉	‖	己丑 年
句陳		財 亥	‖ 應	
朱雀		兄 丑	‖	丙子 月
靑龍	兄 辰	兄 丑	✕	庚戌 日
玄武		官 卯	∣ 世	(寅卯 空亡)
白虎		父 巳	∣	

解斷 해단

택효에 月의 생조를 받는 힘있는 卯木 官이 임했습니다. 혹, 집안 식구 중에 극약을 먹고 자살한 이가 있는가 물으니, 잠시 정적이 흐른 뒤에 말하길 그렇다고 합니다. 자신의 친한 친구나 주변인들도 모르는 자신의 가족들만 알고 있는 사실이라며, 그 문제로 인해 집안에 이렇게 문제가 많고 시끄러운 것인지를 물었습니다.

　택효에 官이 임하여 있는 경우 보통 세가지 정도의 큰 문제가 발생하게 되는데, 첫번째는 돈이 벌리지 않거나 모이지 않는 금전적 고통이고, 두번째는 가족 중에 몸이 많이 아프거나, 사고를 당하게 되고 세번째는 하는 일마다 제대로 되는 일이 없어 망하게 됩니다. 라고 말했습니다.

　이 문점자가 말하기를 그동안 사업을 하다가 망하고 돈도 버는 족족 계속 새어 나가고, 남편은 항상 술을 마시면 필름이 끊겨서 끊임없는 사고와 교통사고가 발생한다고 합니다.
　그래서 결국 다음날인 2010년 1월 1일 손님이 직접 사무실로 방문하였고, 저는 택효의 官炎를 쫓아내는 처방을 해 주었습니다.

　그 뒤로 조금씩 상황이 호전되었고, 자리를 잘 잡으셔서 지금까지 편안하게 잘 살고 계십니다.

　보통의 사람들은 자기 가족이 죽은 후에 귀신이 된다는 것을 잘 믿지 않는 경우가 있습니다. 이미 죽은 사람은 가족이라고 해도 산 사람과 함께 있으면 산 사람에게 좋지 않습니다. 음양의 조화가 맞지 않기 때문입니다. 아무리 가족이라고 해도 죽은 이가 한 공간에 존재한다면 반드시 문제가 생기게 되는 것이니 잘 보내드리는 것이 좋습니다.

귀신점 08

시도때도 없이 계속 우는 아기

귀신점 1번 '밤마다 우는 아기'에 관한 글을 보고 연락 하신 손님입니다. 자신도 석달 전에 이사했다고 합니다. 돌이 막 지난 아기가 있는데 이사한 후부터 심하게 운다고 합니다. 특별한 질병은 없다고 했습니다.

귀신점 1번 사연과 다른 것이 있다면 시도때도 없이 울고, 또 안방과 아기 방이 마주보고 있지도 않으며, 아기를 따로 재우는 것이 아니라 엄마 아빠가 쓰는 방에서 아기를 함께 재우고 있다고 합니다. 이러한 경우에도 아기가 그럴수 있는지? 다른 이유가 있는지 물었습니다.

점괘는 아래와 같습니다.

天風姤 (천풍구) 之 天山遯 (천산돈) 屬 乾 金				
句陳	父 戌	I		丙申 年
朱雀	兄 申	I		
靑龍	官 午	I	應	己亥 月
玄武	兄 酉	I		己未 日
白虎	官 午 孫 亥	⼃	(伏 財 寅)	
螣蛇	父 丑	II	世	(子丑 空亡)

解斷 해단

점괘 하나로 명쾌하게 답을 얻었습니다. 택효에 孫爻가 임하고 月의 생조를 받아 힘이 넘치니 귀신이나 집터의 문제, 집 구조의 문제는 아닙니다. 혹 이사할 때 새로 들여놓은 부적이나 달마, 부처님, 예수님 등 종교적인 물건이나 그림이 있는가 물었습니다.

시어머니께서 다니시는 무속인 집이 있는데, 그 곳에서 달마도를 집에 걸어 두면 좋다고 하여 비싸게 사오셨다고 합니다. 자신은 무섭고 싫은데 차마 거절할 수가 없어서 현관문을 열고 집에 들어오면 바로 마주 보이는 거실에 걸어 두었다고 합니다.

전화를 끊고 당장 그것을 외부 쓰레기장에 갖다 버리시고 막걸리 한 병을 사서 집 귀퉁이 네 곳에 술을 놓아 주시라고 방법을 알려 주었습니다. 그리하면 오늘 밤부터는 아기가 불편함 없이 지낼 것입니다.
아기 엄마는 당장 그리하겠다고 하고는 전화를 끊었습니다. 상담을 한지 이틀이 지난 오늘 오후에 전화가 왔습니다.

선생님께서 말씀 하신대로 하였더니 당장 그날 밤부터, 그리고 어제도 오늘도 아기가 언제 그랬냐는 듯이 편안히 잠도 잘 자고 이사 오기 전처럼 잘 울지도 않고 칭얼대는 것도 없다고 합니다.

孫炎가 동해서 손변부나 손변관이 되는 경우는 부적이나 종교적인 물건을 잘못 들여 놓아서 생기는 경우가 많습니다.

귀신점 09

어머니가 아픈 것이 어떠한 이유인가?

친정 어머니가 몇 년 전에 매우 큰 금전 손실을 본 후 부터 집안 사정이 아주 좋지 않게 되어 그 뒤로 계속 우울증을 앓고 있다고 합니다. 병원을 다녀봐도 낫질 않으니 대체 어찌해야 하는지 문점 하였습니다.

점괘는 아래와 같습니다.

	澤天夬 (택천쾌) 之 雷天大壯 (뢰천대장) 屬 坤 土			
靑龍		兄 未	‖	庚寅 年
玄武	孫申	孫 酉	⟋ 世	
白虎		財 亥	∣	戊寅 月
螣蛇		兄 辰	∣	丁亥 日
句陳		官 寅	∣ 應 (伏 父 巳)	(午未 空亡)
朱雀		財 子	∣	

解斷 해단

　世爻 문점자인 여자 손님은 귀신의 문제일 것을 염려하고 점을 쳤을 것이나, 世爻에 孫이 임하니 염려는 하고 있지만, 스스로 부정하는 마음이 있습니다.
　그러나 月과 일진의 생조를 받지 못하는 世爻는 부정만 할 뿐 어찌할 방법이 없고, 月의 官爻와 택효의 官이 왕성하니 이는 필시 귀신의 문제인 것입니다.

太歲 태세의 寅木 官, 月의 寅木 官, 택효의 寅木 官이 임하니 귀신의 문제가 총 셋이 됩니다.

이 문점자는 긍정도 아닌 부정도 아닌 알 수 없는 생각들로 만감이 교차하는 모습을 보였습니다. 이 문제는 사실 쉽게 해결할 수 있는 문제가 아닙니다.

이 문점자는 결혼하여 남편이 있는데, 남편분은 점이나 귀신에 대해서는 완강히 부정을 하는 사람이라 이 문점자는 어찌할 바를 모르고 있습니다.

많은 해결 방법에 대해 점괘를 보고 알려 주었는데, 결국 반신반의 하며 돌아갔습니다.

世爻의 孫爻가 官爻를 극하는 글자이기 때문에 스스로 부정한 것인데, 결국엔 크게 문제가 생기고 나면 무너져 내리게 됩니다.

안타깝지만 손님이 원하지 않으면 좋은 방법을 알려줘도 결국엔 소용이 없는 것입니다.

귀신점 10
시동생을 위한 기도

시동생의 자살로 집안에 우환이 끊이지 않는 여성입니다.
시댁의 가족들은 장례 후에 전혀 신경을 쓰지 않고 있으니 자신만이라도 자살한 시동생을 위해 잘 알고 지내는 스님께 부탁하여 간략히 제사 지내주면 어떠한지 점괘를 내 보았습니다. 이 여성분의 중학교 동창생 중에 스님이 계시다고 합니다.

점괘를 내어 보니 아래와 같습니다.

	水風井 (수풍정) 之 重水坎 (중수감) 屬 震 木	
白虎	父子 ‖	癸巳 年
螣蛇	財戌 ∣ 世	
句陳	官申 ‖ (伏 孫 午)	甲寅 月
朱雀	孫午 官酉 ㇓	癸卯 日
靑龍	父亥 ∣ 應 (伏 兄 寅)	
玄武	財丑 ‖	(辰巳 空亡)

解斷 해단

죽은 이를 나타내는 官이 동하여 관변손으로 六沖되니 스님의 법력이 통하여 즉시 편안해지는 것입니다.

스님께 전화하여 일정을 잡고 그렇게 하는 것이 좋겠습니다.

친가족도 아니고 형수가 그리 마음을 써 주니 죽은 이도 그 마음을 잘 알아주는 것입니다.

좋은 기도 길일을 택일하고는 스님께 기도를 의뢰하였다고 합니다. 당장 좋아지지는 않지만, 마음만은 정말 편안하다고 합니다.

서서히 좋아질 것이니 걱정하지 않아도 되는 것입니다.

매봉역학 아카이브 #01 육효해단
ARCHIVE SERIES

번외편 番外編

23년을 실전에서 상담하다 보니 상당히 많은 손님을 만났고, 생각지도 못하게 귀한 여러 경험을 했습니다.
한 손님을 만나서 하나의 점괘를 보게 되면, 소설책 한권 분량의 이야기를 듣게 됩니다. 좋은 이야기보다는 슬프거나 힘들고 살기 어려운 이야기를 더 많이 듣게 됩니다.

손님들이 겪고 있는 나쁜 상황을 좋게 만들어 드리려고 저도 제 나름대로 정말 애를 많이 썼다고 자부합니다. 그러다 보니 손님의 슬픈 이야기는 시간이 지나 다시 즐거운 이야기가 되어 우리는 서로 웃으며 마주할 때도 많았습니다.

긴 세월 修行 수행과 공부하느라 참으로 힘들었지만 손님을 통해 귀한 경험을 하게 되어 감사한 마음이 더 큽니다.

번외편은 앞서 정리해 놓은 120편의 점괘 이외에 분류하지 않은 몇 개의 점괘와 함께 점과 面壁 修行 면벽 수행, 庚申 修行 경신 수행 그리고 강호의 역술 고수들 사이에서 그동안 점단하면서 느낀 개인적인 생각, 직접 경험한 것을 전해드리려고 합니다.

번외편 01

손님의 감사 편지

 2022년 8월, 庚申 修行 경신 수행 100회 째를 앞두고 단골 손님께 감사 편지를 받았습니다. 10년을 넘게 인연을 이어오고 있는 여자 손님입니다.
 "매봉 선생님, 또 감사히 답장을 받았습니다.
 벌써 100번 째 庚申 修行 경신 수행을 앞두고 계시네요.
 그 세월이 몇 년이나 지났나 손가락으로 한 번 꼽아 보았습니다.
 세상에나 놀라운데 선생님은 일상처럼 하셨고,
 일상인가? 하면 또 굉장히 놀랍습니다.
 매봉 선생님, 참 대단하세요.
 저는 매번 선생님께 답장받고 나서
 늘 답을 주셔서 감사합니다. 라고 답장을 했는데,
 그러면서도 뭔가 진부한 저의 감정 표현이 2% 부족한데,
 그게 뭘까 하고 잠시 생각해 보았습니다.
 그렇게 선생님을 생각하다가 엊그제 갑자기 깨닫게 되었습니다.
 그것은 바로 선생님의 친절함이었습니다.
 선생님은 늘 제게 친절하셨습니다.
 저는 선생님께 늘 한결같은 그런 친절한 답장을 받았습니다.
 네, 바로 친절함이었습니다.
 그러고 보니 선생님의 경신 수행 같은 것이네요.
 당연한가 했지만 당연하지 않고,
 당연하지 않다기엔 당연한 그런 흐름.
 그런 것이 있었네요.

100번 째 경신 수행 잘 지나시길 기원하겠습니다.

매봉 선생님, 오늘도 감사합니다."

　종종 이렇게 손님이 점단의 결과를 알려 주시면서 감사 편지를 보내주실 때가 생각보다 많습니다.

　저는 평소 표정이나 말투가 무뚝뚝하다고 생각했는데, 저도 사람이다 보니 손님들께 감사의 편지를 받으면 힘도 생기고 기분이 좋아집니다.

　저는 다른 상담가처럼 손님들께 위로 같은 것도 잘하지 못하고 점단이 나오는 대로 "YES or NO"를 분명하게 딱 잘라서 말하는데, 그러한 부분을 좋아하시는 분도 많지만 때때로 불친절하다고 투덜대는 분도 계시고, 많은 분을 상담하다 보니 별의 별 일을 많이 겪습니다.

　매일 잠자는 시간을 줄이고 面壁 修行 면벽 수행이나 경신 수행을 하면서 조금 더 점괘를 잘 보기 위해 개인적인 노력을 많이 하고 있는데, 그러한 저의 노력이 여러 손님의 감사 편지로 보상을 받는 기분이 들어 흐뭇하기도 합니다.

　상담 경력이 23년이 넘었는데, 그 세월만큼 손님도 많이 쌓여서 요즘은 손님과 친구처럼 함께 늙어가고 있다는 생각이 들곤 합니다.

　저와 인연이 된 손님뿐 아니라 그의 가족들 까지 다들 모두 건강하게 잘 살기를 기원해 봅니다.

　저 또한 修行 수행을 열심히 하면서 남은 날까지 욕심 부리지 않을 것이며, 하루도 거르지 않고 공부 열심히 하는 修行者 수행자가 되도록 노력해 보겠습니다. 진심.

번외편 02

경신 수행이라는 것

저는 이 책을 마무리 하고 있는 현재 2023년 9월 3일 자로 庚申 修行 경신 수행을 106회 성공하였습니다. 연차로 따지면 18년쯤 되는데, 기존에 성공과 실패를 거듭했던 때를 다 합치면 〈경신 수행〉을 한 것은 22년 째가 됩니다.

하루도 빠짐없이 두 시간 이상 기도와 〈면벽 수행〉을 하기도 하지만, 제가 점단 하면서 가장 중요하게 생각하는 것은 〈경신 수행〉입니다.

〈경신 수행〉은 60일에 한 번씩 돌아오는 경신일에 24시간 동안 잠을 자지 않고 기도하는 〈수행〉 방법입니다. 일명 守庚申 수경신이라고 합니다.

잠을 안 자는 것이 쉬운 것 같지만, 己未일 亥時부터 辛酉일 子時까지 최소 26시간에서 많게는 50시간까지 공복에 잠을 안 자고 수행한 적이 많습니다.

庚申일에는 유독 다른 날에 비해 잠이 계속 쏟아지고, 눈 꺼풀이 비가 쏟아지듯 감겨서 위험할 정도로 물파스를 바르거나 사타구니 안 쪽에 바늘을 찌르며 수행한 적이 많습니다. 어지간한 끈기와 인내, 의지와 노력이 없다면 庚申일 만큼은 잠을 견뎌내지 못합니다.

예로부터 六庚申 육경신을 한 사람은 天氣 천기를 내다보고 사물의 이치를 꿰뚫어 본다고 전해집니다. 그 이유인즉, 사람의 몸에는 三尸 삼시라는 일종의 감시자가 존재하는데, 단전을 통해 일어나는 생각부터 선, 악 등 인간의 악하고 선한 행동을 늘 감시하고 기록한다고 전해집니다.

그렇게 三尸 삼시는 60일을 인간과 같이 보내다가 경신일에 하늘로 올라가 天神 천신에게 지난 60일간 자신이 몸 속에 있던 인간의 악행과 선행을 보고 합니다. 그래서 하늘에서는 庚申일을 기점으로 주기적으로 모든 인간에게 福도 주고 禍도 내리는 것입니다.

동의보감 내용 가운데 內景篇 내경편에 三尸蟲 삼시충에 관한 대목이 있습니다. 삼시충은 우리 몸에 있는 세 종류의 벌레를 말하는데, 첫 번째 것은 上蟲 상충으로 뇌속에 살고, 두 번째 것은 中蟲 중충으로 명당에 살며, 세 번째 것은 下蟲 하충으로 단전에 산다고 되어 있습니다. 우리 인간의 몸에 이 삼시라는 벌레가 살기 때문에 인간이 道 닦는 것을 싫어하고 의지가 약해지는 것을 좋아한다는 것입니다.

이 삼시충을 잡지 못하면 생사윤회를 마칠 기약이 없다고 설명하고 있습니다. 그런데 이 삼시충을 어떻게 잡을 것인가?

과거에는 약물을 사용해서 잡는 방법도 있었다고 전해지는데, 이보다는 守庚申 수경신의 방법이 더 좋은 방법으로 도인들 사이에서 여겨져 왔다고 합니다.

고려 시대에는 불가의 고승들도 이 庚申일에 잠을 자지 않고 밤을 새우는 습관이 있었으며, 왕실의 왕자들도 이날이 되면 잠을 자지 않기 위해 밤새도록 이야기 하며 노는 습관이 있었다고 전해집니다.

庚申일을 마치고 나면 선비들 사이에서는 수경신 때 무엇을 보았는지 자신의 경험을 자랑삼아 이야기 하기도 했다고 합니다.

경신일 날 잠을 안자면 그 삼시라는 감시자가 인간의 몸을 떠나지 못합니다. 즉 하늘에 이 인간의 선행, 악행에 대한 보고를 하지 못한다는 것이 됩니다. 그렇게 庚申일 날 하루를 안 자고 버티면 하늘에 선과 악의 보고가 올라가지 않는 것입니다.

하늘에서는 그 사람에 대한 선행, 악행에 대한 보고가 올라오지 않으니 그 사람을 죄가 없는 것으로 판단하게 되고, 하늘에서는 그에 상응하는 운명의 운로를 열어주며, 운로가 열린 만큼 그 사람의 慧眼 혜안이 열리게 되는 것입니다. 간혹 어떤 이는 하늘에 보고가 올라가지 아니하면 功 공도 없는 것이 아니냐고 되묻습니다.

하지만 공이란 바로 혜안이 열리게 되는 것인 만큼 이보다 더 큰 공이 어디 있겠습니까? 그래서 일년 동안 여섯 번, 〈六庚申〉을 하게 되면 인간으로서는 상상할 수 없는 혜안이 열려 큰 도인이 되는 것입니다.

그런데 문제는 이 〈육경신〉을 해내기가 쉽지 않다는 것입니다. 제 경험상 육경신은 도저히 인간의 능력으로는 해내기가 힘든데, 매번 수경신을 할 때마다 귀신을 보는 일은 다반사고 날씨가 추울 때 찬물로 샤워를 해도 졸음이 쏟아질 정도입니다.

최근의 수경신에는 새벽에 삼각산에 가서 丑時부터 辰時까지 기도를 하고 내려왔는데, 산에서 온갖 잡신들과 신경전을 벌이느라고 몸살이 크게 나기도 했습니다.

웬만한 사람은 一庚申 일경신도 하기 힘든 것이 사실입니다. 그리고 거듭 될수록 수많은 난관에 부딪히게 됩니다. 그 난관이라는 것은 평상시에 생각하지도 않았던 많은 잡념이 인간의 마음을 어지럽히고, 또 간혹 심한 복통이나 두통이 따르기도 합니다.

그것은 몸에 있는 삼시충이 몸 밖으로 나가려고 몸부림치는 것입니다. 평상시 밤을 샐 때 하고는 전혀 다르다는 것인데, 해 본 사람은 분명히 알 수 있을 것입니다.

수경신을 하는 분마다 하는 방법이 다르겠지만, 저의 경우는 졸음을 참기 위해 매번 수경신 때마다 허벅지를 꼬집거나 바늘로 찔러서 허벅지 안쪽에 오래된 깊은 흠집이 생겼습니다.

저는 평생의 목표가 총 120회 수경신을 하는 것입니다. 이 글을 쓰고 있는 현재 앞으로 14회가 남아있습니다. 회를 거듭할수록 매우 힘이 들기 때문에 마무리를 잘 할 수 있을지 걱정이지만, 그동안 해 놓은 것이 있으니 절대 포기하지는 못할 것입니다.

어느 道伴 도반이 저에게 물었습니다.

"그렇게 힘든 守庚申 수경신을 통해서 무엇을 얻으려고 하는가?"

제가 답했습니다.

"어쩌면 수경신은 제게 있어서 혜안을 얻어 큰 도인이 되고자 함이 아닌, 자신과의 싸움에서 이겨보려고 하는 것입니다."

매번 수경신을 할 때마다 귀신을 보는 일은 다반사고, 무섭고 두려운 경험들도 하게 되며 〈庚申 神將 경신 신장〉님을 보게 되어 너무 놀래 숨이 멎을 정도로 미치기 일보 직전까지 가 보았으나 아직까지는 수경신을 잘 해내고 있습니다.

저의 경우 庚申일이 되기 전날인 己未일 亥時 부터 庚申일 다음날인 辛酉일 子時까지 수행을 합니다.

평균 26시간~50시간 넘게 경신 수행을 하는데, 이는 혹시 모를 시차 때문에 일을 그르칠까 염려가 되기 때문입니다.

실은 庚申일 24시간만 버티면 되는 것입니다. 그러나 경신 수행은 단, 1초라도 깜빡 졸면 실패하게 됩니다. 그러므로 경신 수행을 하시는 분들은 잠시라도 넋을 놓으면 실패하게 되니 이점을 반드시 유념 하시길 바랍니다.

요즘 시대에는 〈면벽 수행〉이나 〈경신 수행〉하는 것을 간혹 하찮게 여기거나 가볍게 생각하는 분이 종종 있는데, 해 본 사람은 잘 알게 됩니다. 성공하고 나면 어떤 것이 달라지는지 알게 될 것입니다.

매일 면벽 수행이나 경신 수행하시는 분들, 꼭 성공하시어 혜안이 열리고 모두 道通 도통 하시기를 기원해 봅니다.

60일에 한 번, 그렇게 가끔 한 번씩은 육신에 찌든 기운을 말끔하게 만들어 정신차릴 수 있도록 수행하는 것도 나쁘지 않다고 생각합니다.

번외편 03

육효의 괘신에 관하여

육효를 공부하시는 여러 선생님들께서 〈卦神 괘신〉에 관하여 질문을 주시어 이 글을 통해 답을 대신합니다.

괘신이란, 육효에서 괘의 主體 주체를 뜻하는 것입니다.

육효점을 볼 때 효에 괘신이 없으면 주체가 없는 것과 마찬가지인데, 괘신에 용신이 임하거나 世爻가 임하게 되면, 또는 괘신이 되는 용신이 동하여 世爻를 생조하면 원하는 것을 쉽게 얻을 수 있는 것입니다.

그러나 괘신이 공망에 임하거나 월파를 당하게 되면 원하는 것을 절대 얻지 못하게 됩니다.

入墓 입묘되거나 死 사, 絶 절이 되는 경우도 마찬가지입니다. 여러 육효 학자들께서 육효점에서 괘신이 없으면 이와 같이 점괘는 절대 맞지 않는다고 하였습니다.

그러나 제가 수없이 많은 상담을 통해 점괘를 봐온 결과 孫, 父, 財, 官, 兄의 용신을 뚜렷하게 구별하고, 해당 용신이 힘이 넘치고 月, 日에 임하거나 생조를 받으면 괘신과는 전혀 상관없이 일이 뜻한 바대로 이루어지는 것을 수도 없이 많이 증험하였습니다.

육효를 어렵게 생각하시는 분들이 있고, 또 제게 문의를 많이 하시고는 하는데, 앞서 말씀드린 것처럼 무엇을 점단하는지 그 해당 용신인 孫, 父, 財, 官, 兄. 이 다섯 가지의 용신을 뚜렷하게 구별하고 점괘를 내어 보면 반드시 맞게 됩니다.

作卦 작괘를 하는 사람이나 점을 묻는 자가 이것저것 엉뚱한 생각을 하며 점

괘를 묻거나 작괘를 하게 되면 점괘는 당연히 맞지 않는 것입니다.

　육효에서의 용신은 딱 다섯 가지. 〈孫, 父, 財, 官, 兄〉 이뿐입니다.

　묻는 자가 무엇을 묻고자 하는지 작괘 하시는 분이 정확히 판단하여 점단을 한다면 괘신을 찾거나 보지 않아도 그 용신만으로 해답을 정확히 구할 수 있는 것입니다.

　육효 점괘가 맞지 않는 이유는 괘신때문이 아닙니다.

　질문의 요지를 제대로 파악하지 못한 것, 그리고 질문에 해당하는 용신을 제대로 파악하지 못했기 때문에 확신이 없어 답을 제대로 구하지 못한 것입니다.

　질문의 요지를 정확히 파악하고 용신만 제대로 생각하고 점괘를 보면 틀리는 법이 없으니 괘신은 참고하지 않아도 괜찮습니다.

번외편 04

성웅 이순신 장군

오늘은 이순신 장군의 꿈을 꾸게 되어 이순신 장군과 점괘에 관한 이야기를 써 봅니다.

지난밤 꿈에 이순신 장군을 만났습니다. 개인적으로 매우 존경하는 분이라서 그럴까? 지금껏 이순신 장군을 여섯 번이나 꿈에서 만났습니다.

경신 수행을 했을 때도 두 번 뵈온 적이 있는데, 그것을 제외하고 꿈꾼 것만 이번이 여섯 번째입니다.

꿈의 내용이 매번 다른 상황이긴 한데, 개인적으로 재미난 것은 이순신 장군 꿈을 꾸거나 전쟁을 벌이는 꿈이거나 혹은 제가 군대 생활했을 당시의 꿈을 꾸면, 얼마 지나지 않아 개인적으로 좋은 일이 생기곤 합니다.

어떤 좋은 일인지는 해몽 점단을 해서 짐작은 하는데, 늘 이렇게 좋은 일에 앞서 꿈을 통해 미리 보여주시니 매번 겪고, 꿈꾸고 경험하면서 저도 신기할 때가 많습니다.

기도와 수행을 하고, 점단을 하는 저도 꿈에서 벌어지는 그 상황을 인지한 후 점단을 하여 앞으로 어떤 좋은 일이 생길지 아는 것이 신기한데, 제게 상담을 받고 取吉避凶 취길피흉하는 손님들의 입장에서 생각하면 손님들이 그 점단의 결과를 직접 경험했을 때는 얼마나 신기한 일일지 상상이 됩니다.

이순신 장군께서 쓰신 〈亂中日記 난중일기〉에는 제가 찾아본 바에 의하면, 점괘에 관한 이야기가 총 17회 등장합니다. 이순신 장군이 직접 점단을 한 경우가 14회, 맹인 술사가 점단을 한 경우 2회, 원균이 주역 점단을 본 경우 1회, 이렇게 총 17회가 등장합니다.

아들의 건강을 걱정하여 질병점을 점단한 사례가 있는데, 점괘가 아주 길하여 마음이 놓였다는 구절이 있습니다.

영의정 류성룡의 병을 걱정하여 점단한 것에서도 마찬가지로 매우 길한 점괘를 얻어 다행이라는 글도 있습니다.

왜적과의 전투 관련하여서도 점단한 기록이 있는데, 한 번의 점단으로 그치는 것이 아니라 점괘가 애매하여 다시 재점을 한 기록도 있으며, 모두 길한 점괘가 나와 기쁘다는 표현이 있습니다.

떨어져 지내는 아내의 병을 걱정하여 또 병점을 점단, 오늘 하루 운이 어떨지에 관한 오늘의 운을 점단, 앞으로 날씨가 어떨지에 관한 天時占 천시점까지 다양한 점괘를 본 기록이 〈난중일기〉에 등장합니다.

난중일기에는 점괘에 관한 기록이 총 17회 등장하지만, 짧은 글로 일기를 남기신 것으로 볼 때 더 많은 점단을 하셨을 것으로 추정해 봅니다. 거의 매일 쓰는 일기에 점괘 기록만 가득 쓸 수만은 없을 것이라고 생각됩니다.

저는 해석이 애매한 점괘가 나왔을 경우에 다시 재점을 하게 되는데, 이순신 장군께서도 해석이 애매한 상황에서는 점을 다시 보는 경우가 있었습니다.

난중일기 속에 등장하는 점괘에 관한 짧은 일기를 통해 당시의 상황을 모두 이해할 수는 없지만, 일기를 통해 간략하게나마 점단 사례를 기록하신 것을 보면 평소에도 점치는 것을 생활화하신 것으로 보입니다.

이순신 장군께서 보셨던 점괘를 모두 다 알 수는 없지만, 기록에 있는 글로 보아 주역과 河洛理數 하락이수를 보신 것이며, 어떤 기록에서는 육효점을 보신 것으로 추정되는 일기도 있는데, 그만큼 다양한 방법으로 상황에 따라 점단을 달리하신 것으로 보입니다. 전문적인 해단으로 보아 가깝게 지내는 맹인 술사뿐 아니라 전문 술사가 곁에 있었던 것으로 보입니다.

대부분의 점괘는 예상대로 그 결과가 맞아떨어진 것이 많은 것으로 보아 가깝게 지낸 술사의 실력이 매우 좋았을 것이며, 이순신 장군께서는 주역과 하락이수는 통달하지 못했더라도 육효점의 괘를 읽고 길흉 여부는 볼 줄 아신 것으로 보입니다.

스스로 점을 친 것이 그 증거가 아닐는지 생각해 봅니다.

이순신 장군도 번뇌와 갈등, 고민이 많았던 사람이었을 것입니다. 장군께서도 고민과 걱정이 많을 때 매번 점괘를 보고, 또 애매한 경우 재점을 하여 그 답을 알고자 했는데, 지금 우리가 살아가는 이 시대가 과학 문명의 끝을 달리는 최첨단의 시대를 살고 있지만, 그 옛날보다 걱정이 덜할까? 더할까? 생각해 봅니다.

점을 친다는 것은 최첨단의 시대에 살아도 달라질 것은 전혀 없습니다. 시대에 따라 해석의 문구는 조금씩 달라질 뿐, 점괘는 점괘로서 그 자체가 변하지 않는 것입니다.

특정 종교를 통해 신앙생활을 하는 사람은 그렇게 살면 되는 것이고, 인터넷 검색을 통해 뭔가를 알고자 하는 사람은 그러면 되는 것이고, 책을 통해 진리를 찾고자 하는 사람은 그렇게 하면 되는 것이며, 점괘를 통해 걱정을 덜고 미리 알고자 하는 사람은 그렇게 하면 되는 것입니다.

옳고 그름의 문제도 아니라고 생각합니다. 그저 개인 취향의 문제인 것이니 자신의 취향대로 살면 되는 것입니다. 이순신 장군님의 꿈을 꾼 뒤에 본 저의 육효점과 奇門遁甲 斷時局 기문둔갑 단시국을 보니 점괘가 또 매우 좋게 나왔습니다.

이 글을 읽으시는 여러분의 앞날에도 유쾌하고 즐거운 일만 가득하시길 기원해 봅니다.

번외편 **05**

점을 치기 전의 마음 자세

　점을 보고자 하는 問占者 문점자들께 꼭 해주고 싶은 말이 있습니다. 그것은 점을 치기 전의 마음 자세, 제가 정한 다섯 가지 원칙입니다.
　아래의 다섯 가지 원칙을 지키지 아니하고 점을 묻는다면 절대로 점은 맞을 수가 없습니다. 반대로 아래 다섯 가지 원칙만 지킨다면 그 질문에 대한 점괘의 답은 반드시 맞게 된다는 것입니다.
　아래 다섯 가지의 원칙은 제가 지난 23년간 문점자들을 상대로 경험한 내용을 토대로 작성하였으며, 자주 문의를 하시는 분들과 그렇지 않은 경우, 또 점괘의 결과에 대해 알려주신 분들과의 많은 대화 끝에 내린 결론입니다. 물론, 제 개인적인 점괘의 결과들 또한 포함하여 내린 결론입니다.
　그 결론의 끝에 아래 다섯 가지의 원칙이 있으면 반드시 정확한 답을 얻을 수 있다는 결과도 얻었습니다.

첫 번째.
　점을 치기 전, 스스로 답을 알고 있는 것에 대해선 묻지 않습니다.
　어떤 분들은 지난 과거의 일을 자신이 더 잘 알면서, 당신 얼마나 잘 보는지 두고 볼 테니 맞춰 보라는 식으로 질문을 하곤 합니다.
　자신의 과거는 점괘를 보고 해석을 해주는 저보다 본인이 더 잘 알고 있을 텐데 왜 묻는 것인지 모르겠습니다. 그건 단순히 상담자를 테스트 해 보는 것 밖에 안됩니다. 그냥 상담자를 믿고 자신이 아는 것은 묻지 말아야 합니다.
　반대로 상담자를 조금이라도 믿지 못한다면 굳이 상담료를 내가면서까지 물을 필요가 없는 것입니다. 혹시나 하는 마음에 상담료를 내면서까지 상담자를 의심하고 묻는다면 그것처럼 어리석은 것이 없습니다.

두 번째.

점을 칠 때 惡 악한 것에 대해선 묻지 않습니다. 어떤 사람들은 불륜이나 사기 등 정당하지 않은 것에 대해 묻곤 합니다.

겉으론 착한 척, 친절한 척하면서 그 질문 속에는 온갖 불순한 생각을 갖고 점을 묻는다면 그 점괘는 절대 맞는 답이 없습니다.

점을 물을 때 자신이 창피하니까 마치 정당한 일인 것처럼, 혹은 정당한 관계인 것처럼 이야기하면서 실제로는 불법이거나 나쁜일인데 속으로는 이렇게 해도 되겠지 하며 묻는 경우도 허다합니다.

저는 지금 도덕적인 것을 말하려고 하는 것이 아니라 결국에는 그 도덕적이지 못한 것을 물어봐야 하늘에서 좋은 답을 내어줄 일이 없다는 것을 말하고자 하는 것입니다. 답은 제가 주는 것이 아니라 하늘에서 주는 것이기 때문입니다.

세 번째.

한번 답을 얻은 것은 다시 묻지 않습니다. 어떤 사안에 대해 점괘를 내어 답을 얻었는데, 자신이 원치 않는 답이 나왔다고 해서 혹시 모르니 다시 점을 봐 달라고 하는 분이 참으로 많습니다. 그건 신을 모독하는 행위입니다.

절대 같은 질문을 반복해서 물어선 안 됩니다. 다만, 점괘가 나쁘게 나왔을 때 그것을 비껴갈 수있는 방법이 있는지 다시 묻거나 계획을 수정하고, 일정 기간이 지난 후에 질문을 하는 것이 좋습니다. 그렇다면 다른 좋은 답을 얻을 수도 있습니다.

네 번째.

재미 삼아 의미 없는 것을 묻지 말아야 합니다.

대부분의 사람이 그렇습니다. 상담료를 내고 보는 것이니 돈이 아까워서 그런 것인지 몰라도 이미 궁금한 것을 다 물었음에도 불구하고 쓸데없이 아무것이나 묻는 경우가 많습니다.

　말 그대로 그냥, 재미로 묻는 사람들이 많습니다. 이 역시도 하늘에선 정확한 답을 주지 않습니다. 그렇다 보니 의미 없는 것을 묻고서 틀린 답을 주면 나중에는 꼭 상담가가 틀렸다고 엉터리고 잘 못 본다고 그럽니다.

　그래서 저는 쓸데없이 많은 말을 하지도 않을뿐더러 궁금한 사안들만 물으라고 하면 어떤 분들은 다른데서는 알아서 이것저것 이야기를 다 해준다고들 말하는 분들이 많습니다.

　보는 사람마다 스타일이 다르기때문에 손님께서도 자신과 성향이 잘 맞는 상담가를 찾는 것 또한 좋은 방법이라고 생각합니다.

다섯 번째.

　딴 생각하면서 점을 보지 말아야 합니다. 입으로는 이것을 물으면서 점괘 도구를 손에 쥐고 머리로는 다른 생각과 질문을 하며 점을 치는 분들이 있습니다.

　그렇게 되면 저는 그 사람의 머리 속에 어떤 생각이 있는지 모르니 정확한 답을 줄 수가 없는 것입니다. 말 그대로 엉뚱한 생각을 하거나 불순한 생각을 갖고 점을 보니 올바른 답이 나올 수가 없습니다.

　易學 역학을 신빙성 있다고 생각하시는 분이나 삶을 살아가는데 도움이 된다고 생각하여 가끔 점단을 보는 분들은 위 다섯 가지의 원칙을 생각하고 묻는다면 그의 인생은 취길피흉 할 수 있기에 좀 더 행복한 삶을 살 수 있는 것입니다.

　저 역시 어떤 사안에 대해 쓸데없이 점괘를 내었다가 틀린 적이 수도 없이 많습니다. 그것은 바로 진실성이 결여되었기 때문입니다.

　즉, 물을 필요도 없고 지금 알 필요도 없는데도 그냥 한번 해 본 것이기에 그렇습니다.

　그래서 저는 언젠가부터 저의 미래에 대해 점을 잘 보지 않습니다. 모든 것은 인간의 상식선에서 생각하고 생활하면 점을 치지 않아도 살아가는데 전혀 지장이 없습니다.

혹여라도 가족 중에 아픈 이가 생기면 큰 병인지 아닌지 정도를 보거나 혹은 먼길을 出行 출행할 일이 있거나 했을 때, 그 정도만 점을 봅니다. 그 외에는 상식적으로 생각해도 다 해결이 가능한 것입니다.

그럼에도 불구하고 우리 인생이 상식으로 해결되지 않는 것들 또한 많습니다. 정말 이것저것 많기도 합니다.

저는 그럴 때 점을 봅니다.

상식으로 해결되지 않는 것만 점을 치니 정말 잘 맞습니다. 어제도 그러했고 오늘도 그러한 점괘를 얻었습니다.

이 다섯 가지의 점을 치기 전의 마음 자세, 이 다섯 개의 원칙만 잘 지킨다면 앞으로도 점을 치는 내내 그러할 것입니다.

번외편 **06**

점이라는 것은 무엇인가?

　이번엔 占 점에 대해서 일반인들의 이해를 돕기 위해 제 생각을 정리해 보고자 합니다.
　일반인들을 점에 대해 이해시키기 위해서는 너무나 많은 대화가 필요하겠지만 오늘은 가볍게 읽을 수 있도록 점에 대해 논합니다.
　과학 기술의 종주국인 서양의 많은 과학자는 周易占 주역점을 과학 기술로서 인정을 하고, 또 점의 과학성을 밝히고자 연구를 하고 있다고 합니다. 현재 미국이나 많은 유럽 국가에서는 風水 풍수에 대한 서적이 불티나게 팔리고 있으며, 미국에 살고 있는 제 지인들과 측근의 말에 의하면 陽宅 양택 풍수를 한 번 감정하는 데 들이는 돈이 적게는 2,000~3,000 달러에서 많게는 10,000 달러 이상의 비용을 지불하며 풍수 감정을 받고 있다고 합니다.
　참고로 현재 미국에서는 한인 타운을 중심으로 한국인 철학원의 숫자가 늘고 있으나 이는 단순히 四柱八字 사주팔자를 보는 것에 그치지만, 많은 비용을 들여서 보게 되는 풍수 감정의 경우 한국에서 건너간 풍수 감정사들이 아닌 대부분 대만, 중국, 일본의 감정사들이라고 합니다.
　핀란드 국가 과학기술원에서는 주역점의 의미를 연구하여, '예측학의 측면에서 중국의 주역점이 거둔 성과는 장차 서구를 놀라게 할 것이다'라고 말하였습니다. 우리나라 사람들은 대부분이 점치는 것을 멸시하고 소위 말하는 점쟁이를 천하게 생각하는데, 서양 사람들은 주역점을 연구하여 주역 점술에 대한 의미를 오히려 인정하고 기존 서양 점성술인 tarot 타로점이나 별자리 점성술사들 보다 동양의 철학을 공부한 소위 말하는 점쟁이들을 하늘의 신과 소통을 하는 대단한 사람으로 인정하고 있다는 것입니다.

우리는 이렇게 제집에서 제 것도 제대로 찾아 먹지 못하고 천하게 여기는 점마저도 남에게 빼앗기고 있는 어처구니없는 상황입니다.

孔子 공자 같은 분도 주역점의 중요성과 의미에 대해서 대단히 강조를 하고 있습니다. 공자가 썼다는 주역을 풀이한 해설서인 繫辭傳 계사전에 보면 점에 대해서 다음과 같이 말하고 있습니다.

"占 점은 우주의 극대한 세계에서부터 작게는 극미한 분야까지도 알아낼 수가 있어 천하의 길흉을 정하고 천하를 위해서 힘쓰고 힘쓰는 것 중에 점보다 더 큰 것은 없다." 다시 말해서 점이란 크게는 우주의 動靜 동정을 알아내고 다음으로는 국가의 安危 안위, 災殃 재앙, 壽限 수한, 疾疫 질역 등을 미리 알아보는 것이고 작게는 개인의 길흉이나 운의 높낮이를 알아 取吉避凶 취길피흉 하는 것입니다.

깨달음의 방법에는 六司異化 육사이화와 施事規例 시사규례가 있습니다. 육사이화는 동양철학이라고 하는 수학적 접근을 통해 깊은 논리를 터득했을 때 깨닫는 것이고, 시사규례는 수행을 통해서 도를 이룬 상태, 즉 천지 만물의 이치를 그냥 깨닫는 것을 말합니다.

동양철학의 수학적 접근이라 함은 四柱八字인 생년월일시를 五行으로 풀어 그 숫자 속에 있는 절기와 시간을 통해 또 그 속에 있는 자연의 이치를 대입하여 숫자를 나누고 자르고 더하고, 그러하니 공학 계산기로도 풀 수 없는 수학적 논리가 있습니다.

육사이화로 깨달은 대표적인 학자로는 朱子 주자, 孔子 공자, 退溪 퇴계, 栗谷 율곡, 花潭 화담, 土亭 토정 같은 분이 계시고, 시사규례를 한 사람은 예수님, 석가모니, 고승들을 말할 수 있습니다.

지금과 같은 시대에 점이라고 하면 무슨 뚱딴지 같은 소리냐고 달려들면서 비방을 하는 사람들이 많은데, 제가 볼 적에 그들은 공자부터 주자, 퇴계, 율곡, 화담, 토정 선생에 이르기까지 전체를 부정하는 사람인 것입니다. 그러면 우리 민족문화의 뿌리가 되는 전통적인 대학자를 부정한다는 것이기에 그것은 실로 굉장히 서글픈 얘기가 아닐 수 없습니다.

번외편 07

육효라는 학문에 관하여

    육효의 해석은 기술적이고 또 기능적인 면만을 따졌을 경우 그 해답을 구하고자 할 때 명리학, 주역, 기문둔갑 등의 해석보다는 훨씬 쉽습니다.

    육효는 占學 점학으로서 객관적인 학문이 아닌 우주의 신, 육효의 신과 교감을 통한 학문이므로 점치는 자는 정성을 다해 맑고 순수한 마음가짐을 갖고 육효라는 학문에 대한 무한적 점에 대한 믿음이 없으면 고수의 경지에 들어설 수 없는 것입니다.

    설령 그것이 신의 경지에 들어섰다가도 언제라도 한순간에 추락할 수도 있는 것입니다. 존경해 마지않는 기문둔갑의 대가 학선 류래웅 선생님을 만나 뵈었을 때 제게 말씀하시기를 무릇 육효를 공부하는 사람은 학문적 실력도 닦아야 하겠지만, 욕심을 버리고 음주 가무를 멀리해야 名卜 명복이 될 수 있다고 하셨습니다.

    학선 류래웅 선생님의 말씀을 새겨 듣고 저는 술을 끊었습니다. 벌써 18년쯤 되었습니다. 담배도 함께 단번에 끊게 되었습니다.

    저는 하루도 빠지지 않고 매일 새벽 寅時 (새벽 3시 32분~5시 32분)가 되면 홀로 앉아 있는 방 안에 초와 향을 켜고 기도를 합니다.

    점을 치고 명을 바라보는 자로서 깊은 慧眼 혜안을 갖게 해 달라고 기도합니다. 易術 역술을 통해 생활을 해 나가고 있으니 이왕 점을 치고 명을 바라보는 修行者 수행자로서 올바른 판단과 진실 된 것만을 바라보는 사람이 되게 해 달라고 말입니다.

    아직까지 답을 원하는 손님들에게 명쾌한 답을 알려 주고는 있으나, 저 역시 어느 한순간에 추락하여 나락으로 떨어질 수도 있다는 생각을 하며 늘 몸과 마음가짐을 조심하며 살고 있습니다.

번외편 08

남아공 월드컵에서 한국 16강 진출 여부

우리 축구 대표팀이 아르헨티나와의 B조 예선 두 번째 경기에서 참패를 당했습니다. 아르헨티나와의 경기에 대해서는 전력상 한국의 패배를 예상했기에 점단해 보지 않았으나 나이지리아와의 경기를 이기면 16강 진출이 가능해 보여서 한국이 16강 진출이 가능하겠는지 보았습니다.

	地水師 (지수사) 之 地風升 (지풍승) 屬 坎 水	
靑龍	父 酉 ‖ 應	庚寅 年
玄武	兄 亥 ‖	
白虎	官 丑 ‖	壬午 月
螣蛇	父 酉 財 午 ⚊ 世	丙申 日
句陳	官 辰 ⚊	
朱雀	孫 寅 ‖	(辰巳 空亡)

解斷 해단

나이지리아와의 3차전 승부에 대해 미리 점단해 보니 우리측 世爻 한국이 應爻인 나이지리아를 극하고 있습니다. 즉, 한국은 나이지리아전에서 멋진 승부로 16강 진출이 가능합니다.

아르헨티나전의 패배는 잊고 3차전인 나이지리아와의 멋진 승부를 기대해 봅니다.

결국 한국은 나이지리아전에서 멋진 승부를 펼쳤고, 남아공 월드컵 16강 진출에 성공했습니다.

8강에서 우루과이에 막혀 8강 진출은 하지 못했지만, 점괘대로 16강에는 성공했습니다.

이 점괘를 네이버 블로그인 "무불도의 매봉 철학원"에 공개한 뒤로 某 모 회사에서 연락이 왔는데, 불법 스포츠 관련 도박을 하는 회사였습니다. 그때까지 저는 그런 베팅을 하는 도박이 있는 줄 몰랐습니다.

스포츠 경기의 승패에 관해 점단을 미리 해주면 매 회차당 일정 비용을 주겠다는 연락이었습니다. 물론 거절하였습니다.

이런 연락을 받고서 그 뒤로 스포츠 승패 관련된 글을 블로그에 미리 올리지 않게 되는 계기가 되었습니다.

점을 볼 때는 목적이 순수해야 합니다. 점을 칠 때 인간의 욕심이 들어간다면 그 점괘는 절대 맞을 수가 없음을 수없이 증험하였습니다. 특히 도박은 더더욱 그렇습니다.

번외편 09

누리호 발사 18시 24분

현재 시간 2023년 5월 25일 17시 55분.
어제, 누리호 발사가 실패했고 오늘 18시 24분 다시 발사 예정이라는데, 오늘 누리호 발사 시간으로 斷時占 단시점을 보았습니다.

	地澤臨 (지택림) 之 山澤損 (산택손) 屬 坤 土	
白虎	官寅 孫酉 ∦	癸卯 年
螣蛇	財亥 ‖ 應	丁巳 月
句陳	兄丑 ‖	癸未 日
朱雀	兄丑 ‖	
靑龍	官卯 丨 世	(申酉 空亡)
玄武	父巳 丨	

解斷 해단

世爻가 官爻에 임하여 불길해 보입니다. 그러나 上爻인 孫爻가 동하고 三爻, 四爻인 兄爻가 안동하며 月과 巳酉丑 삼합 金局을 이루어 世爻 官爻를 극하니 근심 걱정이 사라지는 형국이라 이번 누리호 발사는 무조건 성공하겠습니다.

발사 후 순조롭게 미션을 수행할 것으로 보입니다.

누리호는 정확히 18시 24분에 발사되었고, 발사는 성공했습니다.

현재까지 광활한 우주에서 순조롭게 미션을 수행하고 있습니다.

> **번외편** 10

추성훈 VS 데니스 강 승패 격투기 잡지 기사

2007년 10월 28일 장충체육관에서 있었던 K-1 Hero's 경기에서 추성훈 선수와 데니스 강 선수의 경기가 있었는데, 개인적으로 격투기를 좋아해서 경기 이틀 전날 추성훈 선수의 승패점을 보았고, 점괘에서 추성훈 선수의 압승이 예상 되었습니다.

저는 이날 경기장에 경기를 보러 갔다가 우연히 일본 잡지사 기자와 인터뷰를 하게 되었는데, 기자가 점괘의 내용을 기사에 실어도 되냐고 묻기에 흔쾌히 응했습니다.

경기는 점괘대로 추성훈 선수가 KO 압승으로 이기게 되었고, 이후 인터뷰한 기사가 해당 잡지에 곧 실릴 것이라고 일본 기자가 알려 주었으며, 추후에 해당 잡지를 구하게 되었습니다.

일본 격투기 잡지 Kamipro, 2007-117호에 제 인터뷰가 게재되었습니다.

추성훈 선수의 팬들을 대회장에서 캐치!!

나 : "저는 점을 보는 사람입니다. 그렇지만 점을 떠나 팬으로서 추성훈 선수가 이길 것으로 생각하지만, 솔직히 조금 불안하기도 해서 이틀 전에 제가 점을 봤습니다."

기자 : "占 점, 占 점이요?" 난 주저하면서 결과를 물어봤다.

나 : "추성훈 선수가 이길 거라고 나왔어요, 더구나 최고의 방식인 KO로 이길 거

라고 나왔습니다. 틀림없이 추성훈 선수가 이깁니다!!"

기자 : 그렇게 말하고 승리의 포즈를 취하는 팬. 결과적으로 이 占 점은 적중하였다. 그 팬은 시합 종료 후 추성훈 최고!! 와 함께 점도 최고~!! 라고 외친게 틀림없을 듯 하다.

끝으로 추성훈 선수 팬들의 단체 사진을 찍으며 취재를 끝냈다.
추성훈 선수가 됐건, 占 점을 본 팬이 됐건 정말 최고의 사람들이었다.

육효 해단을 마치며.

　지난 23년간 江湖 강호 易術 역술 高手 고수들 사이에서 공부하고 상담하며 모아온 방대한 자료 중에 귀한 120개의 점괘를 해단한 책을 처음으로 내 보았습니다. 육효 해단에 어려움을 겪는 여러 선생님들께 '매봉 역학 아카이브 육효 해단' 책이 큰 도움이 되길 진심으로 바라봅니다.

　육효는 질문이 명확해야 합니다. 두루뭉술한 질문은 손님이 물은 점괘가 아닌 다른 것으로 나타나는 경우가 생각보다 꽤 많습니다. 육효로 승부를 보려고 하는 분들은 그런 부분까지 꿰뚫어 알아맞춰야 합니다. 그러려면 수행을 하는 시간이 필요합니다. 작괘를 하고 단순하게 孫 손, 父 부, 財 재, 官 관, 兄 형만 살핀다고 해서 모든 점괘가 다 잘 맞는 것이 아닙니다.

　멀리까지 내다보는 慧眼 혜안이 필요한데, 그 어려움을 풀어줄 열쇠는 수행을 통한 시간이 필요한 것입니다. 수행을 하는 시간이 오래 쌓이면 자신도 모르는 사이에 혜안이 생길 것입니다.

　육효를 공부하시는 분 모두 점괘 너머에 있는 깊은 혜안을 갖추시길 진심으로 기원하겠습니다.

梅鳳六爻
아카이브 #01 육효해단

2023년 12월 20일 초판 인쇄
2023년 12월 30일 초판 발행

글 쓴 이	매봉 안 성 훈 (梅鳳 安成勳)
펴 낸 곳	도서출판 대을 경기도 성남시 수정구 산성대로 331 한신프라자 1517호
전 화	031) 730-2490, 720-1255 팩스 031)730-2470
제 작	청솔디자인 Tel 02)966-1495
출판등록	2002년 9월 5일 / 등록번호 129-91-16233
ISBN	978-89-955565-8-0

정가 48,000원